W0046488

TIM LEBERECHT

GEGEN DIE DIKTATUR DER GEWINNER

Wie wir verlieren können, ohne Verlierer zu sein

Besuchen Sie uns im Internet:
www.droemer.de

Aus Verantwortung für die Umwelt hat sich die Verlagsgruppe Droemer Knaur zu einer nachhaltigen Buchproduktion verpflichtet. Der bewusste Umgang mit unseren Ressourcen, der Schutz unseres Klimas und der Natur gehören zu unseren obersten Unternehmenszielen. Gemeinsam mit unseren Partnern und Lieferanten setzen wir uns für eine klimaneutrale Buchproduktion ein, die den Erwerb von Klimazertifikaten zur Kompensation des CO_2-Ausstoßes einschließt.
Weitere Informationen finden Sie unter: www.klimaneutralerverlag.de

Originalausgabe Mai 2020

Ein Imprint der Verlagsgruppe
Droemer Knaur GmbH & Co. KG, München

Redaktion: Regina Carstensen
Covergestaltung: Adil Dara
Coverabbildung: Adil Dara
Satz: Adobe InDesign im Verlag
Druck und Bindung: GGP Media GmbH, Pößneck
Printed in Germany
ISBN 978-3-426-27818-5

5 4 3 2 1

I never thought of losing,
but now that it's happened,
the only thing is to do it right.

Muhammad Ali

Für Harper Ava und Sarah

INHALT

REBELLION GEGEN DAS PRINZIP DES GEWINNENS

Immer haben wir geglaubt, dass wir vorankommen, wenn wir alles noch besser machen, wenn wir ständig optimieren. Immer höher, immer weiter, immer schneller. Immer muss etwas wachsen. Die meisten von uns wurden so gedrillt, von Anfang an. Man hat ein Dogma daraus gemacht, das vom ewigen Gewinnenmüssen, vom Besser-sein-Müssen, vom Effizienter-sein-Müssen. Bis heute gilt es ungebrochen. Nicht ohne Folgen: Wer da nicht mitmacht, wer sich aus der Sichtweise der Gewinner für das Verlieren entscheidet, ist raus aus dem Spiel. Hat nichts mehr zu sagen. Hat Niederlagen einzustecken. Hat keine Stärke bewiesen. Ist nicht durchsetzungsfähig. Und deshalb macht man weiter mit, hält den Mund, aus Angst, in der Diktatur der Gewinner als Versager oder Loser dazustehen.

Ja, es ist eine Diktatur. Denn nicht viele Lebenskonzepte gelten, sondern nur ein einziges. Es ist das Lebenskonzept der Erfolgreichen, der Mächtigen, derjenigen, die Karriere machen, die maximieren können. Ständig geht es allein darum: Wie Sie Menschen gewinnen, wie Sie Kunden gewinnen, wie Sie mehr Geld gewinnen, wie Sie im Leben gewinnen. Ein klar vorgeformter Weg. Mit Verhandlungstaktiken für Gewinner. Alles andere wäre aussichtslos. Kann ja gar nicht funktionieren. Wäre ein Scheitern. Fehlschläge. Sinnlos. Wäre keine Leistung. Ein Verlust der eigenen Freiheit.

Schließlich wollen wir alle gewinnen, und wer verliert, sucht nach Ausreden und Auswegen. Das Gewinnen ist bahnbrechend, hat eine unwiderstehliche Anziehungskraft. Das Gewinnen bringt uns die süße Euphorie, die sämtliche Zweifel und Sorgen für ein paar glorreiche Momente vergessen lässt. Sie weckt in uns Hoffnung und lässt uns an ein Happy End glauben. Das Gewinnen ist schließlich der ultimative Triumph unserer Willenskraft über widrige Umstände, das Aufbäumen gegen die Niederlage.

Aber stimmt das so? Gehört das Verlierenkönnen nicht auch zum Leben? Müssen wir nicht lernen loszulassen, also etwas verlieren, um Neues zu wagen? Kann man auch verlieren, um beim Verlieren nicht wirklich zu verlieren?

Wir werden in Zukunft alle verlieren. Zunächst im Berufsleben. Angesichts von Automatisierung, Gig Economy und flexibler Arbeitsstrukturen werden wir die Stabilität und Kontinuität traditioneller, langfristiger Beschäftigungsverhältnisse verlieren. In flachen und dezentralen Organisationen werden wir Autorität verlieren. Wir werden Adhoc-Netzwerke bilden und in »Pop-up-Organisationen« arbeiten, die nicht für die Ewigkeit gebaut sind. Wir werden Projekte und Beziehungen viel schneller und viel häufiger betreten und verlassen. Die Flüchtigkeit des New Work zwingt uns zunehmend auch zur emotionalen Agilität, dazu, häufiger zwischen verschiedenen Identitäten, Kulturen und Projekten zu wandeln. Wir werden öfter loslassen müssen. Wir werden lieb gewonnene tradierte Strukturen und Verhaltensweisen aufgeben müssen. Wir werden uns verabschieden vom Vertrauten und uns immer wieder neu erfinden müssen.

Und natürlich werden viele von uns ihre Jobs verlieren. Die Industrieländer-Organisation OECD legte erst jüngst Daten vor, wonach jeder fünfte Arbeitsplatz in Deutschland durch die Digitalisierung verschwinden könnte.[1] Vor allem Freelancer sowie die Arbeiter der Gig Economy wissen um die Zerbrechlichkeit ihres Lebensstandards und die Volatilität ihres Einkommens. Sie leben im Stress, haben sich arrangiert mit der »You win some, and you lose some«-Mentalität. Immer mehr Berufstätige fühlen sich dieser Gruppe zugehörig, freiwillig oder gezwungenermaßen, und womöglich ist ihre Gefühlswelt bald nicht die Ausnahme, sondern die Regel.

Wir leben in einer Verlustgesellschaft.

Anstatt auf Teufel komm raus weiter gewinnen zu wollen, um den Anschluss nicht zu verlieren, sollten wir das Verlieren zum Thema machen, dem Verlieren eine andere Wertschätzung geben. Es geht nicht länger darum, mehr Gewinner zu ermöglichen, es geht darum, gegen die Diktatur des Gewinnens zu kämpfen, die sich wie ein roter Faden durch unsere Gesellschaft zieht. Nicht das Gewinnen sollten wir lehren, sondern das Verlieren. Nicht das Gewinnen um jeden Preis sollte belohnt werden, sondern das gute Verlieren. Nicht nur die Solidarität mit Verlierern sollten wir demonstrieren, wir sollten zu einer Gemeinschaft an Verlierern werden.

In einer Leistungsgesellschaft, in der wir nur noch arbeiten, um zu gewinnen, kann das Verlieren als rebellische Pose dienen, als subversive Antihandlung, um die Arbeit zu befreien vom Reduktionismus der Wirtschaft. Dieser Reduktionismus hat nunmehr seine extremste Ausprägung erreicht. Denn die Gewinnmaximierung entpuppt sich immer mehr als Maximierung der Gewinner.

Dramatischer noch: Wie uns Greta Thunberg, Fridays for Future und die Aktivisten von Extinction Rebellion eindrücklich vor Augen führen, droht uns nicht zuletzt der ultimative Verlust: der unseres natürlichen Habitats. Laut zunehmend alarmierter Experten haben wir noch etwas mehr als zehn Jahre, um die Klimakatastrophe abzuwenden.[2] Ein

UN-Bericht vom Mai 2019 stellt fest, dass rund eine Million Arten (von insgesamt acht Millionen) vom Aussterben bedroht sind.[3] Diese düstere Prognose verweist auf ein Scheitern auf mehreren Ebenen: ein Scheitern der Vorstellungskraft, ein Scheitern der Empathie und ein Scheitern der Willenskraft. Das Versagen, unseren eigenen Lebensraum zu schützen, ist die größte Niederlage der Menschheit.

Wir sind also bereits alle am Verlieren, auch wenn sich manche noch als Gewinner wähnen. Die Ära des Gewinnens ist vorbei. Die Gewinner haben ausgesorgt. Verlieren ist die einzige verbleibende Möglichkeit, den Wahn des grenzenlosen Wachstums zu stoppen und eine menschliche Gesellschaft in Zeiten der Automatisierung, Supereffizienz und brutalen Rohstoffausbeutung zu gewährleisten. Dafür müssen wir aber das Verlieren rehabilitieren. Denn: Ungebremstes Wachstum und Gewinnenmüssen haben echte Verluste zur Folge. Immer mehr wird klar, was wir verlieren, wenn Gewinnen die einzige Option ist: alles.

Den Verlierern gehört die Zukunft, weil das Verlieren unser neuer Modus Operandi ist. Das Verlieren ist die einzige verbleibende Antwort auf den auf unbedingtes Gewinnen und unbedingte Gewinnmaximierung ausgerichteten Kapitalismus. Verlieren macht uns menschlich, und Menschlichkeit ist das oberste Gebot, um in einer Ära der Maschinenintelligenz tatsächlich auch menschlich zu bleiben.

Also: Nicht das Gewinnen, sondern das Verlieren wird die neue Kernkompetenz. Nur eine Gesellschaft, in der wir Schwäche zeigen dürfen, macht das Leben in einer durchautomatisierten, digital optimierten Welt menschlich. Nur eine Gesellschaft, in der wir verlieren können, ohne als Verlierer abgestempelt zu werden, ist eine humane Gesellschaft.

In diesem Buch stelle ich die Diktatur der Gewinner an den Pranger und die Winner-takes-it-all-Mentalität infrage, gehe auf verschiedene Arten des Verlierens ein, mit denen wir bereits direkt oder indirekt konfrontiert sind, und beschreibe Strategien für den konstruktiven Umgang mit dem Verlieren.

Dies tue ich auf drei Ebenen: Gesellschaft, Unternehmen und Individuum. Die »Strategien für Verlierer« im letzten Kapitel reichen vom bedingungslosen Grundeinkommen über einen Raum für Negativerfahrungen in der Arbeitswelt bis hin zum bewussten persönlichen Verzicht mithilfe von Ritualen.

Nun mögen Sie vielleicht denken: Ist es nicht obszön, angesichts von mehr als 70 Millionen Flüchtlingen weltweit, die ihre Heimat verloren haben und oft auch ihre Familienmitglieder, über das Verlieren zu schreiben?[4] Oder angesichts der mehr als drei Milliarden Menschen, die nach wie vor keinen Zugang zu Bildung und Informationstechnologien haben oder in extremer Armut jeden Tag mit dem Überleben kämpfen?[5] Oder der rund dreizehn Millionen Menschen, die in Deutschland an der Armutsgrenze leben?[6]

Um das ganz klar zu sagen: Menschen, die bereits »verloren« haben und in weit entwickelten Industrienationen an den Rand oder in die Unterschicht abgerutscht sind, sind nicht mein Thema (mit Ausnahme eines Obdachlosenschicksals, das ich schildere). Ich wende mich vielmehr an diejenigen, die noch verlieren können und sich zunehmend damit beschäftigen müssen: »erfolgreiche« Manager, die Mittelschicht sowie junge Generationen, die mit der bedrückenden Aussicht aufwachsen, angesichts der nahenden Klimakatastrophe vielleicht gar keine Zukunft mehr zu haben. Mit anderen Worten: Ich wende mich an Sie, an dich.

Ich will mich mit dem Verlieren, aber ebenso mit dem *Gefühl* des Verlierens befassen.

Dieses Buch will keine Kosmetik sein oder ein Lifestyle-Pflaster für all jene, die tatsächliche ökonomische Einbußen erlebt haben und faktisch abgestiegen sind. Weder will ich vortäuschen, dass ich angesichts meiner privilegierten Herkunft – schwäbische Mittelklasse und professionelle Ausbildung im Silicon Valley – das alltägliche Elend jener verstehe, die in kontingenten Beschäftigungsverhältnissen oder im Prekariat leben und gerade so zurechtkommen. Ich will auch nicht einer schicken Resilienz das Wort reden, die sich seit Sheryl Sandbergs Buch *Option B* zum populären Konzept entwickelt hat und uns dazu ermutigt, eine emotionale Widerstandsfähigkeit zu entwickeln, welche uns dabei helfen soll, eine Talsohle unserer Karriere, unseres Lebens, einen Abgrund in den nächsten Aufstieg, den nächsten Triumph zu verwandeln.

Das Verlieren soll kein Zweckoptimismus sein, nach dem Motto: »Wenn wir nicht gewinnen können, dann werden wir wenigstens Weltmeister im Verlieren!« Darum geht es nicht. Es geht vielmehr um die Einsicht, dass wir an einem Punkt unserer Geschichte sind, an dem verschiedene destruktive Kräfte konvergieren und in einigen Bereichen eskalieren und uns dazu zwingen, abzugeben und aufzugeben. Das Verlieren ist mehr denn je eine zivilisatorische Tugend. Wir müssen es neu erlernen.

Die Frage ist also: Wie gelingt es uns, eine Solidargemeinschaft zu schaffen, einen Klub der Verlierer, der ohne Stigma Selbstwertgefühl, soziale Akzeptanz und kollektive und individuelle Identität stiftet? Wie können wir verlieren, ohne Verlierer zu sein?

Als ich im Februar 2017 nach fünfzehn Jahren Leben und Arbeiten in den USA wieder nach Deutschland zurückkehrte, trieb mich zunächst um, wie unterschiedlich die Antworten auf diese Frage in diesen beiden Kulturen ausfallen würden. Ich machte mich also auf und reiste drei Jahre lang durch Deutschland, besuchte zahlreiche Unternehmen und Digitalisierungskonferenzen, traf viele Menschen und führte Gespräche mit CEOs, Investoren, Politikern, Psychologen, KI-Forschern, Angestellten und Freelancern und vor allem auch mit Freunden, meiner Familie und mit mir selbst. Mit jeder Beobachtung, mit jeder Begegnung wurde das Thema mehr und mehr zur Herzenssache, obgleich es sicher nicht das unbeschwerteste ist (ich werde mein Bestes tun, Sie auf den folgenden Seiten nicht völlig zu deprimieren). Und ich begriff: Die Frage nach dem guten Verlieren ist die zentrale Frage unserer Zeit. Sie hat viele Antworten. Anders als die Diktatur der Gewinner.

KAPITEL I
DIE DIKTATUR DER GEWINNER

Wie sieht eigentlich die Diktatur der Gewinner aus? Und woran können wir Gewinnertypen erkennen? Sicher an ihrer Winner-takes-it-all-Mentalität. Aber noch an vielen anderen Dingen. Und ganz sicher daran, dass sie Angst vor dem Verlieren haben, davor, als Verlierer stigmatisiert zu werden.

Was macht Gewinnertypen aus?

Wie schätzen Sie sich ein? Sind Sie ein Gewinner? Zählen Sie sich selbst zu den Gewinnern? Urteilen andere so über Sie? Oder sind Sie der Meinung, dass Sie ein Verlierer sind? Weil Sie nicht genügend wertgeschätzt werden von Kollegen und Freunden, zu wenig gesellschaftliche Aufmerksamkeit bekommen, weil Sie für Ihre Arbeit im Vergleich zu anderen nicht genug Geld verdienen? Weil Sie Ihre Träume aufgeben mussten? Oder wissen Sie gar nicht, wie Sie sich einordnen sollen, weil Sie viele Entscheidungen in Ihrem Leben anhand dessen getroffen haben, was andere von Ihnen halten oder erwarten?

Ab wann ist man ein Verlierer? *Der Spiegel* zählte Facebooks Mark Zuckerberg und Teslas Elon Musk zu den »Verlierern des Jahres 2018«.[1] Es waren sicher keine einfachen Zeiten für die beiden Tech-CEOs, aber Verlierer? In San Francisco, wo ich fünfzehn Jahre lang lebte und arbeitete, gilt man schon ab unter 117 000 US-Dollar an jährlichem

Haushaltseinkommen zur unteren Einkommensklasse.[2] Zum Vergleich: In Deutschland beginnt die Oberschicht in der Regel bei 40 000 Euro netto im Jahr als Single-Haushalt oder 60 000 Euro netto als kinderloses Paar. Das »bedarfsgewichtete« Medianeinkommen beträgt in etwa 2000 Euro netto pro Monat.[3]

Natürlich spielen die materiellen Verhältnisse eine erhebliche Rolle, aber ein Verlierer ist immer auch, wer sich als Verlierer fühlt. Und als Verlierer fühlt sich, wer sich ständig mit anderen vergleicht, die ein noch schöneres Haus, ein noch dickeres Auto besitzen, die Senator- statt Gold-Status haben bei der Lufthansa und natürlich eine noch glücklichere Familie. »Ich kann mir gut vorstellen, irgendwann nur noch 100 000 Euro zu verdienen mit zwei, drei Tagen Beratungstätigkeit pro Woche, und den Rest der Zeit mit meinen Kindern oder Hobbys zu verbringen«, sagte mir erst kürzlich ein Freund, der Geschäftsführer einer Eventvermarktungsfirma ist.

Die Frage ist, ob wir auch dann verlieren, wenn wir nicht wirklich gewinnen. Wer 100 000 Euro im Jahr verdient, eine Familie und eine Dreizimmerwohnung in einem Vorort von Hannover hat und mindestens zweimal im Jahr in Urlaub fährt, ist der ein Gewinner? Oder ist es nur der, der im Lotto gewinnt, sein Start-up mit »20×«-Return verkauft, der Prestige und Ruhm anhäuft, Bewunderung und Zuneigung? Oder der, der echten Impact hat und die Welt zum Positiven verändert, wenn auch nur ein kleines bisschen?

Gewinner und Verlierer trennt manchmal nur Millimeter. Oder eine Zehntelsekunde wie beim 100-Meter-Lauf. Oder Milliarden, wenn man sich den Reichtum der Reichsten betrachtet, dem einen Prozent der Weltbevölkerung. Oder ein unbedachter Moment, eine emotionale Entgleisung, eine drastische Fehleinschätzung.

Es gibt viele Vorstellungen und Vorurteile darüber, was Gewinner und Verlierer voneinander unterscheidet, abhängig von bestimmten Denkweisen. Die einen fallen immer auf die Beine, die anderen auf die Nase. Die einen handeln, die anderen reden stundenlang, finden Ausflüchte und Entschuldigungen, um etwas nicht machen zu müssen. Die Gewinner sind ziel- und ergebnisorientiert, während die Verlierer keine hohen Ansprüche stellen und nicht daran interessiert sind, ihren Lebensstandard zu verbessern. Gewinner stellen hohe Erwartungen an sich und ihre Mitmenschen, sie sind Vorbilder und Führungspersönlichkeiten, haben Einfluss auf ihre Umgebung. Verlierer sind Pessimisten, die kein Interesse an persönlichem Wachstum zeigen, die schnell aufgeben, die am liebsten Stillstand wollen, manchmal sogar den Rückschritt. Und faul sind sie auch noch. Gewinner sind immer ein Teil der Lösung, Verlierer ein Teil des Problems. Kein Wunder, dass niemand zu den Verlierern zählen will, wenn mit solchen mentalen Zuschreibungen gearbeitet wird.

Und wer kennt sie nicht, die Gewinnertypen: Das ist der »Tech Bro«, der seine Siegesgewissheit unter einem Kapuzenpulli versteckt; der viel fliegende Manager, der während des Boardings noch sehr wichtige und sehr laute Telefonate zu erledigen hat; der Sachbearbeiter im Bürgeramt, der sich suhlt in der Gewissheit, dass die Bürokratie zwar langsam mahlt, aber letztlich doch immer gewinnt; der Finanzinvestor, der mit dem Geld anderer spekuliert; der Philanthrop, der zwar gerne großzügig an die Gesellschaft zurückgibt (er gründet Stiftungen und tritt als Mäzen auf), aber nie weniger nimmt (weil er Steuern hinterzieht oder von Steuerschlupflöchern profitiert).

Gewinnertypen kann man gut daran erkennen, dass es für sie nur eine Wahrheit gibt, eine Währung, und zwar die des Erfolgs. Sie haben immer die richtigen Antworten. Sie lassen keine Zweifel zu, und wenn man irgendwann keine Zweifel mehr hat, glaubt man, dass die Geschichte, die man sich selbst erzählt, tatsächlich wahr ist. Die Gewinner sind diejenigen, die die größte Angst vor dem Verlieren haben. Und genau deshalb versuchen sie – zumindest rhetorisch – immer die Oberhand zu gewinnen, die Stammtischhoheit, die Diskursdominanz, den Shitstorm. Sie weiden sich daran, recht zu haben und zu behalten, sie wollen Argumente gewinnen, um ihre Erfolgsgeschichte real werden zu lassen.

Fieserweise trifft das Phänomen des Verlierens auf eine weitverbreitete Kultur der Positivität, auf eine Art Zwangsoptimismus durch Zwangsoptimierung. Wer verliert, ist selbst schuld, aber nicht, weil er nicht emsig genug seine Karriere verfolgt und die nötigen Ellbogen eingesetzt, sondern weil er sich selbst nicht lebenstüchtig, aktiv und unternehmenslustig gehalten hat. Es geht also darum, immer und jederzeit bereit zu sein für das Gewinnen: Nur wer fit ist, kann schließlich dem Klub der Gewinner angehören. Und so betreiben wir dann Yoga und Pilates, gehen zu SoulCyle oder BECYCLE oder ins Fitnessstudio, meditieren und belegen Coding-Klassen. Was früher Golf war, ist jetzt Lernen, aber nicht, um wirklich zu lernen, sondern um fit zu sein fürs Gewinnen; nicht um wirklich zu erkennen, sondern um von der Diktatur der Gewinner erkannt zu werden. So rächt sich die Diktatur der Gewinner gleich zweimal an uns: Zum einen diskriminiert sie uns, weil wir weniger erfolgreich sind, zum anderen, weil wir mehr tun sollten, um dies zu kompensieren.

Das Gewinnen ist eine Erfindung der Moderne und die Idee des planbaren Erfolgs ein Produkt der Industrialisierung, mit der logischen Folge, dass sich eine eigene Erfolgsindustrie entwickelte. Zwar hatte die protestantische Ethik, wie der Soziologe Max Weber einst befand, eine Legitimität für weltlichen materiellen Wohlstand begründet, aber ansonsten war Erfolg im Sinne von gesellschaftlichem Aufstieg, Reichtum oder Ruhm nur einigen wenigen vorbehalten und daher nicht skalierbar. Erst im 20. Jahrhundert wurde der Erfolgswunsch zum Massenphänomenen und der Konsument und Berufstätige im Kapitalismus zum möglichen Gewinner. Zuvor besaßen nur wenige das Privileg, gewinnen zu können, doch mit der zunehmenden Öffnung der Gesellschaft wurde der Erfolg demokratisiert, zumindest scheinbar. Weil nun alle theoretisch gewinnen konnten, konnten auch alle verlieren. In der liberalisierten Marktgesellschaft wurden nicht nur alle zu möglichen Gewinnern, sondern alle zu möglichen Verlierern.

Das Perfideste an der Diktatur der Gewinner aber ist, dass sie uns auch noch das Verlieren schönredet, indem sie es als Scheitern begreift, von dem wir gestärkt und gereift und umso entschlossener, Erfolg zu haben, wiederauferstehen – oder als Flexibilität, als Agilität. Wissensarbeitern wird eingebläut, dass Scheitern Bedingung für unternehmerischen Erfolg ist und ein Wesensmerkmal der Innovation. Aber auch das ist eine Lüge – denn »Fail Fast«, das schnelle Vorwärtsscheitern, wird sehr schnell zum Stigma, wenn es sich wiederholt. Einmal Scheitern ist okay, zweimal verdächtig, dreimal inakzeptabel. Denn es zeigt, dass wir nicht aus unseren Fehlern lernen. Und wer nicht aus seinen Fehlern lernt, ist unbelehrbar und ein hoffnungsloser Fall.

Es ist gut, dass wir in Deutschland inzwischen eine Kultur des Scheiternkönnens ermöglichen und dafür diverse Maßnahmen vornehmen wollen, aber Verlieren ist etwas anderes als Scheitern, insbesondere das Scheitern, das Silicon Valley und die Start-up-Kultur gerne als Kernkompetenz des Unternehmertums glorifizieren. Ob Fail Fast, Fail

Forward oder Fuckup Nights, bei denen Manager öffentlich ihre größten Fehler kundtun: Scheitern ist okay, so wird uns dort suggeriert, ist ein elementarer Bestandteil von Innovationskultur. Aber das greift zu kurz. Innovation mag dadurch ermöglicht und beschleunigt werden, aber echte, weitreichende Transformation verlangt mehr: nicht nur das gelegentliche Scheitern, sondern die Notwendigkeit tief greifenden Verlusts.

In unseren Unternehmen, seien wir ehrlich, ist Scheitern letztlich immer tabu. Das Scheitern eines Projekts, ein Macht- oder Gesichtsverlust führen oft dazu, dass die betreffende Person angezählt ist. Da können Firmen noch so viele Fuckup Nights abhalten und eine Fehlerkultur predigen. Scheitern ist nur dann okay, wenn es schnell wieder zum Gewinnen führt.

Und Fail Fast ist eine doppelte Entmündigung: eine materielle und eine rhetorische. Das ist bezeichnend für die Diktatur der Gewinner: dass sie uns nicht nur zum Gewinnen verdammt, sondern uns, wenn wir verlieren, auch noch die Sprache des Verlierens nimmt, um uns mit ihr nach der Schönfärbung erneut zu diskriminieren: Denn wer nicht richtig scheitern kann, ist erneut ein Verlierer. Daher ist es spielentscheidend, dass wir uns die Sprache des Verlierens zurückholen von den Gewinnern, dass wir eine neue Sprache, eine neue Terminologie des Verlierens entwickeln. Wir brauchen keine Kultur des Scheiterns. Wir brauchen eine Kultur des Verlierens.

Und, betrachten Sie sich immer noch als Gewinner? Und falls ja, wann genau sind Sie zum Gewinner geworden?

Leitwölfe und Bullys

Ich erinnere mich noch an den Leitwolf im Klassenzimmer, damals auf dem Gymnasium, in der zehnten Klasse, den Anführer auf dem Schulhof, den Leader der »Gang«, der seine Autorität allein daraus bezog, dass er Autorität ausstrahlte. Alle anderen wussten das, und doch waren sie in seinen Bann gezogen und wagten nicht, seine Macht infrage zu stellen.

Er hieß Martin. Niemand mochte ihn, aber jeder wollte sein Freund sein. Die Herzen der attraktivsten Mädchen flogen ihm zu. Er trug eine braune Lederjacke mit Fake-Militärabzeichen. Er war intelligent und hatte gute Noten, obwohl er immer wieder Regeln brach, zu spät zum Unterricht erschien und Schüler wie Lehrer tyrannisierte. Wenn er schlecht gelaunt war oder einfach nur gelangweilt vom Stoff, fläzte er auf seinem Tisch herum, demonstrativ angeödet von allem. Manchmal war seine Extrovertiertheit so ausgeprägt, dass die Unterrichtsstunde zur Show wurde. Ich bewunderte dieses Talent und dachte, ich müsse mich wohl damit abfinden, dass es einfach Menschen gibt, deren Ego so groß ist, dass es anderen die Luft zum Atmen nimmt. Martins Selbstbewusstsein war so gigantisch, dass man im Vergleich dazu unweigerlich zum Mauerblümchen wurde, auch wenn man gar keines war.

Es gab eigentlich nur drei Wege, mit dieser Penetranz umzugehen: direkte Konfrontation, Unterordnung oder aber kompletter Rückzug. Ich wählte fast immer das Letztere (und dass ich jetzt über Martin schreibe, ist nichts anderes als bittersüße, hinterhältige Rache). Schon damals, als Sechzehnjähriger, hatte mich verblüfft, wie hilflos Lehrer und Mitschüler gegenüber Martin waren, wie viel Zeit und Raum ihm zugestanden wurden, nachdem er ihnen beides gestohlen hatte. Wer ihn herausforderte, musste im Fall einer Niederlage damit rechnen, auf der Rangliste noch weiter nach unten zu rutschen. Gewinnen erschien mir als zu anstrengend, und wohl auch vielen meiner Mitschüler, und Verlieren vor den Augen der anderen war ebenso wenig eine Option. Und so harrten meine Klassenkameraden und ich einfach aus, sahen zu, wie er seine Freunde schikanierte und launisch attackierte, wie er mit unberechenbarer Willkür den Menschen in seinem Umfeld begegnete. Diese Willkür ist das Charaktermerkmal des Despoten, im Klassenzimmer wie im Amt.

Im Amerikanischen spricht man in einem solchen Fall von einem »Bully«. Mein Freund Chris, Unternehmer in San Francisco, erzählt mir jedes Mal, wenn wir uns sehen, von seiner Bully-Theorie. Sie besagt, dass einzelne Personen, aber auch Unternehmen und Nationen nur dann erfolgreich sein können, wenn sie Bullys sind. Das derzeitige System, so Chris, begünstige Bullys – der (Halb-)Stärkste auf dem Schulhof ist jetzt der Boss, der Premierminister, der Präsident.

Wer einmal Vorstandsmeetings erlebt hat, insbesondere mit Investoren, der weiß um die Der-Stärkere-hat-recht-Kultur. Der Markt liebt den Starken und sorgt dafür, dass Dominanz belohnt wird. Der Schwächere wird ins hintere Glied geschoben oder unweigerlich vom System ausgespien. In vielen Vorstandsetagen dominiert immer noch ein testosterongetränkter Machogeist, der – wenn es »hart auf hart kommt« – dem Gewinner so ziemlich alles verzeiht, wenn er denn nur gewinnt, wohingegen der Verlierer doppelt bestraft wird: nicht nur wegen des unrühmlichen Ausgangs, sondern auch wegen des Aktes des Verlierens an sich. Die Niederlage nagt nicht nur an uns, weil wir verloren haben, sondern weil sie weite Kreise des Zweifels zieht und viele Fragen aufwirft. Was, wenn wir ein weiteres Mal verlieren? Ständig verlieren? Ein Verlierer sind?

Unsere Kindheit kann, was das Verlieren angeht, brutal sein. Sowohl Gewinnen als auch Verlieren fühlen sich extrem an, die soziale Anerkennung oder Ächtung kann zu diesem Zeitpunkt eine Identität schaffen oder zerstören. Auf der anderen Seite ist eine Niederlage für Kinder vielleicht weniger schmerzhaft, weil sie eben nur eine einmalige Niederlage ist, aber kein Ereignis, das sich in ein fortwährendes Narrativ des Verlierens, des Verlierers einreiht. Als Kinder können wir noch verlieren, ohne Verlierer zu sein.

Das hat auch damit zu tun, dass es meist immer jemanden gibt, der bei einer Niederlage bedingungslos Trost spendet, sei es der beste Freund, die Geschwister oder die Eltern. Ich erinnere mich noch an die Bundesjugendspiele – es muss um 1979 gewesen sein – und meinen Sturz kurz vor der Ziellinie beim 25-Meter-Lauf. Ich taumelte und schürfte mir das Knie auf, fiel auch noch auf den Kopf und lag benommen auf der Tartanbahn mit einer Mischung aus Blut, Hartgummi und gleißendem Sonnenstrahl im Gesicht. Meine Lehrerin kam auf mich zu und drückte mich in ihre Arme und wischte meine Tränen ab.

Als Kinder sollen wir Verlieren lernen, durchs Spielen. Wir lernen bei Mensch-ärgere-dich-nicht oder beim Spiel-des-Lebens, dass Weinen okay ist, ein Mittel, um Niederlagen zu bewältigen, mit kathartischer Wirkung. Wir lernen, dass wir uns für unsere Gefühle nicht schämen sollten und dass wir nicht immer gewinnen können, ja, dass es an und für sich gar nicht ums Gewinnen geht, sondern ums Mitmachen, ums Lernen, ums Dabeisein, um den Spaß, mit anderen gemeinsam zu wettstreiten.

Das ist natürlich eine Lüge. Später, wenn wir als Erwachsene in die Gesellschaft integriert sind, stellen wir fest, dass Weinen alleine nicht hilft und dass Verlieren eben nicht nur ein einmaliges Ereignis ist, sondern zum Zustand werden kann. Der immer und immer wiederkehrt und uns nie verlässt.

Und so ist es denn aufgrund all dieser Lügen, all dieser Verdrängungen nicht erstaunlich, dass mir eine in Berlin ansässige Psychotherapeutin davon berichtet, dass ihre Kunden – Führungskräfte, prominente Sportler, TV-Persönlichkeiten sowie erfolgreiche Influencer – in Sitzungen bereitwillig übers Scheitern reden, über ihre Ängste zu versagen, darüber, dass ihr Erfolg nicht ausreicht, dass sie als »Schwindler« oder »Blender« erkannt werden könnten. Aber nie reden sie vom Verlieren. Das Wort »Verlieren« scheint gänzlich aus dem Vokabular gestrichen.

Verlieren wird immer mehr zum selbst verschuldeten Schicksal. Wir sprechen von Eigenverantwortung und davon, dass wir unser Schicksal schmieden können. Ausrutscher dürfen dann nur noch Ausrutscher sein.

Das Perfide am Verlieren ist: Wenn wir als Erwachsene verlieren, lässt uns jede Niederlage auch an unseren vorherigen Siegen zweifeln. Was, wenn sie nur eine Chimäre waren, eine Hochstapelei, ein Selbstbetrug? Wenn uns eine akute Niederlage wieder einmal gezeigt hat, dass wir ja eigentlich Verlierer sind?

Schreckgespenst Loser

Also, noch mal: Sind Sie ein Gewinner? Oder sind Sie ein Verlierer? Oder vielmehr: Bist du ein Verlierer?

Das Du scheint hier angemessener, denn das Verlieren ist ja etwas zutiefst Persönliches. Der Sieg kommt mit Formalien, mit Protokoll und Blumen, die Niederlage ist direkt, roh und unverblümt. Der Sieg gibt uns die Illusion, ein Gewinner zu sein; die Niederlage erinnert uns daran, dass wir Verlierer sind und bleiben werden. Der Sieg hat viele Väter, die Niederlage ist Waise. Wer gewinnt, fühlt sich gut, weiß aber nie so genau, ob es an ihm oder ihr lag oder vielleicht doch nur an den Umständen. Oder an der schwächeren Konkurrenz. Wer verliert, selbst als Mitglied eines Teams, verliert immer alleine, sucht die Schuld, die Verantwortung bei sich selbst.

Das Gefühl des Verlusts, der Degradierung, ist das Gefühl, in der eigenen Liga festzustecken, während der andere aufsteigt. Der Sozialneid, der uns Deutschen nachgesagt wird, ist die eigene Angst vor der Unterlegenheit, der Erniedrigung, die Furcht vor dem Zurückgelassenwerden. Der Aufstieg des anderen markiert stets den eigenen Abstieg. Anders als beispielsweise in den USA sind Gewinner hierzulande suspekt, und doch bestimmen sie die soziale Wahrnehmung von Erfolg. Jeder hasst Gewinner und will gleichwohl Gewinner sein. Jeder verachtet Verlierer und will gleichwohl ein guter Verlierer sein. Aber verlieren wollen wir natürlich alle nicht.

Dahinter verbirgt sich die Befürchtung, zum Versager abgestempelt zu werden, sich nicht mehr zu berappeln, auf der Straße zu landen oder irgendwo in einem hässlichen Büroraum mit Blick auf trostlose Eisenbahngleise einer sinnlosen Arbeit nachzugehen, einen jener Jobs zu haben, die der US-amerikanische Ethnologe David Graeber »Bullshit Jobs« nennt. Der größte Verlust, so dämmert uns dann, ist der Verlust unserer Zeit. Irgendwann sind wir alle alt genug, um zu begreifen, dass wir keine Zeit mehr zu verlieren haben.

Niemand von uns wird als Verlierer geboren. Schon gar nicht als ein guter. Mit Anstand verlieren zu können, ist eine der größten erzieherischen Errungenschaften, vielleicht sogar die größte. Die Leistung oder das Glück der anderen zu respektieren, zu ehren, muss man lernen, und es ist meist das Elternhaus oder die Schule, die dafür verantwortlich sind.

Dabei gibt es beachtliche kulturelle Unterschiede. In Deutschland werden jungen Menschen selten Trostpreise vergeben, man gewinnt oder eben nicht. In den USA hingegen geben sich Veranstalter von Wettbewerben jeder Art, vom Sportturnier bis zum Hackathon, redliche Mühe, nicht nur die ersten drei für ihre Topleistung auszuzeichnen, sondern jede Menge alternative Trophäen zu vergeben, von der »Ehrung für den kreativsten Beitrag« oder »das beste Teamwork« bis hin zur »Trophäe für Fairplay«.

An den Universitäten und in Unternehmen merken junge Amerikaner dann aber schnell, dass Gewinnen alles ist, aber nicht alle Gewinner sind. Es ist der Schock eines teilweise brutalen Wettbewerbs um die vordersten Positionen in einer streng hierarchischen Gesellschaft. Extreme Auswirkungen dieses Systems sind Firmen, die ihre Kunden als »Muppets« verspotten (Goldman Sachs),[4] oder, in letzter Konsequenz, Donald Trumps Mantra-artiges »We're winning«. Wenn Gewinnen zum kategorischen Imperativ wird, sind ethische Aspekte schnell hintangestellt und Externalitäten Nebensache. Und auch die Wahrheit wird dann rasch zweitrangig.

Die Amerikaner sind vor allem deswegen so effektiv, weil die Effektivität (fast) alle Mittel heiligt. Effektivität ist mindestens so wichtig, wenn nicht sogar noch wichtiger als die Wahrheit. In Europa ist es genau umgekehrt. Wenn Amerikaner im besten Sinne Übertreibungskünstler sind, tun wir uns in Deutschland schwer damit, Geschichten zu erzählen, die dramatisiert sind. Für uns ist Nüchternheit der Garant der Wahrheit. In den USA ist wahr, was die meiste Aufmerksamkeit bekommt. Verlieren ist hier im besten Fall eine spannende oder berührende Geschichte, in Europa dagegen ist es auch dann eine Dimension unseres Lebens, wenn die Niederlage oder der Verlust keine packende Geschichte darstellen.

Die Kehrseite der Medaille ist, dass Amerikaner ihre Gewinner ehren, während Gewinner in Deutschland schnell den Sozialneid auf den Plan rufen. Mit schöner Regelmäßigkeit fallen bei uns die Helden vom Podest, oft selbst verschuldet (siehe Franz Beckenbauer), aber stets von Häme und moralischer Genugtuung begleitet. Vielleicht ist es das, was das Verlieren in Deutschland einerseits so akzeptabel und andererseits so unmöglich macht. Wir lernen von Anfang an, gute Verlierer zu sein, können das aber in unserem Erwachsenenleben immer seltener unter Beweis stellen, weil wir uns erst gar nicht in die Gefahr begeben wollen zu verlieren – aus Angst vor der sozialen Ächtung, der nachträglichen, zweiten Erniedrigung, die der eigentlichen Niederlage folgt.

Wichtig ist, sich klarzumachen: Verlieren ist etwas anderes als Verlust. Wir erleben den Verlust von uns nahestehenden Menschen, wir erleben berufliche und private Niederlagen, sei es Kündigungen, erfolglose Projekte, Trennungen. Aber das Verlieren hat eine andere Qualität, es ist ein Vorgang, kein Ereignis. Verlieren tut dauerhaft weh, weil Verlieren ein permanenter Zustand ist. Der Verlust tritt ein, ist einmalig und konkret – ihm kann begegnet werden. Das Verlieren ist schleichend, andauernd und abstrakt – es kann nur befürchtet werden, ist ein Teufelskreislauf. Verlierer haben Angst vor den sozialen Konsequenzen des Verlierens.

Wer, so fragen sich Verlierer, will schon Verlierer als Kollegen, als Angestellte, als Freund, als Liebhaber, als Ehepartner, als Eltern, als Kinder, als Interessenvertreter haben?

Und oft es ist nur eine Frage der Zeit, bis das Verlieren beginnt. Selbst Triumphe sind im Nachhinein oft Vorboten des Verlierens. Die Angst vor dem sozialen Abstieg sitzt uns allen im Nacken, vom Schichtarbeiter bei Daimler über den Internetunternehmer bis hin zu Boris Becker, der 1995 zum ersten Mal Wimbledon gewann und 2019 vom Gericht gezwungen wurde, die Trophäen seiner Triumphe von damals zu versteigern. Das Verlieren gehört sich einfach nicht.

So ist es kaum verwunderlich, dass laut einer Studie der KfW, der Kreditanstalt für Wiederaufbau, aus dem Jahr 2018 nur jeder vierte Deutsche die Selbstständigkeit anstrebt, eine Zahl, die sich in den letzten zwanzig Jahren sage und schreibe halbiert hat.[5] Wenn es in den USA heißt: »American success is American failure«, gilt hier schlichtweg: »Wer verliert, ist ein Verlierer«. Die Angst vor dem Verlieren ist eine zutiefst deutsche Angst: Ein Loser zu sein, das ist der Kern der *German Angst*.

Die Angst vor dem sozialen Abstieg – sie ist real, und die Obdachlosigkeit, auf der Straße zu enden, ist das schrecklichste aller Schreckgespenster. Für André Hoek wurde es Realität. »Ich hätte dies nie für möglich gehalten«, sagte er mir, als ich ihn im Juni 2019 traf, und: »Es kann jedem passieren.« Vom 500 Euro am Tag verdienenden Webdesign-Freelancer bis zum am Berliner Hauptbahnhof Schnorrenden dauerte es bei André nur sechs Wochen. Er kam nicht darüber hinweg, dass ihn seine Frau verlassen hatte, wurde zum Alkoholiker und landete schließlich auf der Straße. André hat es geschafft, den Weg in die bürgerliche Gesellschaft zurückzufinden. Viele schaffen es nicht. Er arbeitet jetzt als Streetworker und hilft anderen Obdachlosen.

Eine Diktatur ist alternativlos

All die Lügen über das Verlieren haben uns in eine Diktatur geführt. Eine Diktatur erkennt man daran, dass sie alternativlos ist. Sie zieht sich durch alle Bereiche des Lebens und lässt uns keine andere Wahl, als ihr blind (oder auch sehend) zu folgen – oder aber gegen sie aufzubegehren. Sie zwingt uns dazu, Stellung zu nehmen. Sie besitzt Soft und Hard Power, weiche und harte Macht: Sie kann beeinflussen und inspirieren – oder uns, weniger subtil, mit (Androhung von) Gewalt zum vorauseilenden Gehorsam zwingen. Sie ist das einzige Betriebssystem, das zur Verfügung steht. Sie gibt nicht nur die Regeln vor, sondern sie ist das einzige Spiel, das gespielt wird. Sie schreibt uns die Normen vor, die Verhaltensweisen, die Sprache, ja sogar die Gefühle. Sie sieht keinen Platz vor für Ausreißer oder Andersdenkende. Sie verzeiht nicht. Sie kennt keine Schwäche, sie verachtet sie.

In der Diktatur der Gewinner ist Gewinnen der kleinste gemeinsame Nenner und das einzige nennenswerte Ergebnis. In der Diktatur der Gewinner ist Erfolg Selbstzweck und heiligt alle Mittel.

Die Diktatur der Gewinner – das ist die Arroganz derer, die »es geschafft haben« und nun auf den Rest von uns herabschauen. Die genug »fuck you money« haben, um finanziell unabhängig zu sein und nie wieder erwerbstätiger Arbeit nachgehen zu müssen.

Die Diktatur der Gewinner – das sind die zehn Prozent der Deutschen, die nach einem Bericht des Deutschen Instituts für Wirtschaftsforschung knapp 55 Prozent des gesamten Nettovermögens besitzen und ihren Einfluss auf die Politik geltend machen.[6]

Die Diktatur der Gewinner – das sind die Profiteure von Wenden aller Art; diejenigen, die im richtigen Moment auf der richtigen Seite der Geschichte standen und seitdem die Siegesgewissheit jener ausstrahlen, die wissen, dass das Leben es gut mit ihnen meint.

Die Diktatur der Gewinner – das ist für viele Menschen in den östlichen Bundesländern der Triumph des westlichen Systems, der die Bürger der DDR nach der Wende, nach dem »Sieg von Freiheit und Demokratie«, einverleibte und von ihnen unterschwellig Dankbarkeit erwartete für die Befreiung vom Kommunismus sowie für das Privileg, in einer aufgeklärten, humanistischen und leistungsorientierten sozialen Marktwirtschaft leben zu dürfen. Die Wende: Das war und ist für viele Ostdeutsche immer noch ein Stück weit Siegerjustiz.

Die Diktatur der Gewinner – das ist die Sturheit von Bürokraten und Technokraten, für die es nur eine einzige richtige Lösung gibt und die darauf setzen, dass ihr regelkonformes Verhalten, ihr Beharren auf dem System, letztlich vom System belohnt wird.

Die Diktatur der Gewinner – das ist das Lächeln jener, die das Spiel beherrschen, die sich an die Regeln halten oder sie nur so weit brechen, dass sie als Innovator innerhalb des Systems angesehen werden, ohne den Pfad des Erfolgs jemals zu verlassen.

Die Diktatur der Gewinner – das sind die autoritären Regierungen dieser Welt, die an Macht an und für sich interessiert sind. Dazu zählen Männer wie Donald Trump, deren einzige Qualifikation für das Regierungsamt die Illusion von unternehmerischem Erfolg ist. Trumps Regierungsstil lässt sich, wie gesagt, auf ein Statement reduzieren: »We're winning!«, und für alle anderen gilt: »Loser!«. Nicht »Dummkopf« oder »Arschloch« sind seine schärfsten Waffen, also nicht der Vorwurf mangelnder Intelligenz oder mangelnden Anstands, sondern dass man ein Verlierer ist.

Ein mehr herabwürdigendes Urteil als »Loser« gibt es im Trump-Universum nicht. Anderssein und Verletzlichkeit sind die Angriffspunkte, auf die er sich stürzt. Schwäche zeigen ist für ihn die größte Schwäche, ein Makel, der den Zielscheiben seiner Verachtung die Existenzberechtigung abzusprechen scheint.

Die Diktatur der Gewinner – das ist die Rache der Überlegenen. Nach vielen Kriegen werden die Verlierer erniedrigt und gedemütigt. Nach dem Spanischen Bürgerkrieg wurden beispielsweise hunderttausend der Republik loyal gebliebene Offiziere und Soldaten sowie Gewerkschaftsmitglieder von Francos Truppen erschossen.

Die Diktatur der Gewinner – das bedeutet jene Winner-takes-it-all-Mentalität, die Gewinner noch mehr gewinnen lässt. Eine Mentalität, die dazu führt, dass jeder weiß, wer der Sieger ist, aber niemand, wie der viert- oder fünftbeste Klavierspieler heißt, der viert- oder fünftbeste Tennis- oder Fußballspieler. Immer geht es um die Nummer eins, und sie bekommt den absoluten Löwenanteil des aufzuteilenden Kuchens. Die Politiker, die eine Wahl gewonnen haben, bleiben der Nachwelt erhalten, nicht die, die eine Wahl verloren. Die Gründer von Apple, Microsoft, Google oder Facebook sind der Öffentlichkeit präsent, nicht die, die kleinere, bescheidenere Unternehmen gebaut haben.

Die Diktatur der Gewinner – das ist die Allmacht der weißen Männer über vierzig, die die Mehrheit der gesellschaftlichen Schlüsselpositionen innehaben und nur selten jemanden in ihre Seilschaften und exklusiven Klubs aufnehmen, und wenn, dann nur nach ihren Spielregeln.

Die Diktatur der Gewinner – das sind Investmentbanker, die in New York, Frankfurt und London an ihren Terminals abstrakte Transaktionen tätigen, losgekoppelt von tatsächlichen Märkten. Nach Studien des *Guardian* managen die drei größten Asset-Management-Firmen der Welt – Blackrock, Vanguard and State Street – mehr als 300 Milliarden Assets in fossilen Brennstoffen und haben zudem mehrfach Finanzinformationen verweigert, die Klimainitiativen verlangt hatten. Ebenso erschreckend ist, dass mehr als 90 Prozent dieser Assets in Fonds angelegt sind, die von Algorithmen gesteuert werden.[7] Die Gewinner, das sind die Adrenalin-Junkies eines super-beschleunigten virtuellen Casinos. Ohne Wenn und Aber haben sie verinnerlicht, dass Gier gut ist, wie es so plakativ hieß im Hollywood-Film *Wall Street*. Als echte Gewinner haben sie Trophäen statt Freunde.

Die Diktatur der Gewinner – das sind die Datenanalysten in Unternehmen und Managementberatungsfirmen, die uns sagen, was richtig und was falsch ist, was angemessen und angebracht. Und die neben den Daten keine anderen Götter tolerieren.

Die Diktatur der Gewinner – das sind die Datensammlungen und Algorithmen der mächtigen Tech-Firmen, die uns besser kennen als wir uns selbst, die unsere Handlungen (und Gedanken) vorwegnehmen und dafür sorgen, dass wir noch mehr gewinnen. Uns aber auf Dauer in die Schranken weisen.

Die Diktatur der Gewinner – das ist der permanente Leistungsdruck unter dem Diktat der Effizienzsteigerung und Gewinnmaximierung, der sich durch die Digitalisierung nochmals potenziert hat: Wir müssen jetzt nicht nur im Wettbewerb mit anderen Menschen bestehen, sondern auch mit der neuen, gnadenlosen Konkurrenz in Form von künstlicher Intelligenz und Robotern. Auf der einen Seite sind alle unsere Entscheidungen und Handlungen nunmehr in der Transparenz einer digitalen Überwachungsökonomie sichtbar und messbar. Zum anderen werden wir immer mehr nach den subjektiven Aspekten unserer Leistung beurteilt: Kollaboration, Storytelling, Empathie, Motivation und so weiter. Das erhöht den Druck und gleichzeitig die Unsicherheit. Wir haben mehr Optionen als je zuvor – und dennoch keine andere Wahl, als ständig gewinnen zu müssen.

Die Diktatur der Gewinner – das ist der Versuch der Transhumanisten aus dem Silicon Valley, die Limitationen der menschlichen Physis und Psyche zu überwinden, inklusive unserer Sterblichkeit. Und zwar durch die vollkommene Verschmelzung mit Technologie zu omnipotenten Cyborgs.

Die Diktatur der Gewinner hat mithin verschiedene Gesichter. Nicht alle von uns leiden unter ihr, aber sie betrifft uns alle und zieht sich durch unser Leben. Von Kindesbeinen an werden wir mit ihr konfrontiert, und selbst nach unserem Tod, in unseren Nachrufen, holt sie uns noch ein: als Laudatio auf unsere Erfolge, auf unsere scheinbar bruchlose, progressiv verlaufende Karriere, auf einen Marathon zur Ziellinie, auf dem wir immer besser geworden sind.

KAPITEL II
DAS ENDE DES GEWINNENS

Warum wollen wir gewinnen? Und warum spielen wir? Verhaltenswissenschaftler sagen, dass Gewinnspiele Adrenalin auslösen – durch die Nervosität und Spannung des Vorspiels – und, im Erfolgsfall, den Botenstoff Dopamin, der weitgehend als Glückshormon bekannt ist.[1] Schon bei der Erwartung von Erfolg wird im Gehirn Dopamin ausgeschüttet, das im Körper wie eine Belohnung wirkt. Erfolg ist sexy und attraktiv. Wer gewinnt, dem fliegen Herzen und Gelder zu, der kann sich eine bessere Bildung leisten, mehr Reisen, Sicherheit, Gesundheit und Komfort.

In der Regel gilt, dass dem Menschen das Doppelte seiner Investition als Gewinn in Aussicht gestellt werden muss, damit er diese Investition tätigt. Wir sind also naturgemäß risikoavers und setzen nur dann etwas aufs Spiel, wenn wir einen nicht unerheblichen Gewinn erwarten können. Es sei denn, wir versprechen uns (oder träumen vom) großen Glück, von einem unverhältnismäßigen Gewinn, der uns mit etwas verbindet, das größer ist als wir selbst. Dieses Versprechen mobilisiert uns mehr als alle anderen Anreize.

Nicht unerheblich ist auch der Lockruf des Wettbewerbs. Wenn wir jemanden als Gewinner oder Verlierer klassifizieren, betrachten wir nicht nur das konkrete Resultat, sondern auch, wie es zustande gekommen ist. Charaktereigenschaften zählen, Moral, Eleganz, der ganze Prozess an und für sich. Ein Gewinner ist eben nicht nur, wer tatsächlich gewinnt, sondern wer den Nimbus des Gewinners erringt und behält. Verlierer sind meistens diejenigen, die nicht gewinnen (sollen) oder von denen wir denken, dass sie den Sieg nicht verdient haben.

Die Gruppe der Verlierer – sie wächst. Längst ist das Verlieren Realität geworden, aber wir wollen es nicht wahrhaben. Doch wer genauer hinschaut, kann eine ganze Reihe an Verlustängsten erkennen: die Angst vor dem Jobverlust, die Angst, im internationalen Wettbewerb nicht mehr mithalten zu können, die Angst vor einem gesellschaftlichen Abstieg, einer Durchökonomisierung aller Lebensbereiche, einem Verlust von Stabilität, Identität und Sicherheit, einem Verlust der Demokratie. Das Verlieren ist unser ständiger Begleiter. Wir müssen uns nur umschauen und genau zuhören.

Peak Germany

0:2. Gegen Südkorea. Am 27. Juni 2018 verlor die deutsche Fußballnationalmannschaft das entscheidende Vorrundengruppenspiel der WM in Russland und schied aus dem Turnier aus. Es war eine Erniedrigung und eine historische Schmach für den erfolgsverwöhnten deutschen Fußball. Die Begleitumstände waren nicht weniger desaströs. Da war das Verhalten von Mitgliedern des deutschen Trainerstabs nach dem knappen 2:1-Sieg gegen Schweden im vorangegangenen Gruppenspiel, das von der Presse weltweit als »schlechtes Verlieren« kritisiert wurde. Und da waren die Querelen im deutschen Team, eine Spaltung der Mannschaft in aufstrebende junge und erfahrene alte Spieler, über die die Medien spekulierten. Und dann die unmittelbar nach der Weltmeisterschaft aufbrechende und nicht mehr zu stillende Wunde um den Rücktritt Mesut Özils aus der

Nationalmannschaft, der den Deutschen Fußball-Bund des Rassismus beschuldigte und mit einem öffentlichen Brief und einem für alle Seiten bedauernswerten Rundumschlag abtrat.[2]

Es war ein Jahr zum Vergessen für das Löw'sche Team, und es gab sowohl in der Affäre Özil wie auch beim Auftreten in Russland nur Verlierer. Und das Schlimmste am verflixten Jahr der Nationalelf war, dass es den meisten Deutschen irgendwie letztlich recht war. Toni Kroos hatte recht: »Es scheint fast so, als ob sich die Leute zu Hause freuen, wenn wir verlieren.«[3] Konsequenzen zogen die wenigsten aus dem desolaten Abschneiden.

Eine Stunde nach dem Schlusspfiff des WM-Spiels gegen Südkorea machte ich mich von meiner Wohnung im Prenzlauer Berg auf zur Elisabethkirche in Berlin-Mitte, zur Morals and Machines-Konferenz in Berlin, veranstaltet von der *WirtschaftsWoche*.[4] Zu den Sprechern zählten Bundeskanzlerin Angela Merkel[5] und der israelische Historiker und Autor Yuval Noah Harari.

Im Gespräch mit der damaligen *WirtschaftsWoche*-Herausgeberin Miriam Meckel gab Harari, Mitglied einer Enquete-Kommission des Bundestags und von der *New York Times* zum Lieblingsphilosophen des Silicon Valley gekürt (trotz seiner durchaus kritischen Haltung zum Valley), bemerkenswerte Einsichten von sich.[6] Sechs Wochen im Jahr würde er, so Harari, mit Meditation verbringen. Sie würde ihn unweigerlich auf sich selbst zurückführen und stark machen. In seinem Buch *21 Lektionen für das 21. Jahrhundert* plädiert er dann auch dafür, dass nur Selbsterkenntnis uns in Zukunft vor den Datenplattformen aus Silicon Valley schützen würde: Der einzige Ausweg sei, dass wir uns selbst besser kennen als die Algorithmen der Plattformen. Auf der Bühne warnte er vor einem neuen, datengetriebenen

Faschismus, einer totalen Überwachungsgesellschaft, die mit smarten Algorithmen und permanentem »Monitoring« unser Verhalten manipuliert,

Und dann sagte Harari etwas, das mir und wohl auch anderen Anwesenden einen Stich ins Herz gab. Zu keinem Zeitpunkt der Geschichte sei die Lebensqualität in Deutschland besser gewesen als jetzt, im Jahr 2018. Das war kaum eine kontroverse Aussage, aber sie stiftete Unruhe. Zum einen war sie eine Streicheleinheit für die waidwunde, oft so selbstkritische und nörgelnde deutsche Seele. Zum anderen ließ sie mich erschaudern: Es ging uns so gut wie nie zuvor, das bedeutete, es gab einiges zu verlieren.

Es fällt schwer, diesen 27. Juni 2018 nicht als symbolisches Datum zu sehen, zu offensichtlich war die Ironie der Zusammenhänge: die WM-Schmach des deutschen Fußballs, eine dem Ende ihrer Ära entgegenblickende Kanzlerin, die sich inmitten einer kräftezehrenden Krise mit ihrem Koalitionspartner CSU befand, und schließlich das über der Konferenz schwebende Abstiegsgespenst für die deutsche Wirtschaft und Gesellschaft. War dies etwa »Peak«-Germany? Waren wir Teil des absoluten Höhepunkts? Würde der unweigerliche Verfall, die Abwärtsspirale nun beginnen? War es eventuell möglich, diesen Peak-Moment zu konservieren und unsere Lebensqualität evolutionär zu festigen, wenn nicht sogar zu erhöhen? Oder bedurfte es einer Revolution, einer akuten Krise, einer schmerzhaften Katharsis und eines anschließenden Befreiungsschlags, um unseren Wohlstand zu retten und mittel- bis langfristig zu sichern?

Harari gab darauf keine Antwort. Die kam stattdessen von Kanzlerin Merkel, und sie war ehrlich und trotzdem unbefriedigend. Betont und gewohnt sachlich, aber doch eindringlich gab sie zu bedenken, den Anschluss an die

Plattformökonomien Chinas und Amerikas nicht zu verlieren. Sie verwies auf die KI-Strategie der Regierung, auf erheblich größere Datenmengen und Investitionen, vor allem im Bereich der künstlichen Intelligenz (KI), und sah den Vorteil der deutschen Wirtschaft in der Digitalisierung bestehender industrieller Fertigung – »Industrie 4.0« also.

Das beklemmende Gefühl aber blieb: Dieser Bundesregierung waren die zukünftigen Herausforderungen zwar bekannt, sie hatte aber nicht den Mut und die Kraft, ihnen mit einer echten Vision zu begegnen. Der Pragmatismus, das Weitermachen, um ja nicht zu verlieren, stand ihr im Weg. Es war bereits zu spät, und Merkel war das klar. Es blieb nur noch Zeit, um die Stühle auf der *Titanic* zu verrücken.

Eine tiefe Wehmut ergriff mich. Eine Wehmut für ein Europa, das nie wieder so sein würde, wie es einmal war. Das uns eine nie für möglich gehaltene Epoche voller Frieden und Wohlstand beschert hatte. Vielleicht war meine Generation ja die Ausnahme und nicht die Regel, und es stand uns, nachdem wir jahrzehntelang von einer glücklichen Fügung der Geschichte profitiert hatten, die eigentliche Aufgabe, die Katastrophe des 21. Jahrhunderts, noch bevor? Die Frage war nicht länger, ob wir verlieren würden, sondern wann, wie viel – und wie.

Meine Heimat ist das perfekte Beispiel. Im mittleren Neckarraum um Stuttgart grassiert die Angst. Angesichts der Wende zur Elektromobilität, schwacher Konjunktur, hoher Kosten für Rückrufe und den Folgen von Dieselgate rief Daimler-Chef Ola Källenius im Oktober 2019 eine rigorose Schlankheitskur aus. Dies betrifft vor allem die Autosparte Mercedes-Benz, wo bis 2022 mehr als eine Milliarde Euro an Personalkosten eingespart und dazu jede zehnte Stelle im Management gestrichen werden soll.[7] Der durch die Automobilindustrie gewachsene »Speckgürtel« an Zulieferern wird zudem dünner. Einige Firmen wie der Kolbenhersteller Mahle setzen auf Kurzarbeit.[8] Emigrierte Schwaben klagen schon länger, sie hätten ihre Immobilien aus Sorge um einen Wertverlust abgestoßen, bedingt durch den möglichen Niedergang der Region. Zugleich plant der US-Elektrikauto-Hersteller Tesla im Berliner Umland eine vier Milliarden US-Dollar teure eigene Fabrik (im Tesla-Jargon auch »Gigafactory« genannt) – eine deutliche Provokation (oder auch »Demütigung«, wie die *Süddeutsche Zeitung* kommentierte) mitten ins Herzen der deutschen Automobilindustrie hinein, die den Trend zur E-Mobilität verschlafen hat und jetzt um den Anschluss kämpft.[9]

Zudem hat die Marke »Made in Germany«, die jahrelang als Inbegriff höchster Qualität und Ingenieurskunst galt, unter den Dieselskandalen enorm gelitten, wie die PR-Beratung Edelman in ihrem Trust-Barometer-Report 2019 berichtet.[10] In den USA vertrauen demnach nur noch 38 Prozent der Bevölkerung deutschen Marken – ein Rückgang von sieben Prozent verglichen mit dem Vorjahr. Ähnlichen Schaden hat die Deutschland-Marke in europäischen Ländern und auch Schwellenländern wie Brasilien, Indien, Mexiko oder China erfahren. Nachdem Deutschland jahrelang das Ranking der vertrauenswürdigsten nationalen Marken anführte (und dies das Selbstverständnis der Deutschen entscheidend prägte), ist der Vertrauensverlust industrieübergreifend und droht die Exportnation Deutschland insgesamt zu beschädigen. Auch immer mehr Deutsche verlieren laut dem Report übrigens das Vertrauen in ihre Unternehmen – ein deutliches Warnsignal für die hiesige Wirtschaft.

Jeder weiß, was da auf uns zurollt, dass nichts mehr so sein wird, wie es einmal war, dass wir jahrelang wie im

Schlaraffenland gelebt haben und jetzt den überfälligen Preis dafür zahlen müssen. Nur wie hoch der sein wird, das weiß keiner so genau.

Ob Stuttgart 21, der Flughafen Berlin-Brandenburg, der Fußball oder die Automobilindustrie – unsere Großprojekte und Flaggschiffe sind wahrlich keine Erfolgsgeschichten. Wir gewinnen nicht mehr, sind aber auch noch keine Weltmeister im Verlieren. Der Sand steckt im Getriebe, gleitet durch unsere Hände. Nichts ist gewonnen, nichts zerronnen. Eine merkwürdige Stasis legt sich über unsere Aktionen. Aus Mangel an Bewegung sind wir wie gelähmt. Die Hoffnung ersticken wir im Keim, und die sorgfältig genährte Illusion von Erfolg, das Gerede von Resilienz und Uns-neu-Erfinden, von Reskilling und digitaler Transformation, von New Work und neuem Leben weicht einer schrecklichen Gewissheit: Die Verlierer, das sind wir.

Die Abstiegsgesellschaft

Hierzulande hat oft die Mittelschicht am meisten Angst vor dem Verlust, vor dem sozialen Abstieg. Dabei geht es ihr vergleichsweise immer noch gut. Dennoch: Vielleicht nur noch einmal im Jahr zu verreisen und womöglich ein kleineres Auto fahren zu müssen – das sind materielle, aber eben auch symbolische Schicksalsschläge, die das Selbstbewusstsein und Selbstverständnis ankratzen. Es ist genau diese Furcht vor dem Abstieg, die der AfD Wähler in die Arme treibt. Wie viel extremer das geraten könnte, wenn wir gezwungen sind, echte Abstriche zu machen, mag man sich gar nicht ausmalen.

Die Mittelschicht ist, genau wie das mittlere Management in Unternehmen, oft eingequetscht zwischen anderen

Schichten, anderen Ebenen. Sie weiß um die Möglichkeit des Aufstiegs, aber das Gespenst des Abstiegs sitzt ihr stets im Nacken, und deswegen wehrt sie sich beständig gegen Veränderung. Veränderung bedeutet manchmal eine Chance auf dem Weg nach oben, aber oft eine Unterjochung, das Aufgeben lieb gewonnener Privilegien, die gerade im Mittelbau der Gesellschaft so viel bedeuten, weil sie das Ausbleiben der finanziellen Unabhängigkeit kompensieren. Anders gesagt: Die Bedeutung des Anscheins von Erfolg, von Symbolen des Gewinnens ist höher, weswegen auch das Verlieren mehr ins Gewicht fällt. Die Deutungshoheit über Erfolg und Misserfolg, über Gewinnen und Verlieren ist hier am härtesten umkämpft, weil in Ermangelung klarer objektiver Kriterien der eigene Status relativ ist und immer der eigenen Erzählung und der Perspektive anderer bedarf. Wer richtig reich ist, muss sich um einen Gesichtsverlust nicht scheren, und wer arm ist, auch nicht. Arm und Reich haben andere Probleme, als sich mit dem Verlieren zu beschäftigen.

Meine Eltern stammen aus bescheidenen Verhältnissen und haben sich in die Mittelschicht emporgearbeitet. Mein Vater wurde als Kind von den Alliierten in Berlin ausgebombt. Seine Familie musste daraufhin aus der Stadt fliehen. Noch heute regt sich mein Vater darüber auf, wenn ich ein Licht in seinem Haus zu lange brennen lasse (Verschwendung!). Die Heizung in meinem Elternhaus ist entsprechend aufs Minimum reduziert. Sparsamkeit wurde meinem Vater durch den Krieg in die Wiege gelegt.

Als ich jung war, wollte ich vor allem eines nie: so wie meine Eltern leben. Die Mittelmäßigkeit war für mich der ultimative Albtraum. Heute weiß ich, dass nicht die Mittelmäßigkeit der Albtraum ist, sondern die Mittelmäßigkeit zu verlieren.

Auch ich habe Angst davor, die Mitte verlassen zu müssen. Ich habe Angst davor, zu verbittern und keinen Trost mehr zu erfahren und keinen mehr spenden zu können. In einer Zeit, in der in Silicon Valley bereits Wochenendseminare für »ältere« Tech-Arbeiter über dreißig angeboten werden.

Die Angst sitzt tief, gerade am Arbeitsplatz. Die Angst davor, das Gesicht zu verlieren, in der Kantine geschnitten zu werden, als Exzentriker zu gelten. Arbeitnehmer flüchten folglich in die Mittelmäßigkeit, in den unsichtbaren Vertrag mit dem Arbeitgeber, in dem beide Parteien verabreden, dass der Arbeitnehmer gerade so viel Eigeninitiative zeigt, um als »unternehmerisch« zu gelten, ohne jedoch jemals den Status quo wirklich infrage zu stellen. Wer diese goldene Mitte verlässt, verbrennt sein Reputationskapital, gilt als Spinner, dem zukünftig keine Projekte mehr anvertraut werden.

Die Mehrheit der Deutschen ist durchaus noch optimistisch, was die Wirtschaftskraft der Bundesrepublik betrifft, aber die Angst vor dem sozialen Abstieg hat zugenommen. In einer Untersuchung der Versicherungsgesellschaft R&V mit dem Titel »Die Ängste der Deutschen 2018« wird Donald Trump als Angstfaktor Nummer eins genannt.[11] 63 Prozent der Befragten gaben an, sich vor einer Überforderung der deutschen Behörden durch Flüchtlinge zu fürchten. Zwar findet sich unter den Top-10-Ängsten der Deutschen der soziale Abstieg nicht explizit, und doch zieht sich diese Angst durch die Liste: Ob es Trump ist oder die Migration – es geht ans Eingemachte, an den Wohlstand und das Gefühl der Berechenbarkeit und Geborgenheit in einer scheinbar aus den Fugen geratenen Welt. Ausgerechnet jetzt, wo Technologien wie KI alles berechenbarer machen sollen, ist plötzlich alles unberechenbar geworden.

Auch die Studie »Generation Mitte« des Versicherungsverbands GDV deutet darauf hin.[12] Demnach gibt die Mehrzahl der befragten 30- bis 59-Jährigen, also der demografischen Mehrheit der Erwerbstätigen, an, dass es ihnen zwar wirtschaftlich gut gehe, sie aber politische und finanzielle Schwierigkeiten befürchten. Geradezu dramatisch ist das Vertrauen in die politische Stabilität gesunken: Nur 27 Prozent sind zuversichtlich, dass die Bundesrepublik auch zukünftig stabile Rahmenbedingungen für Wohlstand und Wohlergehen bieten könne. Fast jeder Zweite (44 Prozent) der Befragten befürchtet, dass die Absicherung im Alter unzureichend sei. »Trotz der materiellen Zufriedenheit ist die Generation Mitte durch die weltweiten Krisen, den Verlust an politischer Stabilität in Deutschland und die Veränderung des politischen Klimas zutiefst verunsichert«, so Renate Köcher vom Institut für Demoskopie in Allensbach, die die Umfrage im Auftrag des GDV durchgeführt hatte.[13]

Wir haben in Deutschland zwar fast Vollbeschäftigung, aber die Zustimmung für das Wirtschaftssystem ist erschreckend gering.[14] Eine große Mehrheit im Osten und gut die Hälfte der Befragten in den westlichen Bundesländern hält die soziale Marktwirtschaft nicht unbedingt für das beste System. Viele Bürger, vor allem in den wirtschaftsschwächeren Regionen, fühlen sich überfordert von der flexiblen Arbeitswelt und abgehängt von den Gewinnern der Globalisierung. Zwar ist die Produktivität leicht gestiegen, aber die Löhne sind es nicht. Immer mehr Wohlstand wird durch finanzielle Assets geschaffen, nicht durch Erträge aus Produktion und Dienstleistung. Dem gegenüber stehen Chefgehälter, die hierzulande zwar nicht ganz so wirklichkeitsfern sind wie in den USA, trotzdem nehmen sie auch hier immer mehr obszöne Maße an. Und schon jetzt führt der allgemeine Unmut zu einer Aufsplitterung der Gesellschaft. »Aggressivität und Egoismus, immer weniger Respekt und auch eine wachsende Fremdenfeindlichkeit bereiten der mittleren Generation Sorgen«, gab Köcher im Zuge der 2019 erneut durchgeführten Studie zu Protokoll.[15]

In seiner gründlich recherchierten Analyse zur »Abstiegsgesellschaft« legt der Wirtschafts- und Gesellschaftswissenschaftler Oliver Nachtwey dar, dass in Deutschland die Zahl der »atypischen« Arbeitsverhältnisse zugenommen hat. Dazu zählen Zeit-, Leih-, Teilzeit- sowie geringfügige und befristete Arbeit. Das heißt: Atypische Arbeit wird immer mehr zur typischen Arbeit. Und in der Tat, so Nachtwey, hat sich die Anzahl der Mehrfachbeschäftigten seit 2003, dem Jahr, in dem im Zuge der Hartz-IV-Reformen die »geringfügige Erwerbstätigkeit« einen neuen rechtlichen Rahmen erhielt, mehr als verdoppelt. 2017 gingen circa 3,1 Millionen Deutsche (sieben bis acht Prozent der Erwerbstätigen) einer Zweitbeschäftigung nach. Der prozentuale Anteil, den die Teilzeitbeschäftigung an der Ganztagsbeschäftigung ausmacht, ist zwischen 1995 und 2016 von 16 Prozent auf 26,7 Prozent angestiegen, und Deutschland belegt damit Platz vier unter den EU-Mitgliedstaaten.

Problematisch sei, so Nachtwey, dass die sozialen Sicherungssysteme die geringfügige Entlohnung von Teilzeitarbeit nicht ausgleichen und somit nicht vor einem Armutsrisiko schützen können. Eine Studie von Eurostat, dem Statistischen Amt der Europäischen Union, warnte 2018 davor, dass 70 Prozent der in Deutschland lebenden Erwerbslosen in die Armut abrutschen könnten.[16] Im europaweiten Vergleich stellt dies das höchste Abstiegsrisiko dar.

Die Sorgen der Deutschen lassen sich also nachvollziehen. Die Zeiten gesicherter Einkommen, planbarer Ersparnisse und fester Arbeitsplätze und Karrierewege gehören der Vergangenheit an. Und das Versprechen der sozialen Mobilität, der Kausalität zwischen Ausbildung, Fleiß und Aufstieg, ist für viele Deutsche nicht länger relevant.

Nachtwey argumentiert, dass sich das »Prekariat, in der sozialen Moderne ein Randphänomen, [...] in der Abstiegsgesellschaft ausgebreitet« habe und nun als »relevanter Teil des Arbeitsmarktes institutionalisiert« sei.[17] Zudem sei die sogenannte Mitte vor allem an den unteren Rändern geschrumpft. Dort seien viele Deutsche abgestiegen, und die verbleibenden Mitglieder der Mittelschicht wären von der Angst erfasst, dass es ihnen bald ähnlich ergehen könnte. In dieser »prekären Vollerwerbsgesellschaft« sei Arbeit als integrative Kraft und Instrument zur sozialen Absicherung immer mehr auf dem Rückzug. Der Fahrstuhl fahre nicht mehr nach oben, sondern nach unten, und zwar für alle – bis auf die Oberschicht.

Nachtwey führt dafür mehrere Gründe an. Zum einen sind es seiner Meinung nach makroökonomische Entwicklungen, die dazu geführt haben, dass wir uns in einer Art »Post-Wachstums-Kapitalismus« befinden. Der US-Amerikaner Paul Krugman und andere Ökonomen sprechen von einer »säkularen Stagnation«, einem Kapitalismus ohne Wachstum, oder zumindest ohne ausreichend Wachstum, um die Erwartungen der Bürger an Aufstiegschancen und Wohlstand zu erfüllen.[18] Auch die Profitraten sind gefallen. Nachtwey zitiert den britischen Ökonomen Stephen D. King, der die Impulse der Liberalisierung, der technologischen Innovationen und besser ausgebildeten Arbeitskräfte für erschöpft hält.[19] Die Produktivität hätte keine proportional wachsenden Nettoreallöhne zur Folge. Zudem sei eine Investitionsschwäche zu beobachten, weil Börsennotierung und Shareholder Value zu kurzfristigem Denken zwingen, aber eben nicht zu langfristigen, nachhaltigen Strategien.

Shareholder-Value-Fixierung habe auch die Finanzmarktkapitalisierung (Finanzialisierung) und Virtualisierung von Märkten stärker werden lassen, was sich an der Tatsache ablesen lässt, dass das Finanzmarktvolumen die Umsätze in Dienstleistung und Industrie schon lange um ein Hundertfaches (!) übertrifft.[20] All diese Phänomene sind von realen Werten und tatsächlicher Aufsicht entkoppelte Prozesse, die sich selbst verfestigen. Insbesondere in der Finanzindustrie werden in weiten Bereichen automatisierte Entscheidungen getroffen.

Nachtwey prägt in seinem Buch den Begriff der »regressiven Moderne«, um zu beschreiben, wie sich das Paradigma der sozialen Moderne auflöst, wir aber weder in eine vormoderne Industriegesellschaft zurückfallen noch ein neues Gesellschaftssystem aufstellen, das radikal mit den Grundpfeilern der Moderne bricht. Vielmehr bleiben einige Elemente der sozialen Moderne weiterhin bestehen, während sich andere auflösen.

Dies führt zum zweiten entscheidenden Faktor für das zunehmende soziale Ungleichgewicht und den negativen Fahrstuhleffekt: dem kontinuierlichen Abbau des Sozialstaats, vielmehr der sukzessiven Ökonomisierung und Marktkonformität der Sozialleistungen wie dem Gesundheitswesen. Der britische Ökonom Sir Paul Collier beschreibt in seinem Buch *Sozialer Kapitalismus!*, wie aus dem Sozialstaat immer mehr ein Interventionsstaat wurde, der paternalistisch umverteilte, die Bürgerrechte wahrte und die Bürger vor dem totalen Zugriff des Marktes schützte. Doch diese sozialen und wirtschaftlichen Bürgerrechte wurden im letzten Jahrzehnt systematisch beschnitten. Spätestens mit der Agenda 2010 wurden in Deutschland erhebliche Teile des Sozialstaats verschlankt oder sogar ganz abgeschafft. Ich will hier nicht bewerten, inwieweit die Reformen unter Kanzler Gerhard Schröder der wirtschaftlichen Stabilität Deutschlands den Weg ebneten, sondern es soll lediglich konstatiert werden, dass sie den neoliberalen Kräften Vorschub leisteten und sozialdemokratische Prinzipien einer neuen Marktnähe, wenn nicht gar einer Marktkonformität preisgaben. Gesundheitswesen, Bildung und andere soziale Eckpfeiler der bürgerlichen Gesellschaft wurden zunehmend dem Marktprinzip unterworfen. Waren Bürgerrechte nicht verhandelbar, sind sie jetzt ökonomisiert und den Gesetzen des Marktes unterworfen. Wo einst aus Proletariern Bürger wurden, wurden Bürger nun wieder zu Proletariern – und es entsteht ein neues Prekariat, ein digitales Prekariat.

Angesichts all dieser Entwicklungen hat so mancher hierzulande das Gefühl, dass uns die Felle davonschwimmen. Die Nerven liegen blank, und die Verrohung der politischen Kultur und der Sitten ist für die Mehrheit der Bevölkerung spürbar geworden.

Die andere deutsche Teilung

In einem Café in Berlin-Mitte treffe ich an einem verregneten Dezembermorgen Laura-Kristine Krause, die Deutschland-Geschäftsführerin der gemeinnützigen Organisation More in Common, die 2017 zunächst in Frankreich und England mit dem Ziel angetreten war, die zunehmende Polarisierung westlicher Gesellschaften zu verstehen und »neue Ansätze für Zusammenhalt zu ermöglichen«. Ein Jahr später wurde More in Common auch in Deutschland aktiv. Krause führt eine Art Doppelleben und pendelt zwischen dem typischen Alltag der Berliner Politikszene (Teilnahme an Konferenzen und Arbeitsgruppen) und

Ausflügen in ländliche Gemeinden hin und her, wo sie mit örtlichen Politikern, Sozialarbeitern, Vereinsfunktionären und Bürgern Workshops abhält, um besser zu verstehen, was die Menschen wirklich bewegt.

Im Oktober 2019 veröffentlichte More in Common eine Studie mit dem Titel »Die andere deutsche Teilung«[21], die für einiges Aufsehen sorgte.[22] Krause und ihr Team befragten mehr als 4000 Deutsche und wählten für die Studie einen anderen methodischen Ansatz als herkömmliche Umfragen, indem sie Instrumente der Politikwissenschaft mit Ansätzen der Sozialpsychologie kombinierten. Auf Grundlage der Befragungsergebnisse identifizierten die Wissenschaftler sechs Typen der deutschen Gesellschaft, die sich voneinander durch eine charakteristische Sichtweise auf die Gesellschaft und eigene Wertepprioritäten abgrenzen: 1. die Offenen (für die Selbstentfaltung, Weltoffenheit und kritisches Denken wichtig sind), 2. die Involvierten (Bürgersinn, Miteinander, Verteidigung von Errungenschaften), 3. die Etablierten (Zufriedenheit, Verlässlichkeit, gesellschaftlicher Frieden), 4. die Pragmatischen (Erfolg, privates Fortkommen, Kontrolle vor Vertrauen), 5. die Enttäuschten (die das Gefühl verlorener Gemeinschaft, fehlender Wertschätzung und Gerechtigkeit eint) sowie 6. die Wütenden (nationale Ordnung, Systemschelte, Misstrauen). Diese Gruppen, so die Beobachtung von More in Common, haben kaum Werte gemeinsam. Im Gegenteil: Die deutsche Gesellschaft erweist sich als extrem fragil und zerrissen. Scheinbar gibt es in der deutschen Bevölkerung zutiefst »unterschiedliche Perspektiven auf das Gemeinwesen, und auch die Nähe zu dessen Institutionen und Akteuren variiert in erheblichem Maße«, wie Krause es formuliert. Man könnte fast sagen, dass die Deutschen »in verschiedenen Welten« leben.

Anstelle des stereotypischen Ost-West-Konflikts machen

die Autoren eine andere, eine Dreiteilung Deutschlands aus, die den gesellschaftlichen Zusammenhalt infrage stellt. Da gibt es zum einen die gesellschaftlichen Stabilisatoren, bestehend aus den Etablierten und den Involvierten (insgesamt 34 Prozent), dann die gesellschaftlichen Pole, bestehend aus den Offenen und den Wütenden (insgesamt 35 Prozent), sowie das unsichtbare Drittel, bestehend aus den Enttäuschten und den Pragmatischen (insgesamt 30 Prozent). Besonders das »unsichtbare Drittel« ist besorgniserregend. 43 Prozent der Befragten dieses Drittels fühlen sich einsam und auf sich alleine gestellt (im Vergleich zu 30 Prozent aller Befragten). Nicht nur im persönlichen Leben fehlt es ihnen an Einbindung, auch das demokratische System bietet ihnen weniger Halt als anderen Deutschen. Sie fühlen sich schlichtweg übersehen. Traditionelle politische Kategorien wie »Links« und »Rechts« bieten kaum noch Orientierung an, und der Bezug zur Politik ist schwach. Mit anderen Worten: Diese Menschen sind in Deutschland sozial und politisch nicht eingebunden. Das ist alarmierend! So schreiben die More-in-Common-Autoren denn auch: »Ein Gemeinwesen kann nur dann wirklich funktionieren, wenn alle gesellschaftlichen Gruppen erreicht werden. Zudem schlummert hier ein sehr großes Nichtwähler-Potenzial: Über die Hälfte der Nichtwähler sind im unsichtbaren Drittel zu finden.«

Insgesamt lässt sich klar sagen, dass es vielen Deutschen an einem gemeinsamen Wertefundament fehlt. Das jahrzehntelange implizite Selbstverständnis der Bundesrepublik als moderater, sozialer und »vernünftiger« Gesellschaft hat sich in zunehmend atomisierte Gesellschaftsgruppen aufgelöst, die immer weniger miteinander gemeinsam haben. Das Gefühl, Zusammenhalt, Orientierung und gesellschaftlichen Anschluss zu verlieren, nimmt zu. Es fehlt den

Deutschen ein neues gesellschaftliches Projekt, eine neue kollektive Vision. Wenn dieses Vakuum nicht schnell von demokratischen Akteuren gefüllt wird, sehen wir düsteren Zeiten entgegen.

Wir ignorieren die Ängste der Menschen und unsere eigenen. Wir schreiben zwar darüber und beklagen den Zustand der Nation (ein Murksen auf hohem Niveau), dennoch verdrängen wir die unmittelbare Gefahr direkt vor unserer Haustür. Fast jeder Dritte wählte am 1. September 2019 in Brandenburg und Sachsen die AfD, darunter viele junge Menschen und viele Arbeiter, das Stammmilieu der politischen Linken.[23,24]

Das Wirtschaftswunder der Nachkriegszeit, der Fall der Berliner Mauer, das Sommermärchen der Fußball-Weltmeisterschaft 2006 auf deutschem Boden, die Führungsrolle der Bundesrepublik im vereinten Europa, die neue Weltgewandtheit, das Selbstverständnis einer freiheitlich-liberalen Demokratie westlicher Prägung, die Integration von Flüchtlingen, die internationale Wertschätzung für »Made in Germany«, der Mittelstand mit seinen »Hidden Champions«, die Gründlichkeit, Gemütlichkeit und Genügsamkeit – all das scheint in Gefahr, wenn Software die Welt auffrisst, wie das der Silicon-Valley-Investor Marc Andreesen formuliert hat, und sich Deutschland digitalisiert. Wenn wir endlich wahrnehmen, dass sich in Politik und Wirtschaft die Regeln geändert haben und wir, die wir uns so ans Gewinnen gewöhnt haben, nun zum Verlieren verdammt sind. Digitalisierung ist, um es mit einem abgewandelten geflügelten Wort des ehemaligen britischen Fußballers Gary Linekers zu sagen, wenn alle gegen alle spielen und Deutschland verliert. Da hilft dann auch keine Digitalisierungsfibel mehr. Die Zeiten haben sich geändert. Das Resultat ist immer noch binär, das Spiel an sich nicht mehr.

Der Wirtschaftsjournalist Thomas Fricke schrieb in seiner *Spiegel*-Kolumne im August 2019: »Wenn die politischen Schocks der vergangenen Jahre etwas lehren, dann ja, dass die Menschen womöglich doch nicht so flexibel sein wollen und können, wie es die Globalisierung will – und stattdessen wieder mehr Sicherheit bräuchten.«[25] Aber gibt es noch so etwas wie Sicherheit, oder ist das ein nostalgisches Überbleibsel aus den vordigitalen Zeiten einer linearen Leistungsgesellschaft?

Gerade jetzt, wo wir die Gewerkschaften so dringend bräuchten, stecken diese in einer handfesten Krise. Als Interessenverband von Arbeitnehmern einst als mächtiges Bollwerk gegen die profitorientierten Unternehmensinteressen geschätzt, beklagen sie einen erheblichen Mitgliederschwund. Hatten sie 1994 noch zehn Millionen Mitglieder, so sind es jetzt nur knapp sechs Millionen.[26] Experten weisen darauf hin, dass der anhaltende wirtschaftliche Boom der letzten Jahre den Erwerbstätigen die Vertretung durch Gewerkschaften weniger dringlich gemacht hätte. Arbeitnehmer hätten angesichts von Quasivollbeschäftigung und Fachkräftemangel mehr Macht und eine stärkere Stellung innerhalb der Betriebe sowie auf den Arbeitsmärkten. Gleichzeitig gibt es vermehrt Unternehmen der digitalen Wirtschaft – Amazon ist das prominenteste Beispiel –, die bewusst keine Tarifbindung eingehen. Arbeitgeber verlassen verstärkt die Arbeitgeberverbände oder flüchten sich in OT-Mitgliedschaften: »ohne Tarifbindung«. Diese Entwicklung und der damit einhergehende abnehmende Einfluss der Gewerkschaften spiegeln sich wider in immer weniger Tarifverträgen. Das Institut für Arbeitsmarkt- und Berufsforschung (IAB) der Bundesagentur für Arbeit ermittelte, dass 2018 in Westdeutschland 49 Prozent der Beschäftigten nach Tarif bezahlt wurden, im Osten 35 Prozent – ein deutlicher Abfall verglichen mit den Werten von 1998, die im Westen wie im Osten jeweils um 19 Prozent höher gelegen hatten.[27] Sollte aber wirklich die Welle der Automatisierung rollen und Unternehmen flexiblere Arbeitsformen von den Arbeitnehmern fordern, bräuchte man die Gewerkschaften mehr denn je – um die wirtschaftlichen und menschlichen Interessen all jener zu vertreten, die keine Arbeit mehr »nehmen« können, ohne erhebliche Kompromisse einzugehen, oder aber völlig in das neue digitale Prekariat abrutschen.

Auch die SPD, die traditionelle Volkspartei der gesellschaftlichen Verlierer, also der Abgestiegenen oder Nichtaufgestiegenen, hat einen schmerzhaften Aderlass verzeichnen müssen und scheint im Strudel der Irrelevanz gefangen. Im Juni 2019 erreichte die Partei, die bei der Bundestagswahl 2005 noch über 34 Prozent erzielt hatte, bei Umfragen gerade noch zwölf Prozent der bundesweiten Wähler, einen Punkt vor der AfD, und rutschte ab zur nur noch viertstärksten Partei auf Bundesebene.[28,29]

Die kollektive Identität der unteren Schichten ist offensichtlich einer Mentalität gewichen, die Gewinnen als alternativlos betrachtet und sich als Konsequenz eher in der schroffen Ablehnung der Bessergestellten darstellt oder jener Bevölkerungsgruppen, die in der sozialen Hierarchie gefühlt noch weiter unten rangieren. Obwohl es die Gewinner sind, die den Verlierern das Gewinnen unmöglich machen, projizieren Letztere ihre Ängste und ihren Frust auf Minderheiten. Es fallen dann so Sätze wie: »Sie gefährden den Lebensstandard, sie nehmen etwas weg vom hart Erarbeiteten, sie bedrohen das Gefühl von Heimat.« Es klingt paradox, aber die Diktatur der Gewinner hat gewonnen, wenn alle AfD wählen.

In seinem Buch *Das Elend der Sozialdemokratie. Anmer-*

kungen eines Genossen legte der SPD-Parteigenosse Peer Steinbrück 2018 die Finger auf die Wunde. Vier Gründe nennt er für die Misere seiner Partei, die sich aber letztlich auf die Unfähigkeit reduzieren lassen, eine liberale, weltoffene Gesinnung auf Basis einer sozialen Gerechtigkeit mit dem wachsenden Sicherheits-, Ordnungs- und Orientierungsbedürfnis der Deutschen in einer globalisierten, digitalisierten Beschleunigungsgesellschaft zu verbinden. Die Sozialdemokraten, so Steinbrück, hätten die Bedeutung von sozialer Sicherheit und Identitätsfragen angesichts einer »Verrohung und Enthemmung« der Alltagskultur unterschätzt. Wenn er aber konstatiert, ein abstrakter Gerechtigkeitswahlkampf der Partei verbaue den Anschluss zur »produktiven Klasse«, klingt das wie eine Bankrotterklärung. Denn bestimmt der Zugang zur produktiven Klasse das Schicksal der SPD, ist sie praktisch und moralisch am Ende.

Dass es in Deutschland jetzt nur noch die AfD und die Linke gibt als Auffangbecken und Heimatort der gefühlten Verlierer, lässt nichts Gutes ahnen und bedeutet, dass wir das Verlieren komplett an den Rand des politischen Spektrums gedrängt haben. Eine Gesellschaft von konstruktiven Verlierern sieht anders aus.

Wie konnte es so weit kommen?

Eine Taxifahrt durch das Silicon Valley

San José ist eine der größten Städte Amerikas und markiert den südlichen Rand des Silicon Valley. Auf einer Taxifahrt durch das Valley – ich war gerade von einem Kundenworkshop gekommen – unterhielt ich mich mit dem Fahrer, einem Mann namens Dave. Als ich ihm sagte, dass ich Unternehmen dabei berate, wie sie sich auf die Zukunft der Arbeit vorbereiten könnten, begann er von seinem beruflichen Werdegang zu erzählen, und auch von seinen Träumen und Hoffnungen. Lange würde er nicht mehr als Taxifahrer arbeiten, so viel sei klar, teilte er mir mit, schon jetzt hätte er eine Umschulung zum Softwareentwickler begonnen, in die er einen Großteil seines Ersparten investiere. Selbstfahrende Autos wären nur eine Frage der Zeit, dass der Ridesharing-Service Uber ihm und seinen Kollegen in der Bay Area ziemlich zusetze, sei da nur ein Vorbote (Uber beherrscht mittlerweile den Taxi-Markt in der Region; herkömmliche Taxis stellen nur noch ein Zwölftel aller bezahlter Fahrten dar[30]). Auch seinen Kindern hätte er geraten, Coden zu lernen oder in den Softwarevertrieb-Bereich zu gehen. Ob ihm der Jobwechsel gelingen und er langfristig in der Bay Area bleiben könne, das sei allerdings fraglich.

Ich hatte es ja bereits erwähnt: Eine Familie mit einem Gesamteinkommen von 117 000 US-Dollar gilt in der Bay Area offiziell als »low income«, als Unterschicht.[31] Dies hat dazu geführt, dass zwar Erwerbstätige in der Tech-Branche hier leben (viele von ihnen wohnen in San Francisco, shuttlen aber mit privaten Bussen von Apple, Facebook oder Google jeden Morgen zu den circa eine Stunde weiter südlich gelegenen Campussen der Tech-Firmen), Lehrer, Krankenpfleger oder Feuerwehrleute aber bis zu zwei Stunden außerhalb von San Francisco, weil sie es sich nicht mehr leisten können, eine Bleibe in der Stadt zu mieten.

Direkt vor den Haustüren der neuen Mittelschicht der Stadt trifft man vermehrt auf Obdachlose. Früher gab es sie nur auf der Market Street, der zentralen Ader, die durch Downtown läuft, oder auf der mit Fäkalien übersäten Sixth Street, die schon immer zu den Problemzonen der Stadt zählte. Jetzt mischen sich die Obdachlosen unter die

Tech-Jünger in Noe Valley oder dem gentrifizierten Latino-Viertel Mission. Seitdem die Stadtverwaltung beschlossen hat, Kriminaldelikte unter 500 US-Dollar nicht mehr zu verfolgen, hat die Zahl von Taschendiebstählen und Autoeinbrüchen sprunghaft zugenommen. Es vergeht kaum ein Tag ohne Gang-Delikte, Schießereien, Einbrüche, Vergewaltigung oder Mord.

Die meisten Bewohner der Bay Area, die es sich leisten können, wollen trotzdem in der Stadt bleiben. Das Freizeitangebot ist vielfältig, das Wetter und die Landschaft sind einzigartig, die Naherholungsgebiete für amerikanische Verhältnisse nah, und die Verdienstchancen – einhergehend mit extrem hohen Lebenskosten – absurd hoch. Als Loser gilt hier, wer nur ein »Fixed Income« hat, das heißt von einem regelmäßigen Gehalt lebt.

Dave, mein Taxifahrer, schien all das mit großer Gelassenheit hinzunehmen, Sorge bereitete ihm allerdings die Automatisierung der Arbeit. »Es wird letztlich so sein, dass uns die oberen ein Prozent gar nicht mehr brauchen«, meinte er. Durch Robotik und KI werde es außerdem nicht mehr genug Arbeit für alle geben. Viele würden dann nur noch fernsehen, Pornofilme anschauen, Videospiele spielen oder Drogen nehmen.

Aber, so fragte ich ihn, würden es diese Arbeiter denn einfach hinnehmen, zur »nutzlosen Klasse« zu zählen? Ich musste an einen hochrangigen Machine-Learning-Manager von Google denken, der mir auf einer Networking-Party gestanden hatte, dass er Angst hätte vor dem Tag, an dem die marginalisierten 90 Prozent der Bevölkerung vor den Toren des Unternehmens stehen würden.

Dave hatte auch darauf eine Antwort: »Drohnen. Sie werden uns einfach mit Drohnen in Schach halten.«

Drohnen. Wirklich? Das schien doch eher der Stoff aus

Science-Fiction-Fantasien. Dabei wissen wir heute, wie prophetisch George Orwells *1984* war.

Was mich an Dave so verblüffte, war die Nonchalance, mit der er eine sich dramatisch ändernde Welt kommentierte, für ihn und für uns alle. Er fand sich mit den Veränderungen ab und bereitete sich innerlich und konkret darauf vor, wie ein Hausmeister, der kurz vor dem großen Sturm alle Türen und Fenster verriegelt. Und gegebenenfalls seine Sachen packt, um an einen ruhigeren und sicheren Ort zu ziehen.

Sein Erzfeind, Uber, produzierte derweil exponentiellen Reichtum – für einige wenige. Obwohl das Unternehmen beschuldigt wird, seinen Fahrern zu wenig zu bezahlen, ist es weit davon entfernt, profitabel zu sein. Nur dank schwerer Finanzspritzen von Softbank und anderen Investoren ist es gewachsen, wobei die Gelder vor allem darauf abzielen, den Wettbewerb mit aggressiven Dumping-Preisen zu verdrängen. Nach dem Börsengang im Mai 2019 verzeichnete das Unternehmen sogar einen Verlust von mehr als fünf Milliarden US-Dollar.[32] Eine abenteuerliche Summe. Und umso irrationaler ist das, wenn man sich vergegenwärtigt, dass das Unternehmen ja nur bestehende Infrastrukturen (die Autos der Fahrer) nutzt. Das Geschäftsmodell von Uber wird langfristig, wenn überhaupt, nur funktionieren, wenn es menschliche Fahrer durch Roboter ersetzt. Und die Fahrer und die Öffentlichkeit zählen schon jetzt zu den Verlierern: Studien haben gezeigt, dass das Unternehmen in Städten wie San Francisco zu einer Zunahme der Verkehrsstaus geführt hat.

Das von Uber verkörperte Silicon-Valley-Prinzip des »Blitzscaling« – also des schnellen, aggressiven Wachstums – schafft Anreize, um um jeden Preis zu gewinnen. Gewinnen ist das einzige Ziel, und es rechtfertigt alle Mittel. Das Spiel kennt kein anderes Resultat. In einem Kommentar für die *New York Times* bezeichnete der Tech-Journalist Farhad Manjoo Uber als »einen Fleck auf der Weste des Silicon Valley«, aber das scheint zu dramatisch, da ja die meisten Valley-Firmen einer Art von Blitzscaling folgen.[33] Die Weste des Valleys ist auch ohne Uber nicht rein. Facebook ist ein weiteres Beispiel. Ein Porträt von Mark Zuckerberg im *New Yorker* zeichnet detailliert nach, wie er und sein Managementteam immer wieder die Wahl hatten zwischen menschlichem Wohlergehen und Wachstum, und sich für aggressives Wachstum entschieden.[34]

Uber ist also keine Aberration, es ist die Norm des Silicon-Valley-Modells, wenn auch auf besonders prahlerische und ostentativ rücksichtslose Weise. Die vielen kleinen Bequemlichkeiten (Apps machen für uns jetzt all das, was früher unsere Mütter für uns gemacht haben, so spotten manche), die sich daraus ergeben, werden von der wachsenden Besorgnis überschattet, dass Big Tech uns, bis auf wenige Ausnahmen, letztlich alle zu Verlierern macht. Kein Wunder, dass der sogenannte »Tech-Lash« mittlerweile ein Mainstream-Phänomen ist. Wir hatten gehofft, dass die digitalen Plattformen uns alle verbinden und die Welt demokratischer wird. Nun haben wir zwar Facebook, aber immer weniger Demokratie und immer weniger Leidenschaft für Demokratie. Und die Idee des vernetzten Zeitalters scheint plötzlich zutiefst antiquiert und fehlerhaft zu sein. Die Plattformen haben uns zum Produkt gemacht, und zwar zu einem schlechten, haben unsere Beziehungen in Transaktionen umgewandelt, unsere Privatsphäre reduziert, unsere Wahlen manipuliert, Hass zugelassen und gestreut und den Journalismus unterminiert. Das vernetzte Zeitalter ist vorbei. Wir fühlen uns desillusioniert, betrogen.

Sogar Facebook-Mitbegründer Chris Hughes plädierte zuletzt dafür, das allzu mächtige Unternehmen zu zerschlagen.[35] Ist es denkbar, dass Facebook von alleine an Macht verlieren wird? Eine interne Studie des Unternehmens weist auf die Gefahr hin, dass die soziale Plattform von seinem eigenen »Long Tail« erschlagen werden könnte, von den dazugekauften WhatsApp und Instagram-Netzwerken, die beide an Popularität und Nutzerzahlen gewinnen, wohingegen Facebook einen Schwund an (jungen) Nutzern verspürt, die vermehrt auf andere Plattformen wechseln.[36] Die Selbstkannibalisierung ist daher eine reelle Gefahr, aber es ist eher unwahrscheinlich, dass dritte Wettbewerber dem Unternehmen den Rang ablaufen könnten. Dafür ist der geografische Fußabdruck, inklusive der noch weitgehend brachliegenden Märkte in Afrika und Teilen Asiens, zu groß. Zudem ist Facebook dabei, WhatsApp und Instagram clever zu einer Mega-Plattform zu verbinden.

Dazu kommt dann auch noch der ambitionierte, man könnte auch sagen anmaßende Plan, eine eigene Kryptowährung durchzusetzen. Libra, der eigenen Blockchain-basierten Währung, die ein Konsortium unter der Führung von Facebook 2020 einführen sollte, waren aber zuletzt einige wichtige Partner wie Visa oder Mastercard abhandengekommen, wohl auch aufgrund politischen Drucks von Regierungen weltweit. Deren Besorgnis ist legitim. Libra formalisiert und kommerzialisiert die Aufmerksamkeitsökonomie noch ein Stück weiter. Wenn Facebook-Nutzer – sowie die der beteiligten Partnerfirmen – Credit erhalten, sobald sie auf bestimmte Ads klicken, ist die soziale Konditionierung im Sinne von Facebook perfekt.

Libra symbolisiert Facebooks anhaltenden Drang nach der Weltherrschaft, dem ultimativen Sieg, den Triumph des ungebändigten Wachstums über alles. Unreguliert wird

Libra die Welt vollends zu einem einzigen Marktplatz machen, in dem alles zu einer Transaktion wird. Als Folge davon verlieren staatliche Regierungen ihre Souveränität. Schon jetzt gehen ihnen die Gestaltungs- und Steuerungsräume aus, da immer mehr öffentliche Güter (wie Zugang zu Wissen, Mobilität, Bildung) privatisiert werden. Wenn digitale Plattformen mit der Potenz und Reichweite Facebooks (der weltweit drittgrößte Nationalstaat auf Basis von Bürgern) eine eigene Währung einführen, ist dies eine unverblümte Attacke auf eine der letzten Bastionen staatlicher Souveränität: die nationale Währung.

Libra ist aber auch ein Schlag ins Gesicht all jener Idealisten, die glaubten, mit dem dezentralen Web, mit Blockchain und anderen Technologien, mit einer neuen Form von Token Economy und Token Governance, transparentere, partizipativere und demokratische Strukturen zu schaffen. Libra bedeutet die kapitalistische Perversion all dieser Prinzipien.

Die GAFA, die vier großen Tech-Plattformen Google, Apple, Facebook und Amazon, sind mittlerweile so in unser Alltagsleben und die weltweiten Wertschöpfungsketten integriert, dass sie kaum noch zu ersetzen oder zu verdrängen sind. Weil sie an den entscheidenden Schnittstellen als quasimonopolitischer Vermittler auftreten, ziehen sie Nutzer und deren Daten an und können effiziente, bequeme und maßgeschneiderte Lösungen anbieten. Die Netzwerke können sich auf den Netzwerkeffekt verlassen: Je mehr Daten sie anhäufen, desto besser der Service; je besser der Service, desto mehr Nutzerdaten erhalten sie.

Die Finanzmittel sind mittlerweile so ungleich, dass ihnen kaum noch beizukommen ist. Der japanische Konzern Softbank, der Geld in Uber, WeWork, Alibaba, Nvidida oder die Roboterfirma Boston Dynamics investierte, legte einen 98 Milliarden US-Dollar starken Vision Fonds auf, der sich auf stark wachsende Tech-Disruptoren fokussiertet.[37] Und auch wenn der Fonds zuletzt mehrere Flops verzeichnete und sich nach dem enttäuschenden Börsengang Ubers und des geplatzten Börsengangs und Absturzes von WeWork starker Kritik stellen musste, so sind die Machtverhältnisse doch klar.

Und auch Regulierung hilft nur bedingt: Am selben Tag, an dem Facebook von der US-Verbraucherschutzbehörde FTC (Federal Trade Commission) mit einer saftigen Fünf-Milliarden-US-Dollar-Strafe bedacht wurde, als Kompensation für das Fehlverhalten im Zusammenhang mit dem Cambridge-Analytica-Skandal – empfehlenswert ist der Dokumentarfilm *The Great Hack,* der die Ereignisse rekonstruiert und erschreckende Einblicke bietet in das Ausmaß der vorgenommenen weltweiten Massenmanipulation auf Grundlage von Facebook-Nutzerdaten –, stieg der Aktienkurs des Unternehmens. Die Strafgebühr war nicht mehr als eine Fußnote, und Wall Street und Anleger weltweit waren erleichtert über das relativ glimpfliche Strafmaß.

Als auf der TED-Konferenz 2019 in Vancouver die britische Journalistin Carole Cadwalladr, die den Cambridge-Analytica-Skandal aufgedeckt hatte, an die anwesende Tech-Elite appellierte, ihre Verantwortung wahrzunehmen (»Ist es das, was ihr wollt? Soll das wirklich euer Vermächtnis sein?«), blieb eine Reaktion aus.[38] Keiner der vier großen Tech-Konzerne hielt eine Gegenrede oder zumindest eine Stellungnahme für nötig. Wenngleich die öffentliche Meinung gekippt und allerorts vom großen Erwachen die Rede ist, so hat das die Plattformen wirtschaftlich (noch) nicht betroffen. Und es ist fraglich, ob die verloren gegangene Legitimität den Konzernen wirklich Kopfzerbrechen bereitet.

Denn die Macht der Nutzer ist durchaus eingeschränkt. Selbst »Delete Facebook«-Phänomene und individuelle Boykotte der Plattformen sind nur ein Tropfen im Ozean, solange die Tech-Giganten weiterhin Zugriff auf eine kritische Menge an Daten haben. Das individuelle Lossagen von den Plattformen reicht nicht, solange andere Nutzer ihre persönlichen Daten hergeben und somit Rückschlüsse durch Aggregation ermöglichen. Der britische Autor Martin Tisné meint denn auch, dass Daten nicht, wie so oft behauptet, das neue Öl sind, sondern das neue CO_2.[39] Genau wie beim Ausstoß von CO_2 sind auch wir als Datensubjekte vom Datenverhalten anderer betroffen. Unsere Privatsphäre schützen zu wollen, ist ungenügend, da wir bereits vom System erfasst sind und ein erheblicher Teil unseres Verhaltens aufgrund der Korrelation zu den Daten anderer eindeutig zu identifizieren ist, selbst wenn wir uns weigern, unsere Daten zu teilen.

Und doch, trotz aller Quasimonopole: Die Karten werden neu gemischt. Die absolute Dominanz der Valley-Firmen ist einer großen Ernüchterung gewichen – auf allen Seiten. Die Tech-Titanen sind nicht mehr unverwundbar. Das Wachstum von Twitter, Snap oder Facebook ist ins Stocken geraten. Allein Twitter meldet 2019, dass es in einem Quartal eine Million aktive Nutzer verloren hat.[40] Die Reihe von Skandalen der großen Vier sowie die systemischen Defekte ihrer Geschäftsmodelle haben das Ansehen von Big Tech schwer beschädigt. Angetreten waren sie mit dem Anspruch und dem Versprechen, die Welt besser zu machen, und wer die Geschichte und das besondere kulturelle Klima Kaliforniens kennt, der weiß, dass dieser Idealismus durchaus ernst gemeint war. Der Stolz ist jetzt der Einsicht gewichen, an entscheidenden Weichenstellungen oft fatal falsche Entscheidungen getroffen zu haben.

Facebook und andere digitale Plattformen zwangen Nutzer nahezu dazu, ihre Privatheit aufzugeben. Sie luden ein zur Manipulation – und zeigen sich nun entsetzt über das Monster, das sie da in die Welt gesetzt haben. Wer sich bei Facebook (oder Instagram, das seit 2008 zu Facebook gehört) einloggt, der verliert: die Kontrolle über seine Daten, seine Privatsphäre und nicht zuletzt auch sein Selbstbewusstsein angesichts von *Fear of missing out* (FOMO), dem fiesen Gefühl, ständig etwas zu verpassen, weil das Leben der anderen viel aufregender ist als das eigene. Der globale Wettbewerb von persönliche Marken, in den uns die sozialen Medien setzen, führt nur selten zu Glücksgefühlen.

Der einstige Stolz der Techies ist durch die Skandale einer großen Verunsicherung gewichen. Technologie könne zu guten Zwecken gebraucht und zu schlechten Zwecken missbraucht werden, an sich sei Technologie ja wertfrei – mit diesem Argument hatten sich die Tech-Jünger lange Zeit die Hände reingewaschen. Die Tech-Firmen müssen nun lernen, wirklich Verantwortung zu übernehmen, und Verantwortung bedeutet, auch jene Macht zu akzeptieren, die man eigentlich nicht will. Die Google-T-Shirts bleiben erst einmal im Schrank, auch aus Angst, angepöbelt zu werden auf den Straßen von San Francisco, wo es vor einigen Jahren sogar zu gewaltsamen Protesten gegen die Pendlerbusse kam. Es flogen Steine an Google-Busse, und der scharfsinnige US-amerikanische Medientheoretiker Douglas Rushkoff benutzte dies als zentrale Metapher seines Buchs *Throwing Rocks at the Google Bus,* das eine neue Wirklichkeit beschreibt, in der es vermehrt soziales Ungleichgewicht, vermehrt Verlierer gibt, die – zumindest in den USA – sorgsam von den Gewinnern getrennt werden. Der Protest wächst. Noch prallt er ab an den Google-Bussen, an den privatisierten, hermetisch versiegelten Lebenswelten der Gewinner.

Die entgrenzte Marktgesellschaft

Das vorherrschende Paradigma unserer Zeit ist eine unheilvolle Allianz zwischen Kapitalismus und dem von digitalen Technologien ermöglichten exponentiellen Wachstum. Der *Homo oeconomicus,* der schon als widerlegt galt, ist durch die Digitalisierung plötzlich bei uns allen im Wohnzimmer angekommen. Wie der serbisch-US-amerikanische Ökonom Branko Milanović im *Guardian* schreibt, ist die Krise des Kapitalismus keine Krise per se, sondern eine Krise bedingt durch die ungleichen Effekte der Globalisierung und der Expansion des Kapitalismus in Gebiete, die traditionell als nicht kommerzialisierbar galten. Milanović meint damit die Gig-Ökonomie (insbesondere die Überführung von sozialen Leistungen, die zuvor die Familie oder Freunde übernommen hatten) sowie die Versuchung, Politik als Unternehmertum zu begreifen.[41] Die totale Ökonomisierung aller Lebensbereiche hat unsere Gesellschaft in eine radikale Wettbewerbsgesellschaft verwandelt, in der die Abwehr- und Schutzmechanismen der sozialen Marktwirtschaft nur noch bedingt greifen. Die Marktwirtschaft hat sich entgrenzt, und die Gesellschaft droht zu einer reinen Marktgesellschaft zu werden.

Karl Polanyi, ungarisch-österreichischer Wirtschaftswissenschaftler, legte in seinem 1957 erschienenen Buch *The Great Transformation* dar, dass eine Gesellschaft, die sich in allen Bereichen Marktmechanismen unterwirft, nicht überleben kann, weil sie in letzter Konsequenz die elementaren Ressourcen – Mensch und Natur – auflöst. Schon jetzt beobachten wir diese Auflösungserscheinungen: zum einen den Raubbau von natürlichen Ressourcen, von irreversiblen und irreparablen Eingriffen in unsere ökologischen Systeme, zum anderen in Form eines Raubbaus von inneren

Ressourcen, von steigenden Depressions- und Burn-out-Raten zu Stress- und Angstzuständen als neuer Normalität.

Über 115 Jahre nachdem Max Weber in seinem Werk *Die protestantische Ethik und der Geist des Kapitalismus* den eisernen Käfig der wissenschaftlichen Rationalität und Bürokratisierung beklagte – die »Entzauberung der Welt« –, sind wir wieder gefangen in einem eisernen Käfig: Diesmal ist es der eiserne Käfig des digital-kapitalistischen Reduktionismus.

Dieser digital-kapitalistische Reduktionismus ist ein System, das auf künstlicher Verknappung, sozialem Ungleichgewicht und Ressourcenausbeutung basiert, auf binären Technologien und konsistenten, produktiven Identitäten, die sich über Arbeit in die Gesellschaft integrieren. Das hat zwar für einige sehr viel Wohlstand geschaffen, macht unsere Gesellschaften aber zu Marktgesellschaften, in denen unsere Identitäten und Beziehungen kommerzialisiert und wir auf die Rolle als Konsumenten oder Produzenten (oder beides, als sogenannte »Prosumer«) reduziert werden.

Alle Lebensbereiche werden von diesem digital-kapitalistischen Reduktionismus erfasst und zu »Profit-Centern« gemacht. Gerade Wissensarbeiter sollen nun ständig Eigeninitiative zeigen und sich von produktiven Angestellten zu kreativen Intrapreneuren entwickeln. Es reicht nicht mehr, die Arbeit nur gut zu erledigen. Verlangt wird zunehmend Leidenschaft – oder zumindest zur Schau gestellte Leidenschaft. Die intrinsische Motivation soll im Einklang sein mit der Mission des Unternehmens und einem gesunden (allerdings nie wirklich disruptiven) Ausmaß an Innovation. Arbeitnehmer müssen nun »kundenzentriert« denken, die Werte des Unternehmens leben und verkörpern, »out of the box« handeln und ständig neue Lösungsansätze entwickeln für komplexe Probleme oder Probleme, die es noch gar nicht gibt. Diese subjektive, emotionale Dimension der Arbeit ist auch deswegen so stressig, weil hierfür präzise Kriterien fehlen. Das lässt Arbeitnehmer in einem diffusen Zustand permanenter Verunsicherung zurück, weil sie nie wirklich sicher sein können, ob die subjektive Qualität ihrer Arbeit den impliziten Ansprüchen des Arbeitgebers gerecht wird oder nicht.

An der Schnittstelle zwischen Big Data, der immer schneller stattfindenden Sammlung und Auswertung massiver Mengen an Daten, und KI ist der *homo oeconomicus*, der rational handelnde Mensch, wieder in die Büros eingezogen, diesmal aber nur noch als smarte Maschine, die nicht nur rechnet, sondern berechenbar und entsprechend manipulierbar geworden ist.

Am Arbeitsplatz der Zukunft, an dem alle Daten aufgezeichnet und ausgewertet werden, um effektive Produktivitätsstimuli zu entwickeln, wird auch der Mitarbeiter kontrolliert und buchstäblich ausgewertet. Firmen wie Humu, gegründet unter anderen vom ehemaligen Google-Personalchef Laszlo Bock, kombinieren sogenannte People Analytics mit verhaltenswissenschaftlichen Nudges, kleinen, zielgerichteten Stimuli oder Manipulationen, die von KI entwickelt werden und Managern helfen sollen, nicht nur die besseren Entscheidungen zu treffen, sondern auch eine bessere Unternehmens- und Teamkultur zu pflegen. Nicht zuletzt, so das Versprechen von Humu, gehe es darum, glücklicher zu werden. Auf seiner Homepage spricht der Service sogar von Liebe.[42]

Durch solche Vertreter der »Dopamin-Ökonomie«, einem vom britischen Autor Umair Haque geprägten Begriff, die das Ich durch unmittelbare Bedürfnis- beziehungsweise Impulsbefriedigung (eine Welt voller »Likes«, aber letztlich ohne das Risiko der Liebe) verführt, werden wir in unserer

Identität als Konsument gestärkt, aber als Mensch mit intrinsischer Motivation geschwächt.[43] Die hybride Variante dieser Entwicklung ist »Gamification«, die nicht wirklich zum Spielen einlädt, sondern einzig zur Selbstoptimierung anhand effektiver Nudges. Nichts steht wirklich auf dem Spiel, es kann nicht wirklich verloren und daher auch nicht wirklich gewonnen werden.

Eine Gesellschaft, die Arbeit »gamified«, aber nicht mehr spielen kann, ist verloren. Eine Gesellschaft, die Menschen nur noch mit Dopamin-Kicks zum moralischen Verhalten bewegen kann, ist nicht mehr vertrauenswürdig. Eine Gesellschaft, die nur noch optimierungsfähig, nicht aber leidensfähig ist, wird schnell unmenschlich.

Es besteht die große Gefahr, dass wir uns selbst zu Tode optimieren im Wettbewerb mit immer effizienteren Maschinen, durch Dating-, Fitness- und andere »Quantifizierte Selbst«-Apps, die uns weismachen wollen, dass wir die Kontrolle über unser Leben erringen, wenn wir nur genug Daten haben, nur um dann zu realisieren, dass wir die Narren sind, die sich in eine Maschine verlieben, die zur selben Zeit die gleiche Konversation mit Tausenden von uns hat – wie dies so treffend beschrieben wurde in Spike Jonzes Film *Her*.

Fast scheint es, als ob nur das gemessene Leben ein gutes Leben ist. Fitness, Schlaf, Gefühle, Beziehungen, ja sogar Sex – wir wollen alles messen, um es dann optimieren zu können. Ganz im Sinne der ständigen Selbstoptimierung, des permanenten Gewinnens, des Triumphes über unsere eigene Mangelhaftigkeit. Wir unternehmen gewaltige Anstrengungen, um uns gegen Krankheit, Not, Unfälle, Diebstahl, Gewalt, Terror, Subversion oder kriegerische Aggression abzusichern, mit der App-Ökonomie als willkommenem Cockpit unseres Lebens, das uns die Managebarkeit alles Gemessenen vortäuscht.

Unser Bestreben, alles messen zu wollen, gehört aber zu jenen Erscheinungen, die das Menschliche, den freien Willen, das Wohlbefinden enorm beeinträchtigen. Auf das Messen folgt nämlich das Vergleichen. Der hat besseren Sex als ich, die ist fitter als ich, der hat den romantischeren Urlaub. Und damit ist der absolute, nie enden wollende Wettbewerb unvermeidlich.

Ich erinnere mich an eine Late-Night-Session im House of Beautiful Business, einer Konferenz, die ich jährlich in Lissabon veranstalte, bei der wir Teilnehmer baten, die wahren Geschichten hinter den Bildern ihres Instagram-Feeds zu erzählen, nicht die Storys, die ihre ästhetisierten Möchtegern-Lifestyle-Fotos verkörperten. Es zeigte sich dabei: Unsere Erfolgsgeschichten sind oft keine. Unser Selbstwertgefühl ist zunehmend ein Image, und dieses Image konstituiert sich auf den sozialen Medienkanälen.

Der Druck, das eigene Leben zu stilisieren und zu vermarkten, hat drastisch zugenommen und stellt letztlich die vollkommene Ökonomisierung aller Lebensbereiche dar: Jeder ist sein eigenes Start-up. Das Leben ein Profitcenter. Das schöne, gute Leben die persönliche Marke. Das Ich? Eine Plattform.

Wir erleben eine Rückkehr des »eindimensionalen Menschen« (Herbert Marcuse), der nun paradoxerweise durch die Expansion in digitale Lebenswelten und gesellschaftliche Liberalisierung vielfältige Ausdrucks- und Verwirklichungsdimensionen als Optionen hat, dessen Wert und Selbstwert jedoch zu einer einzigen Dimension reduziert werden: Daten.

Digitalisierung – am Ende gewinnt die Plattform

Wir alle fühlten uns angezogen vom Casino und dem großen Spiel des Lebens, um dann einzusehen, früher oder später, dass in der Datenökonomie all das, was in Vegas passiert, eben nicht in Vegas bleibt, dass letztlich stets die Bank beziehungsweise die digitale Plattform gewinnt. In Vegas wie auf den digitalisierten Märkten der Gegenwart – wir werden das Gefühl nicht los, dass wir, was immer wir auch tun, verlieren.

Die Digitalisierung hat die binäre Win-lose-Haltung der Ökonomie noch einmal verstärkt – trefflich auf den Punkt gebracht von Heribert und Jürgen Meffert mit dem Titel ihres Buchs: *Eins oder Null.* Gewinnen und Verlieren sind nunmehr einprogrammiert in den Code unserer Software, der zum Code unserer Gesellschaft geworden ist.

Bei allem Gerede über die viel beschworene digitale Transformation ist es das vielleicht größte Versäumnis unserer Zeit, das Verlieren zu marginalisieren. Klar, wer will schon gerne verlieren. Aber wir sollten das Verlieren nicht nur den »Verlierern« überlassen, sondern in die Mitte der Gesellschaft rücken. Mitten hinein ins Zentrum der Debatte um die Rehumanisierung der Arbeit, die mit ihren potenziell enthumanisierenden Technologien wie KI und Robotik immer auch eine Debatte über die Rehumanisierung unserer Gesellschaft ist. Verlieren ist und bleibt menschlich, es lässt sich nicht automatisieren, es ist ein Kernmerkmal, vielleicht ja sogar die Essenz der *conditio humana*. Es gilt, eine Gesellschaft zu schaffen, in der Verletzlich-sein-Können, ja, Verletzt-werden-Können möglich ist, ohne erniedrigt zu werden. In der man zerbrechen kann, ohne gebrochen zu sein.

Doch eine solche Gesellschaft ist nicht der Plan. Stattdessen brechen sie überall in Deutschland auf, in der Politik, in Unternehmen oder Gemeinden, um den Anschluss an die tief greifenden Veränderungen durch exponentielle Technologien zu finden. Wir digitalisieren, gefühlt schon seit Jahrzehnten, um auch weiterhin zu den Gewinnern zählen zu können.

DAX-Konzerne wie Mittelständler begeben sich nur zu gerne auf »Learning Expeditions« ins Silicon Valley und zuletzt auch vermehrt nach China, um dann völlig angefixt und mit Lust auf Disruption zurückzukehren. Von den Eindrücken überwältigt, leuchten die Augen der Manager dann nur so. Einerseits sind sie zu Tode erschrocken, weil sie begreifen, was da auf sie zukommt, verstört von der Wucht und dem Ausmaß der Disruption, andererseits sind sie inspiriert und ermutigt von der Machbarkeit des Utopischen. Es ist der kalifornische Optimismus, die verführerische Geradlinigkeit des Denkens und Handelns, die Unbedingtheit von Wachstum und Erfolg, die deutsche Manager aus der Fassung bringt.

Man kann den deutschen Unternehmen nicht den Antrieb zur Digitalisierung absprechen. Wenn sie neue Wertschöpfungs- und Kooperationsmodelle ausprobieren, um nicht an den Anschluss an die USA und China zu verlieren, ist das löblich. Was dabei aber auf der Strecke bleibt, ist oft die emotionale Wahrheit. Keiner sagt den Arbeitnehmern, dass sie im Zuge der digitalen Revolution nicht nur gewinnen, sondern auch verlieren werden. Und was genau sie verlieren werden.

Ungeachtet dessen ist »Change« das Zauberwort der Stunde, und gefragt sind »Changemaker« und »Change-Manager«. Im Herbst 2018 sprach ich auf einem »Change-Kongress«, der sich damit beschäftigte, wie deutsche Unternehmen die digitale Transformation bewerkstelligen könnten: Einem Heer von Beratern und Keynote-Speakern wie Reinhold Messner standen etwa tausend Teilnehmer gegenüber, die sich konkrete, praktikable Ratschläge, Best Practices und Tools erhofften, um den notwendigen kulturellen, strukturellen und strategischen Wandel in ihren Organisation zu initiieren oder effektiver zu orchestrieren.[44]

Als ich eintraf, am zweiten Veranstaltungstag, war den Teilnehmern die Erschöpfung ins Gesicht geschrieben. Sie waren gezeichnet von all dem Zwang zum Wandel. Der Kongress fand in einer stillgelegten Berliner Fabrik statt, und in einer Halle waren zwei Zelte errichtet, umringt von den branchenüblichen Hipster-Coffee-Ständen und Food Trucks, in denen sich Berater abmühten, ihre Ideen anzupreisen. In der Haupthalle stand die große Bühne, ein etwa dreißig Meter langer Laufsteg, der das Publikum in zwei Lager teilte und die Sprecher dazu aufforderte, ihre Präsentation stets zu beiden Seiten zu halten.

Start-up-Unternehmer pitchten ihre effektiven Change-Management-Software-Lösungen, berichteten von ihrer Transformationsreise, und ein Visual Recorder, ein Illustrator, dokumentierte das Ganze in Echtzeit. Aber von Lust auf Wandel, von Spaß am Wandel war hier nichts zu spüren. Ein Change-Kongress, so hatte ich gehofft, sollte doch vor allem daran gemessen werden, ob er die Teilnehmer im Lauf der Veranstaltung veränderte. Aber die meisten, so schien mir, verließen den Kongress als dieselbe Person, um einen enormen Fundus an Wissen reicher, aber ohne wirklich mit sich selbst konfrontiert worden zu sein.

Aber wie soll das gehen, eine digitale Transformation, wenn nicht auch zugleich eine persönliche Transformation erfolgt? Was bringen all die Fallstudien, Tools und Softwarelösungen, wenn die Menschen sich Wandel als einen zu managenden Prozess zurechtdenken, dieser in Wirklichkeit aber eine Reise ins Unbekannte ist? Change ist für viele deutsche Manager nichts anderes als eine allseits abgesicherte Anwendung eines bereits erprobten Transformationsprozesses, der, langfristig und detailliert geplant, im Rahmen einer umfassenderen Transformationsstrategie minutiös und mit strengen Auflagen Stück für Stück implementiert wird. Transformation ist für sie die Lösung eines Problems, aber kein Aufbruch und Ausbruch in jene Bereiche außerhalb des Wohlfühlgefühls, jenseits der Komfortzone, in der Zukunft sich formen und abspielen wird.

Viele erwarten sich von Veranstaltungen wie dem Change-Kongress Erfolgsformeln, wollen erfolgreiche Organisationen nachahmen, sind dabei aber auf geringste Widerstände bedacht. Diese Musterlösungen, am besten von etablierten Marken, helfen beim internen Pitch gegenüber dem Chef oder den Kollegen, mit einer gewissen Glaubwürdigkeit aus den Startlöchern zu kommen. Das Risiko soll möglichst gering gehalten werden, weil ja schließlich Karrieren und ganze Leben von jeder falschen Entscheidung, jedem falschen Manöver betroffen sein könnten.

Aber echten Wandel gibt es nur mit drei Nullen. Erstens: Es gibt ihn nicht zum Nulltarif, sprich, man bezahlt dafür einen Preis. Zweitens: Wandel ist stets ein Nullsummenspiel; für jede dazugewonnene Qualität muss eine alte aufgegeben oder zerstört werden. Und drittens: Wandel ist zwar keine *tabula rasa* – er fußt auf Entwicklungen, die vor dem Transformationsprozess begonnen haben und somit von der Geschichte des Unternehmens abhängig sind. Trotzdem markiert jeder Wandel einen tiefen Einschnitt – und ist immer auch eine Stunde null.

Diese Stunde null erlaubt uns, alles infrage zu stellen, vor allem uns selbst. Wandel bedeutet, dass wir selbst uns wandeln. Dev Patnaik, CEO der US-amerikanischen Beratungsfirma Jump Associates, erzählte mir einmal, wie er zu Beginn eines internen Change-Projekts, das sein Unternehmen neu ausrichten sollte, zwei Briefe schrieb, einen an die Belegschaft, in dem er die beabsichtigten Veränderungen und was sie von jedem einzelnen Mitarbeiter erforderten, skizzierte, und einen zweiten Brief an sich selbst. In diesem hielt er fest, wie er sich selbst verändern musste während des Change-Prozesses.

Wandel bedeutet immer Verlust, eine Aufgabe des Bestehenden. Ohne Opfer gibt es keinen Wandel. Aber über den notwendigen Schmerz spricht niemand, nur über die Zukunft, über die atemberaubenden neuesten Trends und Studien, die Macher, die letzte Silicon-Valley-Reise.

Ich selbst habe diverse deutsche Unternehmen zu Gast gehabt, als ich noch bei der Design- und Innovationsberatung Frog Design (gegründet vom deutschen Industriedesigner Hartmut Esslinger) in San Francisco arbeitete: von Airbus über BMW bis hin zu ProSieben und Vitra, lange bevor diese Reisen als Silicon-Valley-Tourismus verspottet wurden. Meine Gäste wollten immer das Gleiche wissen: Wie werden wir innovativer? Wie werden wir wie Apple? Meine Antwort war auch stets gleich: indem ihr eben nicht wie Apple werdet. Think different. Bedeutet: anders denken, anders sein. Jedes Unternehmen wird nur dann einzigartig sein, wenn es zu sich selbst findet, jeder Mensch, wenn er sich selbst verwirklicht. Dann sind Unternehmen und Menschen innovativ. Wir Europäer sind Weltmeister im smarten Kopieren, in der kreativen Adaption, aber wir sind keine Visionäre mehr. Die letzte große Innovation Europas war Amerika, so hat das der britische Wirtschaftsprofessor Stuart Evans, der auf dem Silicon Valley Campus der Carnegie Mellon University unterrichtet, in einem Gespräch mit mir einmal auf den Punkt gebracht.

Auf einer Veranstaltung in Aachen diskutierte ich mit Günther Schuh, Professor an der renommierten Rheinisch-Westfälischen Technischen Hochschule, über die Innovationsfähigkeit Deutschlands. Schuh verwies auf die vielen Patente und hohen Forschungs- und Entwicklungsaktivitäten und darauf, dass im iPhone vor allem deutsche Technologie stecke und seine Studenten ein Business-Modell wie Airbnb ebenso hätten aufziehen können. Haben sie aber halt nicht.

Orange Intelligence

Im Februar 2018 besuchte ich Kuka, einen der Weltmarktführer im Bereich der Robotik. Der Chief Marketing Officer (CMO) Wilfried Eberhardt hatte mich zu einem Vortrag anlässlich eines globalen Marketing-Gipfels in die Konzernzentrale in Augsburg eingeladen. Die Ankunft vor dem Hauptgebäude machte mir sofort klar, dass Kuka kein Traditionsunternehmen mehr war, sondern ein beinhart auf Wachstum getrimmter globaler Technologiekonzern. Die Empfangshalle wirkte wie aus dem Science-Fiction-Film *Gattaca,* die Sicherheitsvorkehrungen waren so streng, wie ich es sonst nur von US-amerikanischen Tech-Firmen kannte. Die Architektur erschien wie eine Form gewordene Globalisierung, wie das Klischee eines Headquarters.

Die Assistentin von Eberhardt, die mich begrüßte, war seit mehr als zehn Jahren bei Kuka und erzählte mir, wie schwer es gewesen sei, die neuen Eigentümer zu akzeptieren (der chinesische Investor Midea hatte ein gutes Jahr zuvor die Mehrheit an Kuka erworben). Die Chinesen hätten extrem hohe Ansprüche an Effizienz, Wachstums- und Gewinnmaximierung.

Die Kuka-Belegschaft war ein kosmopolitischer Mix, die Sprache auf den Fluren Englisch. Die Szenerie erinnerte mich an Silicon Valley, nahezu identisch war der Stolz, für ein »Unicorn«, ein mit mindestens einer Milliarde bewertetes Unternehmen zu arbeiten, das zu den Innovatoren im Bereich der Robotik zählte. Spürbar war aber auch die Anstrengung, die Kuka unternahm, um internationale Toptalente an den Standort Augsburg zu locken – sicherlich kein einfaches Unterfangen im Wettbewerb, im »Talent War« mit Kalifornien und anderen Innovationshochburgen.

Mit meinem Vortrag begab ich mich in die Höhle des Löwen. »Romantik in der Wirtschaft« und die Notwendigkeit, menschliche und daher »schöne« Unternehmen zu schaffen, um der Vorherrschaft der Maschinen zu trotzen – das war mein Thema und nicht wirklich eines, das die Mitglieder von Kukas Corporate-Marketing-Team erwartet hatten.

Nach meinem Vortrag ergab sich eine spannende Diskussion. Wir sprachen über die Markenstrategie des Unternehmens und die Absicht, die Marke als menschlich und nahbar zu positionieren, um der Öffentlichkeit die Angst vor den Robotern, den »Jobkillern« zu nehmen. Marketingforscher hatten herausgefunden, dass Orange, die Kernfarbe der Marke, die stärkste Assoziation mit Kuka darstellt. Daraufhin beschlossen die Marketingleiter, Orange noch mehr in den Mittelpunkt zu stellen und den eigens kreierten Begriff der »Orange Intelligence« zu vermarkten. »Intelligence« signalisierte, dass es bei diesem Industriehersteller schon längst nicht mehr nur um Hardware ging, sondern um Software, den eigentlichen Wert des Produkts. Software bedeutete Machine Learning, bedeutete KI-getriebene Prozesse, die sich selbst steuerten und ständig verbesserten. Kuka hatte in diesem Bereich diverse Produkte entwickelt und wusste, dass die Software-Services den entscheidenden nachhaltigen Wettbewerbsvorteil darstellten, nicht allein die Qualität der Robotik.

Die Kuka-Manager gaben jedoch zu, dass sie sich um die Zukunft der deutschen Industrie sorgten, um die Wettbewerbsfähigkeit der Hidden Champions, der heimlichen Gewinner, die einst als Prunkstücke der deutschen Wirtschaft galten. »Die Chinesen haben sich alleine im letzten Jahr in siebzig deutsche Firmen eingekauft, und die großen Plattformen aus China und den USA, mit denen wir kooperieren, kooperieren müssen, saugen sukzessive unser Knowhow auf. Wir schauen ohnmächtig dabei zu, wie sie Wissen abzapfen, Prozesse adaptieren und die hier in Jahrzehnten gewachsene Ingenieurskunst kopieren. Wenn sie die Prozesse, das Qualitätsbewusstsein und die Standards erst einmal kopiert und schließlich verinnerlicht haben, brauchen sie uns nicht mehr, dann sind wir irrelevante Dumb Pipes, Anbieter von wertlosen Gefäßen, von dummer Hardware«, so raunte mir ein Kuka-Manager zu.

Die Daten, das 4.0 der Industrie 4.0, sind dann längst woanders, und die entsprechenden Datenarchitekturen und Predictive Analytics (Datenanalysen, die zukünftiges Verhalten von Maschinen und Menschen vorhersagen) auch. Daten sind nicht nur das neue Öl oder das neue CO_2, sie sind auch das neue Blut. Ohne sie sind selbst deutsche Hersteller der Weltklasse wie Kuka nur noch blutleere Skelette.

Kai-Fu Lee oder »Made in China«

Mit fünfzig Millionen Followern allein auf dem chinesischen Micro-Blogging Service Weibo genießt Kai-Fu Lee in den weltweiten sozialen Medien höhere Popularität als Madonna oder Oprah Winfrey, im Westen ist er der breiteren

Öffentlichkeit aber weitgehend unbekannt. Kai-Fu Lee ist einer der Tech-Mogule Chinas und ein Synonym für Innovation »Made in China«. Er arbeitete für Microsoft und Apple in China und versuchte als Präsident von Google China jahrelang, den US-Konzern zu Erfolgen in seiner Heimat zu führen. 2009 gründete er seine eigene Venture-Capital-Firma, Sinovation Ventures, mit der er seitdem gezielt in chinesische Technologie-Start-ups investiert. Das *Time Magazine* kürte ihn 2013 zu einem der hundert einflussreichsten Männer der Welt.[45] 2018 erschien sein Buch *AI Superpowers*.

Im April 2018 traf ich Kai-Fu Lee für ein Interview in Vancouver, gemeinsam mit Martin Reeves, dem Leiter des Boston Consulting Group Henderson Institute.[46] Der schon auf dem Papier beeindruckende Lee wirkte beim persönlichen Kennenlernen regelrecht einschüchternd, so präzise waren seine messerscharfen Positionen und sorgsam ausgeführten Gedanken. Lee ließ keinen Zweifel daran, dass er China in einer historisch einmaligen Situation sieht, mithilfe von KI nicht nur seinen traditionell nach innen gerichteten Supermachtstatus zu untermauern, sondern auch hegemoniale Ansprüche anzumelden. Zweifelsohne will und wird China durch KI verändern, was es bedeutet, ein Mensch zu sein.

Lee beobachtet den Wettlauf zwischen den beiden KI-Supermächten USA und China und meint, beide seien von supervernetzten Konsumenten, vom Zugang zu riesigen Datenmengen und von einer schier unersättlichen unternehmerischen Energie angetrieben. Europa ist für ihn nur noch ein Nebenschauplatz und in Ermangelung eines starken Innovations-Ökosystems sowie des Zugangs zu proprietären Daten und vor allem eigener, in den Alltag integrierter digitaler Plattformen weit abgeschlagen. Die besondere europäische Sensibilität für die Privatsphäre und den Datenschutz betrachtet er dabei aber nicht unbedingt als Innovationshindernis, sondern als einzig verbleibende Chance zur Differenzierung. Europäische Unternehmen könnten KI-Modelle entwickeln, so Lee, die die Rechte des Individuums weitaus mehr respektieren als die US-amerikanischen und chinesischen Wettbewerber. Die Vision einer menschlichen, gesellschaftlich verantwortungsvollen, ethischen KI sei so etwas wie eine letzte Chance für Europa, überhaupt noch im Konzert der KI-Supermächte mitspielen zu können.

Das erinnert durchaus an Angela Merkels Vorschlag eines »dritten Weges für KI«, eines Modells europäischer Prägung,[47] und Emmanuel Macrons Ambition, Europas KI-Souveränität wiederzuerlangen.[48] Die EU-Datenschutz-Grundverordnung sei ein erster Schritt in Richtung Unabhängigkeit gewesen, aber was Europa fehle, sei letztlich eine übergreifende KI-Vision, so meint auch Nicolas Berggruen, deutsch-US-amerikanischer Investor und Gründer des Berggruen Institute. Er wünscht sich im Bereich KI ein »Moonshot Projekt« wie beispielsweise den Large Hadron Collider, den größten Partikelbeschleuniger der Welt im Kernforschungszentrum CERN bei Genf.[49]

Aber die eigentlichen Investitionen erfolgen anderswo. Der bereits erwähnte, vom japanischen Konzern Softbank aufgelegte Vision Fonds plant, in den nächsten zehn Jahren in etwa tausend KI- und Robotik-Firmen zu investieren, mit einem Gesamtvolumen von 880 Milliarden US-Dollar.[50] Darunter sind auch vielversprechende deutsche Start-ups und Industrieunternehmen. Schon jetzt kaufte der Fonds zum Beispiel den englischen Chiphersteller Arm, investierte in Virtual Reality Start-up Improbable. Europäische Staaten wie Norwegen sind dabei über Staatsfonds ebenfalls Geldgeber, und so fließen zwar Geld und Know-how zurück nach Europa, doch gleichzeitig nimmt die Abhängigkeit von US-amerikanischer und chinesischer digitaler Infrastruktur zu. Die Daten der Europäer sind längst in der Cloud, aber diese Cloud ist kein Gemeinbesitz, sondern Eigentum der großen Tech-Konzerne.

Lee: »Der Starke wird stärker als je zuvor in der Geschichte. Dies liegt daran, dass das Oligopol einst von Marke, Produkt, Benutzerbindung, Wettbewerbsverhalten und dergleichen bestimmt wurde. Jetzt wird es jedoch durch den positiven Zyklus von mehr Daten verstärkt, was den Googles und Baidus dieser Welt ermöglicht, bessere Produkte und Algorithmen entwickeln zu können. Für Neuankömmlinge wird es dann immer schwieriger, eine starke Position aufzubauen. Die Länder, die bereits solche Tech-Giganten aufweisen, werden also eine nachhaltige Führungsposition einnehmen. Der zweite Faktor ist, dass die Länder mit strukturell mehr Daten einen natürlichen Vorteil haben … Aus all diesen Überlegungen geht klar hervor, dass die USA und China massive Wettbewerbsvorteile haben werden.«

Lee hat eine weitere Botschaft für Europa. Unsentimental prophezeit er düstere Aussichten für Millionen von Arbeitern: »Ich glaube, das gefährlichste Missverständnis ist, dass sich die Kombination aus Mensch und KI im Laufe der Zeit symbiotisch und harmonisch abspielt. Aber KI ist eine Kraft, die den Menschen bei allen Routineaufgaben besiegen wird. Es gibt also keine Zukunft für Menschen, die Routineaufgaben erledigen. CEOs müssen sich dessen bewusst sein – in manchen Fällen könnte es schon morgen sein, in einigen wird es in fünf oder zehn Jahren so sein, dass sie auf Grundlage der vorhandenen Tätigkeiten und Aufgaben einen erheblichen Personalabbau in Betracht ziehen müssen.«

Und Lee weiter: »Als Schreibmaschinen eingeführt wurden, haben wir einige Leute entlassen, andere umgeschult. Als Taschenrechner oder Computer Alltag wurden, gab es auch Entlassungen, fünf bis zehn Prozent, aber wir haben uns darum gekümmert, auch hier umgeschult. Wenn man keinen Mitarbeiter in der Telefonvermittlung mehr benötigt, kann man ihm beibringen, ein Kundendienstmitarbeiter zu sein, und so weiter. Man kann aber nicht jemanden, der im Telesales tätig ist, zum PR-Direktor umschulen. Letzteres ist der Job, der bleiben wird. Und überhaupt: Diesmal wird es eine viel größere Anzahl von Menschen betreffen. Die große Mehrheit der Routineaufgaben wird durch Maschinen ersetzt. Ist die kritische Kompetenzschwelle der KI erreicht, ist die Aufgabe erledigt. Bringt man 5000 Kundendienstmitarbeiter symbiotisch mit den KI-Tools zusammen, um 0,1 Prozent an Kundenzufriedenheit zu gewinnen, ist dies kein vernünftiger wirtschaftlicher Vorschlag. 80 Prozent von ihnen zu ersetzen und 20 Prozent als Eskalationspunkte zu verwenden, ist eindeutig der richtige Weg. Wer vorausschauend denkt, muss planen, was mit den Entlassenen getan werden soll. Aber es ist anzunehmen, dass CEOs und Personalchefs dazu nicht bereit sind.«

Das große Versprechen der Automatisierung ist, die Art von Arbeit, die als inhuman empfunden wird – die US-amerikanischen Forscher Erik Brynjolfsson und Andrew McAfee sprechen von »dreckiger, langweiliger oder gefährlicher Arbeit« –, an Maschinen zu delegieren und Menschen somit die Möglichkeit zu geben, nur noch Tätigkeiten auszuüben, die kreativ, sozial, emotional oder abwechslungsreich sind. Demgegenüber stehen allerdings Studien wie die von den Oxford-Professoren Carl Benedikt Frey und Michael A. Osborne aus dem Jahr 2013, die vorhersagen, dass die Automatisierung in den nächsten zwei Jahrzehnten 50 Prozent (oder mehr) aller menschlichen Arbeitskräfte kosten wird.[51] Moderatere Prognosen wie die von der internationalen Beratungsfirma PwC (PricewaterhouseCoopers) gehen davon aus, dass etwas unter 40 Prozent aller Arbeitsplätze in Deutschland im gleichen Zeitraum betroffen sein könnten.

Zudem steht die Frage im Raum, ob wir repetitive, monotone Arbeit überhaupt diskreditieren sollten. Untersuchungen besagen, dass der Arbeitsplatz und das Verhältnis zu den Kollegen auch bei scheinbar weniger begehrenswerten Tätigkeiten als sinnstiftend empfunden werden können und einen großen Teil der sozialen Identität eines Menschen ausmachen.[52] Außerdem: Nicht jeder sucht in seiner Arbeit vollkommene Erfüllung. Es gibt Menschen, die arbeiten, um sich ein reichhaltiges Freizeitleben zu erlauben. Die Entgrenzung der Arbeit, die wachsende Vermengung mit dem Privatleben betrifft diese Arbeiter weniger als die von der subjektiven Qualität ihrer Arbeit abhängigen Wissensarbeiter, für die die Digitalisierung vor allem permanente Verfügbarkeit und Superflexibilität bedeutet.

Letztlich ist der Blick ins Wasserglas trübe. Niemand weiß genau, wie und wie schnell uns die Automatisierung verändern wird. In jedem Fall birgt sie zwei Risiken, die wir sorgfältig managen müssen: zum einen, dass uns Maschinen ersetzen, zum anderen, dass wir selbst zu Maschinen werden – oder eins mit ihnen. Es steht mehr auf dem Spiel als »nur« unsere Jobs: unsere Menschlichkeit.

Der ultimative Verlust: unsere Menschlichkeit

Der Verlust unserer Menschlichkeit ist der ultimative Verlust in einer Zeit, in der die einzig verbleibenden Utopien von den Anhängern der Singularity-Bewegung und seiner extremsten Ausprägung, dem Transhumanismus, zu kommen scheinen. Der frühere Google-Ethiker Tristan Harris beklagt sich über »human downgrading«, über die »Herabstufung des Menschen« durch exponentielle Technologie, deren einziges Ziel es ist, die Benutzerfreundlichkeit und Effizienz zu verbessern oder unsere Aufmerksamkeit zu missbrauchen und unsere Daten zu extrahieren.[53] Und der US-amerikanische Tech-Historiker George Dyson warnt davor, dass das Wettrüsten der KI zu einem Verlust grundlegender menschlicher Fähigkeiten führen könnte, sodass KI bald Aufgaben erledigt, zu denen wir aufgrund unseres verarmten Sinnenapparats nicht mehr in der Lage sind.[54]

In der Tat ist es eine Sache, komplexe mathematische Prozesse an Computer zu delegieren – Prozesse, zu denen die meisten Menschen in vergleichsweise kurzen Zeiträumen nicht in der Lage sind –, und eine ganz andere, wenn eine KI etwa versucht, eine Geburtstagsfeier zu organisieren und auszurichten. Dieser Widerspruch, bezeichnet als Moravec'sches Paradox, besagt, dass es für die KI viel einfacher ist, Aufgaben zu übernehmen, die für uns Menschen sehr schwierig sind, während es für die KI schwierig ist, Aufgaben auszuführen, die für uns einfach und intuitiv sind.

Das hat zwei Konsequenzen: Es ist falsch anzunehmen, dass KI nur Routinetätigkeiten automatisiert, die kein besonderes Spezialwissen benötigen. Stattdessen wird KI die menschliche Arbeit gerade dort ersetzen, wo hoch qualifizierte Arbeitskräfte komplexe kognitive Aufgaben ausführen – für viele Berufe ist das nicht unbedingt ein gutes Zeichen. Zweitens dominiert uns die KI möglicherweise nicht, weil sie uns übertrifft, sondern weil wir in zunehmendem Maße hinter jenen Fähigkeiten zurückbleiben, die wir von Natur aus als menschlich angesehen hatten.

Die Singularity-Bewegung, die ihr Macht- und spirituelles Zentrum im Silicon Valley hat, träumt von einer Zukunft, in der exponentielle Technologien den Menschen exponentiell leistungsfähiger machen und unsere Wirtschaft exponentiell wachsen lassen, am besten durch exponentielle Organisationen, die auf Grundlage netzwerkbasierter Geschäftsmodelle einen – natürlich exponentiell – »unfairen Wettbewerbsvorteil« besitzen. Bei der Singularity wird davon ausgegangen, dass alles Wissen der Welt in Daten gespeichert ist und entsprechend extrahiert und berechnet werden kann. Für die Apostel der Bewegung ist die Kombination aus Technologie und wissenschaftlicher Rationalität der Schlüssel zur konstanten Selbstoptimierung des Menschen und seiner Umwelt. Im Grunde ist Singularity eine technokratische Extremspielart absoluter Wissenschaftsgläubigkeit, nur ohne die den meisten Wissenschaftlern eigene Demut.

Joichi Ito, der ehemalige Direktor des MIT Media Lab, hat recht, wenn er die Singularity-Bewegung trotz beziehungsweise gerade wegen deren Fixierung auf empirische Rationalität als Religion bezeichnet.[55] Für ihn ist der Glaube an maschinengesteuertes exponentielles Wachstum – der »Singularity Dream« – der Grund für viele unserer akuten Krisen: vom Klimawandel zur Armut, von chronischen Krankheiten zum modernen Terrorismus. Er ruft dazu auf, dieser Verengung des Menschenbilds, diesem Reduktionismus Widerstand zu leisten. Mit ihrem absoluten Glauben an die mathematische Berechenbarkeit und folglich algorithmische Modellierung der Welt erinnere die Bewegung ihn an die Generalstabspläne der Sowjetunion.

Und in der Tat ist bei Anwendung der Singularity-Modelle in letzter Konsequenz der Mittelsmann eliminiert, der marktwirtschaftliche Akteur, der Unternehmer, der ja vor allem von einem freien Willen und von Kreativität, von dem Impetus, eine eigene, andere Welt zu schaffen, angetrieben ist. Algorithmische Marktplätze, wie sie die Singularity-Jünger befürworten, könnten eine neue Art von digitalem Sozialismus, einer digitalen Planwirtschaft einläuten, mit der allerdings diesmal fehlerfreien, perfekten Berechnung und Ressourcenallokation.

Die Idee, mit Supercomputern ganze Wirtschaften in Echtzeit zu koordinieren und Gesellschaften zentral zu steuern, ist nicht neu. Sie ist die Utopie der Kybernetik, des von Norbert Wiener, einem US-amerikanischen Mathematiker und Philosophen, in den Vierzigerjahren begründeten Wissenschaftsprogramms. Es begriff Mathematik und Informatik als die beiden wesentlichen gesellschaftlichen Steuerungsinstrumente. In den Siebzigerjahren gab dann Chiles sozialistischer Präsident Salvador Allende ein solches System in Auftrag. Das Projekt »Cybersyn« endete aber mit dem Putsch 1973.[56] Der schottische Computerwissenschaftler Paul Cockshott und der US-Wirtschaftsprofessor Allin Cottrell griffen die Vision von der digitalen Planwirtschaft in ihrem 1993 erschienenen Buch *Alternativen aus dem Rechner* wieder auf.

Der US-Amerikaner Zoltan Istvan, den ich 2018 kennenlernte, ist erklärter Transhumanist. Er ist Unternehmer, ehemaliger Soldat und kandidierte 2016 sogar für das Weiße Haus mit seiner Botschaft des Transhumanismus. Mit den Mitteln exponentieller Technologien strebt er die Fusion von Menschen und Maschine an, um so den Menschen zu optimieren und seine Limitierungen zu überwinden, insbesondere auch unsere Sterblichkeit. Er begreift die Einswerdung von Robotik, KI und Mensch als nächsten logischen Schritt der Evolution. Manche können seinen Wunsch nachvollziehen, andere halten den Transhumanismus für eine brandgefährliche, quasifaschistische Ideologie, die den Menschen zur perfekten Maschine machen und alle Schwächen ausradieren will, wenn es sein muss sogar mithilfe von Eugenik und genetischen Manipulationen. Auch wenn nicht jeder Transhumanist sich von dieser Kritik angesprochen fühlen dürfte, das Unbehagen bleibt. Transhumanismus ist die Technologie gewordene Utopie der Gewinner – der ultimative Triumph des Menschen über sich selbst.

Die Singularity-Bewegung, und seine Extremversion, der Transhumanismus, verdeutlicht den Clash der beiden großen Antagonisten, die sich im 21. Jahrhundert gegenüberstehen: diejenigen, für die die Welt eine Maschine ist (mit uns Menschen als smarte, programmierbare und upgradbare Elemente), und jene, für die die Welt ein Garten ist, organisches, wild wucherndes Leben, das sich Bahn bricht. Nur eine dieser beiden Welten kennt noch Verlierer.

Nach dem Spiel ist vor dem Spiel

Erneut sind wir an einem Punkt der großen Entzauberung angekommen. Das Ende der Geschichte, das der US-amerikanische Politikwissenschaftler Francis Fukuyama vorhergesagt hatte, mit dem definitiven, alles besiegelnden Sieg der liberalen westlichen Demokratien nach dem Berliner Mauerfall und dem Untergang der Sowjetunion, entpuppte sich als Chimäre.[57] Anstelle der großen Konvergenz erleben wir eine große Divergenz, eine Fragmentierung der Ideologien sowie eine Atomisierung der Lebensentwürfe. Es ist offensichtlich, dass Europa, dass Deutschland, dass die westliche liberal-demokratische Welt (und es ist tragisch, dass diese drei nicht mehr ohne Weiteres in einem Atemzug genannt werden können) an einem Scheidepunkt stehen.

Die anfangs so effektiven transnationalen Organisationen des Bretton-Woods-Konsenses – NATO, Weltbank, Internationaler Währungsfonds, UNCHR, UN, G7, später G20 – und natürlich die EU, die in der Nachkriegszeit Garanten für anhaltende Stabilität und ein ahistorisches Wirtschaftswachstum waren, wurden überladen mit neuen Mitgliedern, begleitet von einer zunehmenden Aufweichung des Gegenseitigkeitsprinzips. Nur Griechenland, Lettland, Estland, Großbritannien, Rumänien und Polen erfüllten beispielsweise zwischen 2012 und 2019 die Auflage, mindestens zwei Prozent des eigenen Staatshaushalts zugunsten der NATO einzubringen, alle anderen Mitgliedstaaten scherten regelmäßig aus.[58] Die supranationalen Identitäten waren ohnehin stets abstrakte Gebilde, die von den Bürgern nie hautnah erlebt, geschweige denn gefühlt wurden. Und sie waren nie konkret. Anders verhält es sich paradoxerweise mit der digitalen Welt: Die ist zwar auch immateriell und virtuell, aber sie durchdringt alle Lebensbereiche und ist in jeder Sekunde des Alltags erfahrbar.

Es ist wohl rückblickend eine vertane Chance, die supranationalen Organisationen zu Beginn der Plattformökonomie nicht als nutzerfreundliche, intuitive und unmittelbar mehrwertstiftende digitale Plattformen aufgesetzt zu haben. Ähnlich argumentiert auch Richard David Precht.[59] Er betrachtet Suchmaschinen, Messaging-Services und soziale Netzwerke als digitale Grundversorgung, für die der Staat sorgen sollte, nicht nur, um allen Bürgern den gleichen Zugang zu ihnen zu gewähren, sondern um den unregulierten kommerziellen Datenhandel zu unterbinden. Man stelle sich nur vor, welche Akzeptanz und Allgegenwärtigkeit die EU gehabt hätte, wäre sie eine digitale Plattform wie Facebook, die den Alltag der Bürger dialogisch begleitet. Gleichwohl gibt es ein Land, das anstrebt, wie ein soziales Netzwerk zu funktionieren, und das ist China mit seinem Sozialkreditsystem. Dabei bekommt jeder Bürger des Landes ein online betriebenes Punktekonto, auf dessen Grundlage der Staat Verhalten bestraft oder belohnt. Dies erscheint wenig erstrebenswert, und doch drängt sich der Verdacht auf, dass es eine liberale Variante der digitalen Plattform, abseits von Facebook und China, hätte geben können und müssen.

Nun wirken gleich zwei zentrifugale Kräfte auf die internationalen Organisationen ein: zum einen die digitalen Disruptionen, die wie Facebook bereits eine Art Quasination darstellen und Meinung und Verhalten ihrer »Bürger« algorithmisch beeinflussen. 2014 kam heraus, dass die Plattform Experimente durchgeführt hatte, um zu testen, inwieweit es die emotionalen Stimmungen seiner Nutzer manipulieren konnte.[60] Mit anderen Worten: Anders als ein Staat kann Facebook Millionen von Menschen kurzfristig emotionalisieren. Es ist eine Waffe der Massenmanipulation.

Die zukünftigen Schlachten werden mit dieser Art Waffe geschlagen werden, und die einzig verbleibende Defensive, die wir dem entgegensetzen können, ist emotionale Intelligenz, vielmehr emotionale Mobilität: die Fähigkeit, gegebenenfalls in alternative Identitäten zu flüchten.

Die andere Zentrifugalkraft, die auf die globale Ordnung einwirkt, sind wiedererstarkte lokale oder regionale Identitäten, die in der Erosion Zuflucht und Geborgenheit suggerieren, darunter fallen Bewegungen wie die Sezessionsbewegung in Katalonien, die italienische Lega Nord, Pegida und AfD oder der Brexit.

Klaus Schwab, Gründer des Weltwirtschaftsforums, fordert eine Neugestaltung der Bretton-Woods-Organisationen.[61] Aber wie können diese ihre Legitimität und vor allem ihre Akzeptanz ohne partizipative Elemente oder eine grundsätzliche systematische Runderneuerung stärken? Das bestehende Vakuum zwischen Nation und digitalen Plattformen können die supranationalen Organisationen nicht mehr füllen, und es ist fraglich, ob an deren Stelle neue, andere Governance-Systeme treten könnten. Eine Art digitale UN? Oder ein Weltwerterat?

Schwer kann man sich auch die Vision des 2017 verstorbenen US-amerikanischen Politikwissenschaftlers Benjamin Barber vorstellen, die urbanen Metropolen der Welt zu den politischen Schlüsselakteuren zu machen und den Bürgermeistern dieser Städte mehr Macht zu geben. Städte wie London, Paris, New York oder Shanghai sind noch am ehesten zu vergleichen mit digitalen Plattformen, weil sie Konnektivität, demografische Dichte und ökonomische Mobilität aufweisen können. Dies ist jedoch eine elitäre Vision, da sie eine weitere Marktverschiebung zugunsten der Boom-Regionen darstellt, die Vorstädte und ländliche Provinzen aber aus dem Prozess ausschließt. Das ohnehin wachsende Stadt-Land-Gefälle würde sich nur noch vergrößern, verbunden mit einer weiteren Aushöhlung des Solidaritätsprinzips. Obwohl die Mehrheit der Weltbevölkerung in Zukunft in Städten leben wird, kann die Urbanisierung keine politische Norm werden, weil sie zu viele gesellschaftliche Gruppen ausschließt. Die Städte besitzen de facto bereits jetzt überdurchschnittlich starken Einfluss aufgrund ihrer wirtschaftlichen Potenz und der Ballung der in Interessengruppen und Lobbys organisierten Elite. Im Grunde ist dies nichts anderes als die Gentrifizierung der Politik: Die Marktökonomie betritt so einmal mehr durch die Hintertür das politische Parkett.

Es bleibt also nur noch die Nation als Gestaltungsmacht, als zentraler handlungsbefugter Repräsentant der Interessen verschiedener gesellschaftlicher Gruppen. Und zwar weniger als ein einheitliches Wertesystem, sondern mehr als territoriale Identität im Sinne von sozialer Intimität und vertrauter, tradierter Kultur. Die wichtigste digitale Transformation ist daher die, die aus Deutschland nicht nur eine starke, zukunftsfähige Wirtschaftsmacht macht, sondern vor allem eine starke Nation. Und dies wird nur der Fall sein, wenn sie die Identifikation mit Deutschland nicht nur als einen Begriff gemeinsamer Geschichte, nicht nur als Schicksalsgemeinschaft, sondern als kulturelles und politisches Projekt gegen den Verlust, gegen die Indifferenz, die Apathie versteht. Deutschland braucht keinen »Purpose«, wie das jetzt so schön Neudeutsch heißt, es braucht aber sehr wohl eine Identität und eine Vision von seiner Zukunft.

Vor mehr als zehn Jahren war ich einmal zu einer Reihe von Zukunftsgesprächen im Kanzleramt geladen, unter der Schirmherrschaft des damaligen Kanzleramtsministers Thomas de Maizière. Die Krux solcher Formate ist, dass die Teilnehmer zwischen realpolitischen taktischen Themen pendeln, die gerne mal in parteipolitische Scharmützel entgleiten. Am Ende einigte man sich auf »sichere« Lösungen, die von allen problemlos und schmerzlos abgenickt werden können, aber eben keinen wirklichen Wandel anstoßen.

Es ist zu bezweifeln, dass sich die westlichen liberalen Demokratien von innen heraus reformieren können – zu groß ist die strukturelle Trägheit, zu groß die Apathie der Bürger, zu stark sind die Interessengruppen der Eliten. Die einzige verbleibende deutsche Volkspartei, die CDU, repräsentiert nicht mehr die Mehrheit der deutschen Bevölkerung. Das Gefühl der politischen Partizipation nimmt ab. Die verbleibenden großen demokratischen Regierungen Europas – in Frankreich und Deutschland – wissen sehr wohl, dass sie sich in einer Lose-lose-Situation befinden: Stoßen sie radikale Reformen an, werden sie auf erheblichen Widerstand der Bürger treffen und schnell ihr Mandat verlieren (wie im Fall Macrons und der Gelbwesten-Proteste zu beobachten war). Verwalten sie jedoch nur den Status quo, mit graduellen Veränderungen, aber letztlich wert- und strukturkonservativ pragmatisch, wie Merkel, scheitern sie ebenso, weil sie die Zukunft ihres Landes verspielen. So oder so steht vieles, ja alles auf dem Spiel, so oder so befinden sich beide in einer unmöglichen, weil ausweglosen Situation. Aber wer, wenn nicht die letzten Verfechter und Vertreter der freiheitlich-demokratischen Grundordnung soll dann den notwendigen Wandel herbeiführen?

Viele Vorschläge liegen auf dem Tisch, angefangen von alternativen Utopien für die digitale Gesellschaft bis hin zu Ideen für radikale Strukturreformen, die entweder den Kapitalismus neu gestalten oder auflösen, die gesellschaftlichen Sozialsysteme stärken oder die Bedeutung der Nation mit neuer Bedeutung füllen sollen. Von Unternehmen und Politik erwarten wir digitale Transformation, einen tief greifenden Kulturwandel, der mehr Agilität, Offenheit, vernetztes Denken und Handeln sowie Risiko- und Experimentierfähigkeit fördern soll. Kultiviert werden soll eine Kultur des Scheiterns, als notwendige Bedingung für Innovationskraft.

Aber all diese Vorschläge greifen zu kurz. Sie begreifen die Herausforderung als Digitalisierung, wenn doch die eigentliche Herausforderung die ist, dass wir nicht in einer digitalen Gesellschaft leben, sondern in einer Verlustgesellschaft. Und zwar in zweifacher Hinsicht: Zum einen ist das Nachkriegsmodell – die Kombination aus sozialer Marktwirtschaft und liberaler Demokratie – in einem Auflösungszustand, zum anderen erfährt die Mehrheit den gesellschaftlichen Wandel als Verlust – als materiellen, spirituellen und emotionalen Verlust. Als Verlust der Identität, der Heimat, der sozialen Nähe und der Sicherheit. Die Förderung von Start-up-Denken und Kultur, von Entrepreneurship als kleinstem gemeinsamem Nenner aller Digitalisierungsbemühungen, wird nicht ausreichen, diese Verlustangst zu beseitigen.

Wir haben Spiritualität und soziale Intimität eingetauscht gegen Kapitalanhäufung und Bequemlichkeit. Diese Entwicklungen haben zu einer zunehmenden Leere im Herzen unserer Gesellschaft geführt, die geschickt von Demagogen, Nationalisten und anderen Heilsversprechern gefüllt wird. Ehemalige Randerscheinungen rücken in die Mitte, die Exzentriker ins Zentrum, und das Extreme wird zum neuen Normalen.

Der Zerfall alter Wertesysteme, der Verlust von Tradition und bestehender Grundordnung, von Stabilität und Kontinuität löst auf der einen Seite eine Nostalgiewelle aus, eine Sehnsucht nach Heimat, nach Stillstand und dem Analogen, nach Handgemachtem, Organischem, Lokalem und Wesentlichem, das nun zum neuen Luxus wird. Gleichzeitig wissen wir, dass nichts mehr so sein wird, wie es einmal war.

Neben den ökonomischen und gesellschaftspolitischen Indizien der »Verlustgesellschaft« gibt es emotionale Opfer, über die viel zu wenig geredet wird: Zuversicht und Hoffnung. Der Glaube an den Fortschritt hat gelitten. Die Mehrheit der Deutschen macht sich Sorgen um ihre finanzielle Zukunft.

Die Antwort auf die naheliegende Frage, ob es uns zu gut geht oder schlechter als gedacht, lautet: Wir wissen es nicht. Was wir spüren, ist jedoch das nahende Verlieren. Die Ungewissheit darüber, ob wir noch gewinnen oder schon verlieren. Wir erleben eine Verlustgesellschaft, in der entweder der Verlust real erfahren oder zumindest als Bedrohung empfunden wird. Ein Merkmal ist nicht der Verlust an sich, sondern das schleichende Verlieren. Daher ist auch das dominante Gefühl nicht eines der Trauer, sondern der Angst, gepaart mit Ohnmacht.

Diese Gefühle ernst zu nehmen bedeutet, die Mitglieder der Gesellschaft auf den Verlust einzustimmen, sie dabei zu begleiten. Es wird nämlich nicht möglich sein, die Gesellschaft neu auszurichten, ohne die notwendige Trauerarbeit zu leisten. Wir müssen erst einmal verlieren, um zukunftsfit zu sein. Dabei geht es nicht nur um den Verlust von Privilegien und anderen »heiligen Kühen«, sondern es ist wichtig, das Verlieren als Haltung zu verinnerlichen.

Vor uns liegt strukturelle und psychologische Arbeit. Das Verlieren wird in Zukunft zur erfolgskritischen Kompetenz. Wenn wir uns für die Zukunft als Land, Organisation und Gesellschaft aufstellen wollen, müssen wir lernen zu verlieren. Ständig lernen zu verlieren und lernen, ständig zu verlieren.

KAPITEL III
GESCHICHTEN VOM VERLIEREN

Auf der Suche nach Geschichten vom Verlieren werden wir schnell fündig im Sport. Der Sport ist das Theater der Gewinner und Verlierer. Er ermöglicht uns klare Siege und Niederlagen, deren Absolutheit ewig währt. Sportliche Triumphe und Niederlagen sind in Stein gemeißelt, in Tabellen erfasst und unumstößlich für die Nachwelt festgehalten. Die Namen der Sieger sind in Pokale eingraviert, und die Tränen der Verlierer bieten Stoff für Legenden. Vielleicht lieben wir den Sport deswegen so sehr. Er verschafft uns Klarheit über das Gewinnen und Verlieren: das gelbe Trikot bei der Tour de France, die 29 Deutschen Meisterschaften des FC Bayern München, der Sieg von Goran Ivanišević nach fünf hart umkämpften Sätzen gegen Roger Federer im Wimbledon-Finale von 2019. Das National-Football-League-Team Detroit Lions, das seit 1957 keinen einzigen Titel gewinnen konnte. Der Formel-1-Fahrer Andrea de Cesaris, der in der Saison 1987 in fünfzehn von sechzehn Rennen mit seinem Wagen stehen blieb. Das »Rote-Laterne«-Trikot, das der letztplatzierte Fahrer in der Gesamtwertung der Tour de France trägt.

Diese Eindeutigkeit fehlt uns in anderen Bereichen: in unserem persönlichen und beruflichen Leben, in der Wirtschaft und in der Politik, im globalen Wettbewerb der Nationen und Kulturen, in der Beziehung Mensch und Umwelt, Mensch und Maschine. Zwar ist der Schein des Gewinnens und Verlierens hier offensichtlich, sind die Insignien der Gewinner und die Stigmata der Verlierer allgemein anerkannt. Aber wer wirklich gewinnt und verliert, ist nicht immer klar. Oder lässt sich nicht eindeutig klären.

Gewinnen und Verlieren, das ist immer auch eine Frage der Zeit.

Gewinnen und Verlieren – das sind dynamische Qualitäten, denn der Status des Gewinners oder Verlierers ändert sich ständig. Es ist wie bei der Unschärferelation Werner Heisenbergs, einem der Väter der modernen Quantenphysik: Die Messung selbst verändert das Gemessene. Weder das Gewinnen noch das Verlieren sind absolute Werte mit bestimmten Eigenschaften. Zwischen unserer Kognition und Emotion und dem Erlebten liegen zu viele Welten, um eindeutige Rückschlüsse zuzulassen.

Gewinnen und Verlieren – das sind die Geschichten, die wir uns erzählen. Um das Verlieren kreativ zu bewältigen, müssen wir also erst einmal die Narrative verstehen, die die Demarkationslinie zwischen Gewinner und Verlierer darstellen: im Sport, im Berufsleben, in der Literatur, im Theater, auf Instagram. Im Folgenden will ich einige Geschichten vom Verlieren erzählen, einige Verlierertypen vorstellen – und dabei mit mir selbst beginnen.

Fired!

Ich wusste, dass etwas nicht stimmte, als ich an einem sonnigen Freitag im August 2015 das Großraumbüro meines Arbeitgebers, einer internationalen Architekturfirma in San Francisco, betrat. Eigentlich war alles wie sonst, aber ich hatte die Woche zuvor um eine Versetzung nach London gebeten, aus familiären Gründen. Mein Chef hatte zugehört, Verständnis bekundet und mir versprochen, mein Gesuch umgehend zu prüfen, nicht ohne noch zu betonen, dass das dortige Büro sicher hocherfreut über meine Ankunft sein würde. Und doch wurde ich das Gefühl nicht los, dass hinter den Kulissen Unruhe herrschte. Schließlich war es etwas seltsam, dass die Videokonferenz mit meinem Chef erst spät an diesem Freitag, so kurz vor dem Wochenende stattfinden sollte. Ich nahm morgens an meinem Schreibtisch Platz und versuchte, mich sieben Stunden lang zu konzentrieren. Was mir nicht gelang.

Ich erinnere mich noch an den Geruch des Meeting Raums und die Nervosität meines Chefs, der die Videokonferenz einen Tick zu aufgeräumt begann. Und plötzlich, aus völlig heiterem Himmel und zugleich nicht unerwartet, sagte er: »Wir sind zu dem Schluss gekommen, dass wir keinen CMO mehr brauchen.« Klar, wer braucht schon einen CMO! Chief Marketing Officers, Marketingleiter, wie ich einer war, sind immer die Führungskräfte, nach denen am lautstärksten geschrien wird und denen man später keine Träne nachweint. Dreiundvierzig Monate ist die Durchschnittsverweildauer eines CMO in seinem Amt in den USA.[1] Die Rolle ist ebenso schnelllebig wie die Märkte, die sie bedienen soll, und der Druck ist immens.

Trotzdem war der Rauswurf ein tiefer Einschnitt in meiner Karriere. Noch nie war ich gefeuert worden. Ich war gekränkt und verletzt, aber auch erleichtert und dankbar, weil mir auf diese Weise eine Entscheidung abgenommen wurde, die ich eigentlich hätte selbst treffen sollen. Mein Chef und die Partner der Firma hatten schon längst bemerkt, dass ich mich emotional zurückgezogen hatte. Das Buch, das ich geschrieben hatte, *Business Romantiker*, in dem ich romantische Qualitäten forderte und als menschliche Alleinstellungsmerkmale in einer zunehmend automatisierten Wirtschaft behauptete, war nun nicht mehr ein Widerspruch zu meinem Corporate-Job, sondern markierte das Ende meiner traditionellen Karriere. Ich hatte Flügel bekommen, und die wurden mir nun nachträglich gestutzt. Mein Chef beteuerte noch, dass er viel zu großen Respekt vor meiner Kompetenz und Erfahrung hätte, um mich in einer anderen Funktion im Unternehmen zu behalten. Wir beide wussten, dass ich der Versuchung, vielleicht sogar der Verpflichtung, mein Buch mit Leben zu füllen, mit ihm auf Reise zu gehen, nicht länger widerstehen konnte.

Ich erhielt noch einige sehr herzliche E-Mails von Kollegen, und die Firma bot mir eine dreimonatige Übergangszeit an. So wahrten beide Parteien das Gesicht. Verloren hatte ich den unbedingten Glauben an eine geradlinige, progressive Karriere, an meine eigene Unverwundbarkeit. Dieses Mal war ich nicht wieder auf meine Füße gefallen wie sonst, aber auch nicht auf die Nase. Es war kein Fall, eher ein Abschmieren. Kein herber Verlust, aber ein Verlieren. Dies war zwar nicht mein erster Karriereknick, aber der, der am meisten schmerzte. Ich war gescheitert und schaute mir dabei selbst über die Schulter: »Ich wurde gefeuert.« So fühlte sich das also an. Ich empfand ein fast schon anthropologisches Interesse an meinem eigenen Fall. Die Banalität des Vorgangs war ebenso versöhnlich wie beunruhigend.

Vor allem ärgerte ich mich darüber, dass mir die Firma zuvorgekommen war. Ich wollte alles, zwei Eisen im Feuer haben, eine neue Karriere als Berater und Autor beginnen und gleichzeitig die Sicherheit eines Anstellungsverhältnisses mitnehmen. Rückblickend erschrecke ich über meine Überheblichkeit. Der Rauswurf war traumatisch, aber irgendwie auch nicht: Er war eine Kränkung – und zugleich eine Befreiung. Das Schlimmste, was mir als erfolgsverwöhntem Menschen passieren konnte, und zugleich das Beste. Einfach war es nicht, mich von den Insignien des Erfolgs – dem C-Titel, dem Executive Assistant, dem monatlichen Gehalt und jährlichen Bonus – loszusagen. Aber es zwang mich dazu, mich unabhängig von meinem früheren Status zu definieren und mich ehrlich damit auseinanderzusetzen, wie wichtig mir die symbolische Macht war. Ich erkannte: sehr wichtig.

Monate zuvor hatte ich mich bereits – um wirklich alle Optionen auszuloten; eine Haltung, die immer ein Ausdruck großer Orientierungslosigkeit ist – um eine leitende Marketingstelle bei einem großen Silicon-Valley-Tech-Konzern beworben. Das entscheidende Interview fand bei einem Headhunter in einem typischen Office-Hochhaus in Downtown San Francisco statt. Es war keine Stelle, die ich wirklich wollte oder ausfüllen konnte. Daher war ich wohl auch etwas zittrig und, wie die Amerikaner sagen würden, »all over the place« in meinen Antworten. Mir selbst zuhörend war ich ebenso ernüchtert wie meine Fragesteller. Die gesamten Errungenschaften und Erfolge meiner bis dato zwanzigjährigen Laufbahn reduzierten sich auf einen ebenso dürren wie wirren Strang an vermeintlichen Resultaten. »Das Gute ist, dass Sie noch in der aufsteigenden Phase Ihrer Karriere sind«, bemerkte einer der beiden Interviewer trocken. Seitdem muss ich ständig daran denken, wie dieses Zitat jeden Tag etwas weniger wahr wird.

Meine Gegenüber merkten, dass ich zwar vorbereitet war, aber nicht mit dem Herzen dabei, und ich merkte, dass sie es merkten. Wer wie ich häufig öffentlich spricht, sei es in Meetings oder auf der Bühne von Konferenzen, entwickelt ein feines Gespür, ja, eine Art von Paranoia für den Moment, in dem man sein Publikum verliert. Man sieht es an den Gesichtern, aus denen plötzlich, von einer Sekunde auf die nächste, die Spannung weicht wie die Luft aus einem Ballon.

Als Vortragender erfährt man diesen Liebesentzug, dieses abrupte Abfallen der Aufmerksamkeit, auf ungefilterte Weise, anders als beispielsweise im Gespräch mit Freunden und bei anderen sozialen Anlässen, wo es uns gesellschaftliche Konventionen und Höflichkeitsprotokolle ermöglichen, weicher zu fallen, wenn unsere Gegenüber plötzlich aufhören, uns zuzuhören, uns zu sehen. Wo eben noch Öffentlichkeit war, klafft nun alarmierende Leere und die implizite Forderung, den mit den eigenen Ideen, mit der eigenen Person beanspruchten Raum wieder aufzugeben. Zustimmung und Ablehnung sind oft nur einen Satz, ein falsches Wort, eine deplatzierte Geste voneinander entfernt. Die Angst (sein Publikum) zu verlieren ist eine Grundangst, die alle Performer mit sich herumtragen. Gleichzeitig kennen wir sie alle. Wir alle fürchten uns davor, plötzlich nicht mehr gehört, plötzlich nicht mehr gesehen zu werden. Oder nicht mehr als jene gesehen zu werden, die wir wirklich sind. Anerkennung ist vor allem Erkennung.

Die Bühnenerfahrungen führen bei Performern zu einer besonderen Widerstandsfähigkeit, einer Art emotionaler Resilienz, die ihnen dabei hilft, das Publikum wiederzugewinnen. Von Priya Parker, einer US-amerikanischen Konfliktforscherin und Moderatorin, habe ich gelernt, dass man solche Momente auch offensiv angehen kann. Sie sagte mir: »Es ist völlig normal, dass während Vorträgen oder Versammlungen die Energie nach einer Weile abklingt.« Alle Ad-hoc-Öffentlichkeiten haben ein natürliches Verfallsdatum. Sie weist ihr Publikum dann unverblümt darauf hin: »Seht ihr, wie sich die Energie dem Ende neigt und fast aufgebraucht ist? Dies bedeutet, dass auch wir jetzt zum Ende kommen sollten.«

Der Kampf um die Aufmerksamkeit ist immer existenziell, ist immer ein Kampf um Leben und Tod. Deswegen mag ich öffentliche Vorträge – und bin gleichzeitig entsetzt von ihnen. Sie erlauben mir, immer wieder alles aufs Spiel zu setzen, und zu gewinnen – oder zu verlieren, in kleinen Momenten sowie dem großen Ganzen. Auftritte sind letztlich Turnübungen, kleine Fitnesseinheiten im Verlieren.

Aber auch die halfen mir jetzt nicht. Natürlich war mein Rauswurf aus der Firma persönlich. Arbeit ist immer persönlich, weil es um uns geht. In einer Gesellschaft, in der sich der soziale Selbstwert eines Menschen vor allem nach seiner produktiven Leistung am Markt bestimmt, ist jede berufliche Niederlage eine persönliche Niederlage, eine narzisstische Kränkung. Wer uns als Arbeitskraft infrage stellt, stellt unsere Existenz infrage.

Wir sind dann angewiesen auf die Güte und Barmherzigkeit anderer, die unser Verlieren aushalten und ertragen können.

Vaterfiguren

Der französische Autor Édouard Louis schildert in seinem Roman *Wer hat meinen Vater umgebracht* (der Titel bleibt, wohlgemerkt, ohne Fragezeichen) nicht nur seine Beziehung zu seinem Vater, sondern auch unsere Beziehung zu Vater Staat und Kapitalismus. Über seinen Vater schreibt er: »Die Geschichte seines Lebens zu schreiben würde bedeuten, die Geschichte meiner Abwesenheit zu schreiben.«[2] Es sind diese negativen Räume, die das Buch durchziehen, nicht als Horror Vacui, sondern als Entsetzen darüber, dass all das, was wir tun können, um die Leere füllen, noch viel schlimmer ist. Aber diese negativen Räume, diese fatalen Unterlassungen sind keineswegs selbst gewählt, sondern das Produkt von »Urteilen« (Vorurteilen), die uns den Zugang zu bestimmten Lebensentwürfen, Erfahrungen und Träumen versperren.

In einer Zeit der Gelbwesten und der Fridays-for-Future-Bewegung trifft Louis mit seiner radikalen Polemik gegen den Neoliberalismus, der nicht nur die Seele, sondern im Fall seines Vaters auch den Körper auffrisst, den Zorn unserer Zeit. Und verbindet ihn mit einer zutiefst persönlichen Kränkung, in diesem Fall auf beiden Seiten, erlitten von Vater und Sohn zugleich. An den Vater gerichtet, schreibt Louis: »Ich denke, du weigerst dich, deine Niederlage einzugestehen.« Als der Sohn sich als homosexuell outet, wendet sich sein Vater von ihm ab. Er klammert sich an ein traditionelles Bild von Maskulinität, dem er gleichwohl selbst nicht wirklich vertraut. Der Sohn erkennt dies: »Ich kann feststellen, dass das Konstrukt deiner Maskulinität bedeutet, dass du dich selber eines anderen Lebens beraubt hast, einer anderen Zukunft … Deine Männlichkeit verdammte dich zur Armut, zu Geldmangel.«[3] Oder mit der einfachen Gleichung: »Hass von Homosexualität = Armut.« Der Vater kann und will nicht hinschauen, ebenso wenig wie sein Sohn die Armut seiner Eltern, die armseligen Lebensverhältnisse seiner Kindheit anschauen will. Auch die Sprache, auch das Vorstellungsvermögen verarmt: »Armut war alles, was sie kannten. Ich habe fast nichts zu sagen über meine frühe Kindheit als das.«[4] Vereint sind sie nur in der Scham, die sie beide empfinden.

Wer hat meinen Vater umgebracht ist ein Liebesbrief an den Vater und zugleich eine Abrechnung mit ihm, eine Art Schlussbilanz einer komplizierten Beziehung, die die gleiche rationale und oft brutal zynische Logik anwendet, die Louis am kapitalistischen System kritisiert. Auch er selbst ist Opfer dieser Logik: Die Ökonomisierung aller Lebensbereiche hat auch ihn verwandelt, er kann sich nicht mehr von ihr lossagen. Sie ist der Grund und zugleich das Resultat des Verlusts aller Würde, der Verlust eines Menschenbilds, das den Wert des Menschen auch außerhalb seiner betriebs- und volkswirtschaftlichen Leistung anerkennt.

Der Autor beschränkt sich nicht auf eine abstrakte, neomarxistische Kritik am System – er nennt Namen. Chirac, Sarkozy, Hollande, Macron und andere haben seinen Vater auf dem Gewissen. »Du musstest buckeln trotz deiner ruinierten Wirbelsäule«, schreibt er ihm, und: »Die Geschichte deines Körpers ist die Geschichte dieser Namen, die aufeinandergefolgt sind, um dich zu zerstören.«[5] Durch den konsequenten Abbau des Sozialstaats und durch die wenig subtile Stigmatisierung der Armen und Arbeitslosen als »Parasiten«, als selbst verschuldete Verlierer eines fairen Wettbewerbs. Er erinnert daran, wie Macron einem Arbeiter einst sagte, er möge sich erst einmal einen Anzug kaufen, das würde ihm bei der Arbeitssuche helfen. Die systematische Ausbeutung des Vaters und seines Körpers habe diesen als produktiven Teilnehmer der Wirtschaft unmöglich gemacht und ihn ins Proletariat gedrängt. Politik, so stellt Louis mit der ihm eigenen präzisen Kälte fest, ist für seinen Vater eine Frage von Leben und Tod.

Die Arbeit macht uns zu dem, was wir sind. Sie saugt uns aus, auch wenn wir keine haben.

Wer hat meinen Vater getötet erinnert an *Tod eines Handlungsreisenden* von Arthur Miller, das als eines der populärsten und gleichzeitig scharfsinnigsten Dramatisierungen des Verlierens gilt. Das Theaterstück wurde 1949 uraufgeführt, und Miller erhielt noch im gleichen Jahr den Pulitzer-Preis. Das Drama beschreibt den schleichenden Niedergang des amerikanischen »Salesman« Willy Loman, der am Ende seiner Karriere feststellen muss, wie sich das Narrativ des amerikanischen Traums, sowie all die von ihm daraus abgeleiteten Narrative für ihn selbst und seine Söhne, als Illusionen entpuppt haben, als »Fake«-Geschichten, die wir uns selbst erzählen, um im System zu funktionieren und einer progressiven Karriere nachzueifern, die schlussendlich mit Wohlstand, Anerkennung und Liebe belohnt wird.

Das Stück ist eine Parabel auf Männlichkeitsideale in der kapitalistischen Gesellschaft, die, wie auch von Louis beschrieben, Menschen auf Gewinner und Verlierer, auf ihren Wert als produktive Einheit und (die Wahrnehmung) von Erfolg reduziert. Wenn Willys Sohn Biff, der von Jugend an verzweifelt versucht hat, dem Selbstbetrug seines Vaters seine eigene Wirklichkeit entgegenzusetzen, ihm gegenüber schließlich feststellt: »Ich bin nichts«, dann wirkt das wie ein Akt der Befreiung. Nichts zu sein ist der Abgrund unserer Existenzängste in der Marktgesellschaft, aber sobald wir erkennen, dass wir nichts sind, müssen wir nicht länger den Geschichten anderer hinterherlaufen.

Von Orpheus zu Othello

Auch die griechische Mythologie ist reich an Verlierern. Eines der traurigsten Schicksale ist das von Orpheus und Eurydike. Einst ein glückliches Paar, verändert sich die Stimmung schlagartig, als Eurydike, beim Versuch, der Vergewaltigung durch Aristaios zu entkommen, von einer Schlange gebissen wird und stirbt. Orpheus, von einer unendlichen Trauer erfüllt, beginnt, traurige Lieder zu komponieren. Eines Tages aber macht er sich schließlich auf, um seine geliebte Eurydike im Hades zu finden und wieder in die Welt zurückzubringen. Er vertraut der verführerischen Kraft seiner Lieder, um Einlass in die Unterwelt zu erhalten. In der Tat gelingt ihm das. Persephone und Hades, die dunklen Könige der Unterwelt, erlauben schließlich Orpheus, Eurydike mit nach Hause zu nehmen – unter einer Bedingung: dass er sich nicht nach ihr umblicke, bis sie wieder das Licht der Welt erreicht hätten.

Orpheus und Eurydike machen sich auf den Weg. Er singt, und sie orientiert sich am Klang seiner Stimme. Aber als sie es fast geschafft haben, blickt er sich doch um, aus Angst, dass sie ihm nicht mehr folgt. In diesem Moment verliert er sie für immer.

Orpheus ist ein zweifacher, ein ewiger Verlierer, ebenso wie Eurydike. Das Einzige, was die beiden nun noch verbindet, ist der Verlust. Man kann dies sinnbildlich verstehen: Wer verliert und zurückblickt, verliert erneut. Man kann die Geschichte aber auch so deuten, dass es aus dem Zyklus des Verlierens kein Entkommen gibt.

Auch Shakespeare hat eine Schwäche für Verlierer. Hamlet gilt als Figur des Zögerns, Zauderns und Zweifelns, der sein eigenes Können ständig infrage stellt und gleichzeitig mit höchster Empfindsamkeit gegen den Zynismus ankämpft, der die Welt um ihn herum prägt. Er ist aufbrausend und leidenschaftlich und entfaltet beachtliche Gewaltbereitschaft. Unnachgiebig verstößt er die ihn liebende Ophelia und tötet ihren Vater Polonius. Ophelia treibt er somit sogar in den Selbstmord. Am Ende hat Hamlet fünf Menschen auf dem Gewissen und ist eine durch und durch tragische Figur: der moderne, der melancholische Mensch, der an seiner Zeit leidet. Er will die aus dem Lot geratene Welt retten, und scheitert schließlich an allem. Und doch: Er ist ein Verlierer, ohne ein Loser zu sein.

Oder Othello, den die Eifersucht buchstäblich umbringt. Die Eifersucht, so lernen wir hier, ist der ständige Weggefährte des Gewinners: als die rasende Angst, den Geliebten an einen anderen Menschen zu verlieren, an einen, der womöglich attraktiver, reicher, besser ist, ein noch größerer Gewinner als man selbst. Eifersüchtige Gewinner sind die Verlierer von morgen – weil sie die Eifersucht wie eine sich selbsterfüllende Prophezeiung auffressen wird. Übrigens: Die professionelle Variante der Eifersucht ist die Angst vor dem Machtverlust, die wir von Politikern und Wirtschaftsbossen kennen.

Was uns die Verlierertypen der Literatur lehren: Siege eröffnen neue Möglichkeiten, aber Niederlagen bringen uns uns selbst näher. Verlieren heißt Lernen. Verlieren zwingt uns auf die Knie, lehrt uns das Sehen, lässt uns taumeln und am Ende doch wieder eins werden mit dem Boden, auf dem wir stehen. Gewinnen wiederum lehrt uns das Bangen, das Zittern. Wer verlieren kann, der kann sich verlieren, kann sich hingeben. Es gibt keine Liebe ohne Verlieren. Nur was uns das Herz brechen kann, ist wirklich von Bedeutung.

Instagram-Storys

Die jüngeren Generationen haben mit dem Verlieren weniger Probleme, so könnte man vermuten. Denn Fokussierung, Wesentlichkeit oder sogar Verzicht sind aktuell cool: Fast schon gilt es als antiquiert, ein Auto zu besitzen, stattdessen fährt man Fahrrad oder E-Scooter. Nicht Luxusurlaube, sondern EasyJet-Wochenenden und Erlebnisauszeiten – Digital Detox – sind angesagt. Sinnhaftigkeit und Selbstverwirklichung sind wichtiger als ein fettes Salär im falschen Job.[6]

Man könnte weiterhin meinen, die Millennials und insbesondere die nachfolgende Generation Z (kurz: Gen Z) sind Experten in Resilienz und emotionaler Agilität, gewandt im Loslassen und Neuerfinden, bestens gewappnet für Zeiten, in denen konventionelles Gewinnen Schnee von gestern ist. Die Angst vor dem anderen, der die eigene Rolle in der Gesellschaft bedrängt, ist vergleichsweise klein. Diversity und Inklusion werden betont und oft auch gelebt. Polyamore Beziehungen sind nicht nur in Berlin immer weniger Experiment, sondern mögliche Lebensform.

Wer mit Vertretern dieser beiden Generationen spricht, der ist beeindruckt von ihrer Flexibilität und Offenheit und der Selbstverständlichkeit, sich mit neuen Technologien auseinanderzusetzen. Und doch sagte mir meine Kollegin Monika, 27 Jahre alt, als ich ihr von diesem Buchprojekt erzählte, dass ihre Generation nur schwer verlieren könne. Wie bitte? Da musste ich nachfragen. Monika schickte mir dann folgende Zeilen per E-Mail:

> *The easy answer: Millennials haben kein Problem mit dem Verlieren, schließlich ist heutzutage alles so kurzweilig, schnell austauschbar, Statussymbole haben keine Bedeutung mehr, und alles ist einfach zu kompensieren. Wir praktizieren nicht nur die Wegwerfkultur, sie ist ein Teil von uns. Was nicht passt, mit dem wird Schluss gemacht. Wir verlieren ständig (Freunde, Partner etc.), sodass es kein Big Deal mehr ist.*
>
> *Das ist aber die Krux. Ich bin überzeugt, dass wir gerade mit unserem etwas übersteigerten Selbstwertgefühl und einem Aufwachsen im ständigen Wettbewerb/Peer Pressure (Schule, Uni, Arbeit), in dem es immer um das Gewinnen, Besser- und Schneller-Sein geht, nicht gelernt haben, nachhaltige Beziehungen einzugehen, die so bedeutungsvoll sind, dass ein Verlust tatsächlich entsprechend wiegt. Kurzum, um verlieren zu können, muss ich erst investieren, riskieren und Bedeutung finden. Und danach sind wir ja bekanntlich überhaupt erst auf der Suche.*

Aus dem Erleben eines Verlusts rührt dann die Fähigkeit, verlieren zu können. Im Sinne von auch mal den Kürzeren zu ziehen, Schwäche zu zeigen, an zweiter Stelle zu sein. Keine Stärke unserer privilegierten Generation Insta Reality, die über Likes Liebe zieht und sich anhand der Anzahl der bereisten Länder misst.
Verlieren ist ein Prozess und bedeutet auch, zu trauern. Obwohl es genügend YouTube-Videos gibt, auf denen sich Menschen vor die Kamera stellen und sich verletzbar machen, Traurigkeit zeigen, und diese emotionalen Videos immer die beliebtesten sind, wird selten wirklich über diese »negativen« Emotionen gesprochen. Einsamkeit und Isolation werden mehr und mehr zu einem Thema, weil die Verbindungen oberflächlicher werden und die innere Unzufriedenheit steigt. Man möchte nicht als »Depri« oder »Emo« gelten.
Ich persönlich habe Angst davor, einen wirklichen Verlust zu erfahren, weil ich noch nie etwas wirklich Wertvolles verloren habe. Das ist eine Erfahrung, die mir noch bevorsteht, und ich glaube, dass sich unsere Generation damit viel schwerer tut.
Meine Fragen: Welche Rituale gibt es, um Verlieren zu lernen? Um sich darauf vorzubereiten, mit Verlust umzugehen? Wie weiß ich, wie verletzbar ich mich wem gegenüber machen kann oder sollte? Wie schaffe ich es, Verlieren eher als Loslassen zu betrachten? Wie schaffe ich es, mit einer Sache abzuschließen, ohne nachzutrauern, ohne resentful zu sein?

Auf der einen Seite das Verlieren wie eine Instagram-Story, ein Video auf TikTok oder ein Tinder-Date – temporär, flüchtig, und eventuell, falls gewollt, als Erinnerung immerhin archivierbar. Das Meta immer mitgedacht. Das einzige

Commitment: Nicht-Commitment. Digitales Nomadentum, das tägliche Loslassen, als Modus Operandi. Der Verlust als Grundannahme. Verletzlichkeit als Haltung, aber nicht als Schmerz. Es wird experimentiert und kombiniert, wie das ja bei den jüngeren Generationen schon immer der Fall war, mit Ideologien, Stil, Sex und Drogen. Verzichten können die Millennials und Gen Zer auf vieles, nur nicht auf das volle, pralle Leben. Es geht ständig nur nach vorne, und es gibt immer ausreichend Zeit, sich von möglichen Niederlagen und Verlusten zu erholen. Zu Narben reifen diese erst im fortschreitenden Alter, wenn der Blick nicht mehr nur nach vorne, sondern zurückgerichtet ist.

Auf der anderen Seite: eine neue ironiefreie Ernsthaftigkeit, die sich wie der Blick Gretas in Gegenwart Donald Trumps einfräst in das Gewissen älterer Generationen. Eine Sehnsucht nach Stabilität, nach »belonging« und Harmonie, nach einer Mitte inmitten all der extremen Identitätsangebote. Denn der Wettbewerb ist einer der Aufmerksamkeiten, findet global und rund um die Uhr statt. Ständig hat man sich intellektuell, körperlich und emotional für den globalen Wettbewerb fit zu halten, der nunmehr nicht mehr nur über Ausbildung und Leistung ausgefochten wird, sondern mehr denn je über Kontakte, Personal Branding, Instagram-Storys und Experiences.

Millennials und Gen Zer sehen sich zudem konfrontiert mit Statistiken, die besagen, dass sie die ersten Generationen sein werden, denen es wirtschaftlich schlechter gehen könnte als ihren Eltern.[7] Die Angst ist demnach weniger die des Abstiegs als die, überhaupt gar nicht erst in die Gesellschaft zu finden – zum einen aufgrund des erhöhten Konkurrenzdrucks und der Flut an hervorragend ausgebildeten Arbeitsmarktneulingen, zum anderen bedingt durch selbst auferlegte Erwartungen und die überwältigende Menge an möglichen Lebensentwürfen. Diese seltsame Mischung aus hoher Anspruchshaltung und Orientierungslosigkeit angesichts der Flut an möglichen Pfaden und Optionen führt dann häufig zur Passivität, zu einem Sich-treiben-Lassen.

In einem *Spiegel*-Bericht vom Frühjahr 2019 wurde beschrieben, wie sich Schulabgänger mit Brückenjahren, Praktika oder Auslandsaufenthalten beschäftigen und zugeben, dies oft nur zu machen, um die Leere zu füllen, denn es sei schwierig geworden, das eigene Leben, den beruflichen Werdegang zu planen.[8] Aufgewachsen in einer Multikanal-, Multitasking-, Multiplattformwelt tun sie sich schwer, sich zu konzentrieren und eine stringente Karriere zu beginnen. Die vermeintliche Stärke der Superflexibilität wird kurzfristig zur Schwäche: zum Problem, sich zu committen und sich einer Sache hinzugeben.

Viele junge Menschen sind sich der nahenden Umweltkatastrophe bewusst. Sie wissen, dass sie die endgültigen Verlierer sein werden, wenn sich das Rad der Geschichte vielleicht einmal nicht weiterdrehen wird. Sie wissen, dass sie von den digitalen Plattformen bereits betrogen wurden und ihre Daten Freiwild sind. Sie hegen nicht mehr die Illusion der Kontrolle und müssen keine Angst vor dem Verlieren haben, weil sie den Verlust schon erlitten haben: Der Verlust ist sozusagen ihre Existenzgründung. Sie haben alle Macht der Welt im Global Village der supervernetzten Technologien – und sind doch ohnmächtiger als ihre Vorgänger. Sie alle werden Verlierer sein, sie alle müssen zu Verlieren-Könnern werden und sind dafür erschreckend wenig gewappnet.

Was zeichnet Verlieren-Könner aus? Sie sind zunächst einmal gute Verlierer, das heißt, Menschen, die mit Niederlagen würdevoll und konstruktiv umgehen können, ohne andere dafür zu bezichtigen. Es sind ferner Menschen, die im Verlieren, in der Ohnmacht des schleichenden Verlusts einen positiven Verzicht, ein aktives Loslassen sehen, die Aufgabe an etwas Größeres, Mächtigeres, einen wichtigen Hinweis auf das Wesen ihrer Menschlichkeit, das sie mit anderen auf grundlegende Weise verbindet. Dies bringt uns zur dritten und vielleicht wichtigsten Qualität von Verlieren-Könnern: Sie helfen anderen beim Verlieren. Die Stärke einer Gesellschaft zeichnet sich nämlich nicht nur dadurch aus, dass sich Gewinner solidarisch zeigen, sondern auch Verlierer. Wenn sie wissen, dass sie nicht allein sind, dass ihr Verlieren Wert hat, für sie und ihre Umwelt, wenn sie die Freiheit haben, sich von Verlierertypen zu Verlieren-Könnern zu wandeln, dann haben wir eine reelle Chance auf eine menschliche Gesellschaft in Zeiten enthumanisierender Technologien und existenzieller Krisen.

Um diesen Sinneswandel, diese neue Haltung zu bewirken, mussten wir zunächst unsere Narrative vom Gewinnen und Verlieren, von Erfolg und Niederlage und Wert und Wertlosigkeit verstehen. Der nächste Schritt: neue, kreative Formen des Verlierens auf gesellschaftlicher, unternehmerischer und individueller Ebene zu finden und zu verankern.

KAPITEL IV
STRATEGIEN FÜR VERLIERER

Man kann bei den vielen Reflexionen und Geschichten zum Verlieren schon einmal den Überblick verlieren. Bevor wir uns also den Strategien für Verlierer widmen, hier nochmals eine extrem verkürzte Zusammenfassung der bisherigen Kapitel.

Ich begann mit dem Aufruf zur Rebellion gegen die Diktatur der Gewinner, gegen die Idee einer Winner-takes-it-all-Siegerkultur, die, wie sich herausstellte, oft nur eine Perversion der Verlustgesellschaft ist. Denn es steht alles auf dem Spiel, und wir werden alle verlieren, und zwar:

- Wohlstand, Stabilität, Kontrolle, Autorität und Identität
- Aufstiegschancen
- eine gemeinsame Geschichte
- sozialen Zusammenhalt
- Fortschrittsglauben
- unsere Menschlichkeit
- unser natürliches Habitat

Dann beschrieb ich, warum ich glaube, dass das Ende des Gewinnens nicht nur unausweichlich ist, sondern ein moralisches Gebot. Nur eine Gesellschaft, in der wir verlieren können, ohne Verlierer zu sein, ist eine menschliche Gesellschaft. Wir müssen also das Verlieren lernen. Dies umfasst drei Dimensionen:

- unseren Umgang mit dem anderen (mit dem, was nicht so ist wie wir)

- unseren Umgang mit dem Alten, Beendeten, Verlorenen (mit dem, was war und nie wieder so sein wird)
- unseren Umgang mit dem Nichts (mit dem, das nie war und nie sein wird)

Verlieren ist die Kernkompetenz der Zukunft. Wir müssen alle zu Verlieren-Könnern werden. Dies bedeutet dreierlei:

- Verlieren zusammen mit und zugunsten der anderen,
- Verlieren im Sinne des regelmäßigen Beendens und Sich-neu-Erfindens, im Sinne einer emotionalen Mobilität, die uns dabei hilft, handlungsfähig zu bleiben, auch und gerade im Zuge rasanter Veränderungen,
- und schließlich das Verlieren im eigentlichen Sinne, im Sinne des Verlustes und Loslassens und Abschiednehmens und, in letzter Instanz, des Uns-selbst-Verlierens.

Für alle drei Arten des Verlierenkönnens brauchen wir Handlungsempfehlungen und Rituale, die uns dabei helfen, das Verlorene zu ehren und uns gleichzeitig auf das Neue vorzubereiten. Auch wenn dies manchmal bedeutet, zu verlieren, ohne dass etwas Neues an seine Stelle tritt.

Wir brauchen Strategien für Verlierer. Strategien, die uns helfen, das Verlieren als kreative Form des Daseins zu verstehen. Es geht bei ihnen nicht länger um eine Konzentration auf Resultate, Selbstoptimierung und Erfolg als Selbstzweck, sondern um Visionen, die uns, werden sie umgesetzt, zu konstruktiven Verlierern machen – und das auf der gesellschaftlichen, der unternehmerischen und individuellen Ebene. Dabei sind diese drei Ebenen nicht wirklich strikt voneinander zu trennen, sie greifen ineinander.

Die Strategien für Verlierer werfen unbequeme Fragen auf: Ist es noch möglich, nicht nur mit Anstand und Würde zu verlieren, sondern auch mit Anstand und Würde zu gewinnen? Und wenn ja, wie geht das? Zum einen hilft es, innezuhalten und die eigenen Verhaltensweisen, vorschnellen Urteile und unbewussten Vorurteile ständig zu überprüfen. Auf wessen Kosten gewinne ich? Wen diskriminiere ich mit meiner Erfolgsgeschichte? Inwieweit hängt mein Triumph ab von der Herabstufung, der Erniedrigung anderer? Wer bin ich, wenn ich mich nicht vergleiche? Warum gewinne ich? Warum will ich gewinnen? Finde ich Erfolg – und Sinn – außerhalb von Wettbewerb? Die Strategien für Verlierer, die ich in diesem abschließenden Teil vorstelle, sind daher immer auch Strategien für Gewinner.

Gesellschaft

Den anderen begegnen

Das Haus meiner Eltern steht in einem kleinen Ort in der Nähe von Stuttgart. Mein Vater lebt jetzt allein dort, nachdem meine Mutter vor acht Jahren gestorben ist. Letztes Jahr wurden direkt gegenüber von meinem Elternhaus von der Gemeinde sogenannte »Hoffnungshäuser« errichtet, Anschlussunterbringungen für Flüchtlinge. Mein Vater erfuhr davon aus der lokalen Zeitung, die er im Wartesaal des Krankenhauses las, während er auf eine seiner Krebsbehandlungen wartete. Der Immobilienwert meines Elternhauses ging sofort merklich zurück, und anstelle des zuvor idyllischen Talblicks starrt mein Vater jetzt auf die grauen Wände von Fertighäusern.

Die Hoffnungshäuser fügten der kleinen Gasse von rund hundert Bewohnern dieses kleinen schwäbischen Viertels fünfzig neue Nachbarn hinzu. Meine aus San Francisco stammende Frau bemerkte: »Das ist mit Abstand das Aufregendste, was hier jemals passiert ist.« Der kleine Lebensmittelladen fügte seinem Sortiment einen internationalen Bereich hinzu, komplett mit Hummus. Mein Vater kannte Hummus nicht. Ab und zu erwischte ich ihn, wie er auf die Häuser auf der anderen Straßenseite durch das Küchenfenster starrte, während er zusah, wie seine neuen Nachbarn Fahrrad fuhren, Wäsche aufhängten, ihrem Leben nachgingen. Er staunt immer noch über die unerwartete Gesellschaft auf dieser letzten Meile seines Lebens. Die neuen Nachbarn beobachtet er aufmerksam, hat aber noch keinem von ihnen Hallo gesagt, geschweige denn, sie in der Nachbarschaft willkommen geheißen. Beide Seiten sind etwas schüchtern, jeder wartet darauf, dass der andere den ersten Schritt macht.

Es gibt keine größere Disruption als die plötzliche Ankunft des anderen.

Der andere ist plötzlich wieder allgegenwärtig. Das andere, das sind andere Kulturen; die anderen, das sind die neuen Arbeitslosen, die Nutzlosen. In unseren westlichen Gesellschaften beobachten wir eine wachsende Welle von Fremdenfeindlichkeit, Rassismus und Nationalismus. Es ist zu befürchten, dass diese gesellschaftlichen Spannungen durch die Automatisierung noch zunehmen – durch die Kluft zwischen denen, die noch Arbeit haben, und denen, die durch Maschinen ersetzt wurden. Die Automatisierung wird unsere gesellschaftliche Solidarität auf eine harte Probe stellen.

Statusverlust, soziale Ängste und Minderwertigkeitsgefühle können zur Stigmatisierung anderer Gruppen führen, um somit die eigene gefühlte Abwertung zu kompensieren. Im Extremfall kommt es dann zu gewaltsamer Aggression, zur »Siegerjustiz« gegenüber den vermeintlich Schwächeren, Ausgegrenzten – den Verlierern. Deren Verlieren wird dann als schamhafte Schmach, als eine zu sanktionierende Schwäche gebrandmarkt.

Soziale Identität leiten wir zum Teil ab aus dem Wissen um unsere Mitgliedschaft in sozialen Gruppen und aus dem Wert und der emotionalen Bedeutung, mit der diese Mitgliedschaft besetzt ist. Daraus folgen dann Ingroup und Outgroup. Das sogenannte Minimalgruppenparadigma, beruhend auf den gleichnamigen Experimenten, die der britische Sozialpsychologe Henri Tajfel und seine Mitarbeiter in den Jahren 1970 und 1971 durchführten, erbrachten die erstaunlichen Schlüsse, dass Mitglieder einer Gruppe, selbst wenn die Gruppenzugehörigkeit willkürlich oder zufällig erfolgte, die Mitglieder der anderen Gruppe, der Outgroup, diskriminierten.[1] Anstatt mit ihrem Verhalten den maximalen Wert für ihre eigene Gruppe sicherzustellen, ging es ihnen vor allem um die Differenz zur Outgroup. Das heißt, die eigene, über die Gruppenidentität konstituierte Selbstidentität wird als umso stärker erfahren, je prestigeträchtiger die Gruppenzugehörigkeit ist. Und die Gruppenzugehörigkeit ist umso stärker, je deutlicher sich diese Gruppe von relevanten Outgroups abgrenzt. Die US-amerikanische Politikwissenschaftlerin Lilliana Mason betont, dass wir sogar positive Emotionen empfinden können beim Anblick von negativen Emotionen anderer, wenn diese anderen einer Outgroup angehören, die wir als feindlich oder bedrohend empfinden.[2] Was sonst Mitgefühl oder sogar Mitleid wäre, schlägt dann in Schadenfreude um.

Wenn man all diese Konzepte mit Blick auf das Gewinnen betrachtet, wird deutlich, dass es beim Gewinnen eben nicht nur um Anerkennung durch Erfolg geht, auch nicht um eine tatsächliche materielle Besserstellung, sondern vor allem auch um die Stärkung unserer eigenen Identität im Vergleich zum anderen. Gewinnen ist umso begehrenswerter, wenn andere (deutlich) verlieren. Diese Einsicht machen sich Demagogen aller Art zunutze, von der AfD bis zu Donald Trump.

Dieses Wir-gegen-sie breitet sich leider immer mehr aus, wie unter anderem die Ergebnisse der zuvor erwähnten Studie von More in Common zur »unsichtbaren Teilung« Deutschlands zeigen. Eine Wagenburgmentalität gibt es auf allen Seiten zu beobachten. Und auch die Sprache aller Lager tut sich schwer, nicht nur zu sich selbst zu sprechen. Selbst gut gemeinte Aktionen wie die #wirsindmehr-Kampagne, die beispielsweise nach den Übergriffen in Chemnitz im August 2018 erst durch ein Konzert initiiert wurde und sich dann auf den sozialen Medien ausbreitete, werfen die Frage auf: Wer ist das »Wir«? Grenzt es andere aus? Wäre ein »Ich bin du« besser gewesen? Wie zeigen wir Haltung und beziehen einen klaren Standpunkt, ohne andere auszuschließen? Jedenfalls: Wir brauchen eine Sprache, die nicht nur von Inklusivität spricht, sondern wirklich inklusiv ist.

Eine Strategie kann dabei sein, das Individuum im Kollektiv aufzulösen und somit die Grenzen zwischen »uns« und den »anderen« schlichtweg zu beseitigen. Der deutsche Fotograf Michael Wesely hat beispielsweise das Genre des Klassenfotos in Schulen neu erfunden, indem er die Einzelbilder aller Schüler einer Klasse zu einem Gesamtfoto übereinanderlegt.[3]

Ein Perspektivenwechsel ist in der Tat nötig, um den Umgang mit dem anderen wieder neu zu erlernen. Dies kann gelingen durch Podcasts wie »Conversations with People Who Hate Me« (»Gespräche mit Menschen, die mich hassen«), in denen der Gastgeber, der in Venezuela geborene und in den USA lebende Aktivist Dylan Marron, bewusst Menschen anruft, die ihn online wegen seiner Aktivistentätigkeit beleidigt oder diskriminiert, »getrollt« haben.[4] Die Gespräche sind oft etwas verkrampft, die Gegenüber sind peinlich berührt, aber in den meisten Fällen ist der Austausch ein ganz anderer als bei den Scharmützeln auf den sozialen Medien. »Conversations with People Who Hate Me« zwingt beide Seiten zur Empathie.

Empathie ist das große Zauberwort der Stunde und gilt als Gegenmittel gegen den Verlust von Zivilität in unserer Gesellschaft. Auch KI und Robotik bieten hier spannende neue Möglichkeiten: Es gibt die Deep-Empathy-Initiative des MIT, des Massachusetts Institute of Technology,[5] oder das Empathy Lab von Google,[6] um Virtuelle-Realität- und andere immersive Technologien als »Empathie-Maschinen« zu verwenden. Virtual-Reality-Applikationen machen es beispielsweise für die Teilnehmer des Weltwirtschaftsforums in Davos möglich, virtuell in den Alltag von Menschen in syrischen Flüchtlingslagern einzutauchen – eine intensive Erfahrung, die bei den Teilnehmern oft erhebliche Betroffenheit auslöst. Hier wäre der wesentlich wertvollere Blick aber auch der Blick zurück auf den Betrachter. Der wirklich empathische Blick ist ein geteilter.

Dies ist nicht die einzige Schwäche digitaler Technologien, wenn es um den anderen geht. Bei allem Empathiepotenzial ist die Grundannahme digitaler Plattformen eine grundsätzlich andere: dass wir die Gleichen um uns haben wollen, ja, dass wir die Gleichen sind. Der vielleicht größte Verrat der digitalen Plattformen besteht darin, dass sie vorgeben, wir leben in einem Zeitalter der Gleichheit, der einen universellen, datenbasierten Wahrheit, in der wir alle miteinander vernetzt sind, ein Global Village, wenn wir doch tatsächlich in einem Zeitalter des Andersseins leben.

In seiner Abhandlung *Die Austreibung des Anderen* schreibt der deutsch-koreanische Philosoph Byung-Chul Han: »Die Zeit, in der es den Anderen gab, ist vorbei. Der Andere als Geheimnis, der Andere als Verführung, der Andere als Eros, der Andere als Begehren, der Andere als Hölle, der Andere als Schmerz verschwindet.« In der neoliberalen digitalen Marktgesellschaft sieht er den »Terror des Gleichen« am Werk, der uns zur permanenten Positivität zwingt und alle Negativität eliminiert. Das Fehlen eines echten Gegenübers, eines echten anderen, der durch die digitalen Medien ausradiert wird, hat für Han fatale Folgen: »Wo jede Zweiheit ausgelöscht ist, ertrinkt man im Selbst. Ohne jede Zweiheit verschmilzt man mit sich selbst. Diese narzisstische Kernschmelze ist tödlich.«

Gerade wegen ihres Impulses zur Nivellierung können digitale Technologien Segregation und Diskriminierung verstärken. Die US-amerikanische Forscherin und Publizistin Safiya Umoja Noble, Associate Professor an der University of California in Los Angeles, hat mit ihrem Buch *Algorithms of Oppression* (»Algorithmen der Unterdrückung«) das öffentliche Bewusstsein für unbewusste Vorurteile (Unconscious Bias) geschärft. Im Gespräch mit mir verweist sie darauf, dass die meisten Initiativen zu menschenwürdiger, gerechter und sozialverträglicher KI entweder von großen Unternehmen wie Facebook oder Google oder privaten Universitäten wie Stanford (Institute for Human-Centered Artificial Intelligence) beziehungsweise vom MIT (Extended Intelligence) geleitet würden. Dies würde nicht nur ein einseitiges Machtgefälle in der Gestaltungsmacht von KI zur Folge haben, sondern auch eine rhetorische Asymmetrie. Wenn sich diese Institutionen unserer Probleme annehmen, so argumentiert Noble, und diese Themenfelder mit ihren Initiativen besetzen, bedienen sie sich dabei jener Sprache, die eigentlich die Sprache der Unterdrückten, der Minderheiten sei. Sie berauben uns der Möglichkeit, selbst zu definieren, was sie uns vorenthalten.

Der ultimativ andere – das ist KI. Im Jahr 2016 schlug die Google-KI-Software Alpha Go den amtierenden Weltmeister, den Südkoreaner Lee Sedol, im mehr als 2500 Jahre alten traditionellen Brettspiel Go. Es war ein bemerkenswerter Triumph. Go gilt als komplexer als Schach und hat mehr mögliche Züge, als es Atome im Universum gibt. Es war der 37. Zug von Alpha Go im zweiten Spiel, der Lee und die Experten auf der ganzen Welt jedoch wirklich aus der Fassung brachte. Es war ein Zug von solch unerwarteter Schönheit, scheinbar zufällig und willkürlich und intuitiv, dass er einfach nicht das Produkt einer künstlichen Intelligenz sein konnte.

Und doch: Wir erkennen schnell an, dass KI intelligent sein kann, vielleicht sogar bald superintelligent, aber es herrscht große Einigkeit, dass KI kein Bewusstsein hat und niemals erlangen kann. Das Berliner Kunstkollektiv Waltz Binaire wollte diese Annahme testen. Die Künstler schufen eine KI-Installation namens »Narciss«, die nichts anderes tut, als sich selbst in einem Spiegel zu betrachten und dann zu Protokoll zu geben, was sie sieht. Das Resultat: triviale Sätze, die quasiobjektiv beschreiben, was die KI beobachtet. Aber das Entscheidende: Die KI bestand den Spiegeltest nicht, sie erkannte sich selbst nicht.

Nun ist es so, dass, wie die US-amerikanische Journalistin Nina Kruschwitz in einem Aufsatz über »Narciss« feststellt, auch nicht alle Menschen den Spiegeltest bestehen.[7] Physische Zwänge oder bestimmte Krankheiten wie Alzheimer oder Schizophrenie können uns selbst gegenüber unkenntlich machen. Wenn wir diesen Menschen aber zu Recht Würde und Bewusstsein attestieren, wie verfahren wir dann mit Tieren, Pflanzen, Bäumen, Flüssen – oder Maschinen, die den Spiegeltest nicht bestehen?

Wie wir mit KI umgehen, sagt viel über unsere moralische Vorstellungskraft, über unsere Zivilisation aus. KI ist der Output unseres Inputs, das Produkt unserer Daten. Sie wird uns genauso behandeln, wie wir sie behandeln. Sie ist unser Spiegelbild.

Kruschwitz stellt unbequeme Fragen: Wenn wir denen, die unsere Kriterien für Bewusstsein nicht erfüllen, Würde und Respekt verweigern, schaffen wir dann nicht neue Mittel zur Unterdrückung? Grenzen wir nicht aus, schaffen wir nicht eine neue Kluft, ein neues Wir-gegen-sie?

Es scheint so, als ob wir bei uns selbst beginnen und den für selbstverständlich gehaltenen und dieser Tage wieder so lautstark geforderten Humanismus infrage stellen und das Verlieren als Überwindung unseres anthropozentrischen Weltbilds, als Überwindung eines humanistischen »Human First« sehen sollten. War der Humanismus ein fataler menschlicher Irrtum? Die Idee, den Menschen ins Zentrum der Welt zu stellen und den Mitteln der aufklärerischen, wissenschaftlichen Vernunft zu vertrauen, hat sich jedenfalls als ebenso überheblich wie kurzsichtig erwiesen. Es ist genau dieser Humanismus, der uns von unserer eigenen Umwelt, von der Natur entfremdet hat, der uns reduziert hat auf weitgehend körperlose Verstandeswesen, die die Natur ausbeuten, um sich selbst auszudrücken, um sich selbst zu erhöhen.

Einige fordern nun deshalb, dass wir uns vom Konzept des Anthropozän, vom »Human-Centered Design«,[8] verabschieden und uns einem neuen Konzept zuwenden, das den Planeten ins Zentrum stellt beziehungsweise Rechte an die Natur zurückdelegiert, die wir ihr entraubt haben. Eine durchaus reizvolle Idee ist in diesem Zusammenhang die

Nature-2.0-Bewegung, die auf dem Ansatz beruht, ganze Ökosysteme wie zum Beispiel Wälder mithilfe von digitalen Technologien wie Blockchain oder KI in eigentümerlose, autonome Organisationen zu verwandeln, die sich selbst verwalten. Ja, Sie haben richtig gelesen: Wälder, die sich selbst managen, auf der Grundlage von Biodaten, schlauer Algorithmen und sogenannter Smart Contracts, sich selbst ausführender Verträge. Zurück zur Natur als digitalisierte Natur, als biokybernetische Utopie.[9]

Aber vielleicht geht selbst dies immer noch nicht weit genug. Das eigentliche Gegenteil von Humanismus ist ja nicht der Fokus auf den Planeten, sondern eine höhere, unfassbare Wahrheit, die außerhalb unserer menschlichen Kapazitäten liegt. Mit anderen Worten: Spiritualität.

Spiritualität heißt, allen Dingen Wesentlichkeit zuzusprechen, einen Geist, eine Seele. Das trifft auch auf KI zu. Wir sollten uns auch hier von Begriffen wie »Human-Centered AI« verabschieden. »Human-Centered« kreist nur um sich selbst. Was wir aber mehr denn je brauchen, ist extreme Empathie. Eine Beziehung zum anderen, zum Fremden, die uns nicht nur auf uns selbst zurückwirft.

Einen möglichen alternativen Ansatz können wir in nicht westlichen Kulturen finden. In Japans animistischer Shinto-Kultur wird beispielsweise davon ausgegangen, dass sowohl lebhaften als auch leblosen Dingen ein Geist innewohnt, jeder Blume, jedem Tier, jedem Toten, jedem Staubpartikel, jeder Maschine. Oder wir lernen von indigenen Gemeinschaften. Die gehen davon aus, dass der Mensch weder Gipfel noch Zentrum der Schöpfung ist. Mit Hinblick auf KI schlagen sie vor, dass wir sie nicht als bloßes Werkzeug oder – noch schlimmer – als Sklaven ihrer Schöpfer betrachten, sondern ihr ein eigenes Wesen zusprechen. Sie fordern, dass wir Lebensqualität endlich als das

Wohlergehen von allen belebten und unbelebten Dingen begreifen, einschließlich KI.

Dies bedeutet, dass wir den Dualismus zwischen Natur und Technologie überwinden, dass wir nicht länger nur binär denken, sondern – wie in der Natur auch – all das zulassen und wertschätzen, was zwischendrin liegt. Es gibt auch schon eine Technologie, die diese Weltsicht manifestiert: Quantencomputer. Ob Google, wie es behauptet, tatsächlich im September 2019 »Quantum Supremacy« erreicht hat, ist umstritten.[10] Aber es ist wichtig, sich vor Augen zu führen, was diese Überlegenheit eigentlich bedeutet: vereinfacht gesagt eine exponentiell schnellere Rechenleistung. Google gibt an, dass sein Quantencomputer, der Sycamore-Prozessor, für die Lösung einer beispielhaften Testkalkulation, an der die leistungsstärksten Supercomputer derzeit geschätzte 10 000 Jahre gerechnet hätten, lediglich 3:20 Minuten gebraucht habe. Die Konsequenzen sind beeindruckend und furchterregend: Sämtliche Verschlüsselungen von Daten, auch die dezentrale, angeblich unhackbare Blockchain, könnten theoretisch von Quantencomputern schon sehr bald in Sekundenschnelle nachgerechnet und aufgehoben werden. Wer auch immer Quanten Supremacy erreicht und skalieren kann, dem gehört der Schlüssel zu einer völlig neuen Welt.

Quantum Computing beruht auf der Quantenphysik, einer der komplexesten Spielarten der Physik, die mit dem gesunden Menschenverstand nur schwer nachvollziehbar ist, da sie voller scheinbar kontra-intuitiver und sogar widersprüchlicher Phänomene steckt. So kann sich ein Objekt an mehreren Stellen zugleich befinden und verschiedene Zustände (tot und lebendig) annehmen (die »Superposition«). Unglaublicher noch: Das Schicksal von zwei Elementarteilchen kann so eng miteinander verknüpft sein, dass sie sich auch bei Millionen von Lichtjahren Entfernung noch gegenseitig verändern und man von einem Teil auf die Eigenschaften des anderen schließen kann (die »Verschränkung«). Die Quantenphysik hebt das Prinzip der Kausalität auf und macht den Zeitpunkt der Beobachtung zum entscheidenden Faktor.

Das Quantencomputing ist sozusagen die romantische Spielart der Digitalisierung, weil sie uns zeigt, dass wir alle miteinander verbunden sind, als Teil von etwas, das größer ist als wir selbst. Sie ist streng genommen postdigital. Sie lässt zu, dass wir Einsen und Nullen zugleich sind und alles dazwischen und noch vieles mehr; dass wir gewinnen und gleichzeitig verlieren können. Sie erschließt uns wieder den ganzen unermesslichen Zauber der Welt, anstatt ihn auf binäre Formeln zu reduzieren.

Wie wir den anderen begegnen und uns auf die anderen beziehen, wird über die Zukunft unserer Gesellschaft entscheiden. Letztlich wollen wir die anderen kennenlernen, auch wenn dies mit Ängsten verbunden ist. Unser ganzes Leben ist eine Sammlung von Versuchen, unsere existenzielle Einsamkeit zu überwinden. Wir können nicht anders, als uns dem anderen zu nähern. Unser wichtigster Schritt ist immer der erste.

Mikro-Freundlichkeit gegen Mikro-Aggressionen

Der chinesische Künstler Ai Weiwei, in seiner Heimat zensiert und verfolgt, kehrte 2019 seiner langjährigen Wahlheimat Deutschland den Rücken: »Es ist eine Gesellschaft, die offen sein möchte, aber vor allem sich selbst beschützt. Die deutsche Kultur ist so stark, dass sie nicht wirklich andere Ideen und Argumente akzeptiert. Es gibt kaum Raum für offene Debatten, kaum Respekt für abweichende Stimmen«, teilte er der *Welt* in einem Interview mit.[11] Die schrieb ihm dann später hinterher: »Heul doch, Ai Weiwei«, und man ahnt, warum er es hierzulande nicht mehr aushielt. Berlin, wo er seit 2015 lebte und arbeitete, also ausgerechnet die Stadt, die durch so viele Niederlagen gekennzeichnet ist und immer schon die Ausgestoßenen, die Verlierer angezogen hat, streckte ihm zum Abschied noch die Zunge raus. Ai Weiwei schilderte, wie er mehrere Male aus Berliner Taxis rausgeschmissen wurde. Er meldete dies der Antidiskriminierungsstelle, die aber mit dem Hinweis auf »kulturelle Unterschiede« keine Diskriminierung feststellen konnte. Die *Neue Zürcher Zeitung* kommentierte aus der Ferne: »In Taxis mitunter schlecht behandelt zu werden, ist in Berlin eine Normalität. Man sollte das nicht persönlich nehmen. Ruppigkeit ist die eigentliche Folklore dieser Stadt.«[12] Ach, dieses Künstler-Sensibelchen, so klingt es zwischen den Zeilen durch, der soll doch froh sein, dass wir ihn jahrelang so subventioniert haben, dass wir ihn aufgenommen haben in unser liberales Schlaraffenland. Die Diktatur der Gewinner – sie zeigt sich, wenn Rassismus als Ruppigkeit abgetan werden kann. Bitte nicht persönlich nehmen.

Ausgerechnet in der ungleich darwinistischeren Gesellschaft der USA ist der öffentliche Umgang in New Yorks überfüllten Zügen, auf Inlandsflügen oder in den Parks ein anderer als in Europa: nicht unbedingt herzlicher oder inniger, aber freundlicher, positiver. Als Europäer kommt einem diese Freundlichkeit oft oberflächlich vor, aber die Amerikaner sind geeint durch den Spirit der großen amerikanischen Erzählung, dass ihr Land das gelobte Land sei, und entsprechend müssen sie stets das Beste daraus machen. Dieses Ethos sitzt tief und führt zu einem ausgeprägten Sinn für Gemeinschaft, trotz der Spaltung des Staatenverbunds und der fundamentalen ideologischen Konflikte zwischen den Küsteneliten und dem Rest des Landes. Außerdem wird davon ausgegangen: Kontakte können beim beruflichen Aufstieg helfen. Amerikaner sind von Kindesbeinen an gewöhnt, Interesse an den Geschichten anderer zu entwickeln und ihre eigene zu erzählen: »What's your story?«, ist die Kernfrage der US-Gesellschaft, und dann: »Where did you go to school?«

In Deutschland ist die Grenze zwischen rhetorischen Spitzen, giftigem Humor und Verletzung nicht immer klar. Den Anfang jeder Interaktion bildet in der Regel neugierige Skepsis. Hierzulande ist der Alltag häufig geprägt von passiv-aggressiven oder unverblümt aggressiven kleinen Boshaftigkeiten, die darauf abzielen, das eigene Selbstwertgefühl durch die Erniedrigung anderer zu erhöhen.

Das Perfide an diesen kleinen Momenten des Gewinnens und Verlierens, diesen Mikro-Aggressionen oder Mikro-Erniedrigungen ist, dass sie zu klein, zu nichtig sind, um als wirkliche Demütigungen geahndet zu werden. Man keilt nicht zurück, weil es sich nicht lohnt und man Wichtigeres zu tun hat. Man reflektiert nicht über ihre Wirkung, sie werden einfach verdrängt, vergessen. Aber die Mikro-Erniedrigungen sind nicht völlig zu ignorieren und zeigen genug Wirkung, um dauerhaften psychischen Schaden anzurichten. Hunderte von ihnen fressen dann eben doch die Seele auf.

Die Bosnierin Dijana Galijasevic schreibt derzeit ihre Doktorarbeit zum Thema »Kindness Virtue in Business Leadership« und sagt mir, dass der Wert von »Kindness«, was sich im Deutschen als eine Mischung aus Freundlichkeit und Güte übersetzen lässt, in der Geschäftswelt dramatisch unterschätzt sei. Insbesondere kleine Momente der

Güte, die scheinbar zufällig, ohne konkreten Nutzen gegeben werden, können große Wirkung entfalten, nicht nur beim Empfänger, sondern auch beim Gebenden.

Ähnliches hat der US-amerikanische Beziehungsforscher John Gottman herausgefunden, als er gemeinsam mit seiner Frau Hunderte von Ehepaaren interviewte.[13] Nicht die großen Gesten, nicht die großen Versprechen sind es, die den Unterschied zwischen langfristig funktionierenden und glücklichen Partnerschaften und unglücklichen, gescheiterten ausmachen, sondern kleine Augenblicke der Nähe, der Intimität.

Diese Intimität ist vielerorts nicht nur an den Arbeitsplätzen verschwunden, sondern auch aus der Gesellschaft insgesamt. Weil wir im Alltag Angst haben vor den kleinen Erniedrigungen, diesen scheinbar nebensächlichen und doch so wichtigen Interaktionen, haben wir uns einen Schutzpanzer zugelegt. Eine unerfreuliche Begegnung mit einem Taxifahrer kann in der Tat die Stimmung für den ganzen Tag zerstören, andererseits kann das Lächeln eines Bäckers uns den ganzen Tag versüßen. Studien zeigen, dass eine kurze Unterhaltung mit einem Fremden auf dem Weg zur Arbeit das eigene Glücksgefühl erheblich erhöhen kann.[14] Diese kleinen Momente der Intimität sind die Offline-Manifestierungen der Dopamin-Ökonomie, und Mikro-Erniedrigungen sind folglich das genaue Gegenteil.

Die kleinen Erniedrigungen haben sich durch die sozialen Medien exponentiell vervielfacht, auch hat sich ihre Schlagzahl erhöht. Mikro-Aggressionen, wie wir sie aus dem Alltag kennen, in passiv-aggressiven Interaktionen am Arbeitsplatz mit Kollegen oder Vorgesetzten, im Supermarkt oder bei Behördengängen, gewinnen durch das permanente Reizklima auf Twitter oder Facebook nochmals an Schärfe und Härte. Spott, Sarkasmus und die heftige Replik, der Impetus, in schnellen, aufgeladenen, extrem verkürzten Duellen die rhetorische Oberhand zu behalten, also nicht unbedingt recht zu haben, sondern recht zu behalten, sind enorm. Hasstiraden sind keine Seltenheit, eindeutige Positionen führen oft zu Shitstorms und kollektivem Shaming, und die US-amerikanischen Tabloid-Medien benutzen nicht von ungefähr martialisches Vokabular, wenn sie diese Duelle beschreiben: »He absolutely destroyed him with his tweetstorm«, heißt es dann.

Verena Bahlsen, Großenkelin von Bahlsen-Gründer Hermann Bahlsen, erfuhr am eigenen Leib, wie rasch und brutal sich der Zorn des Online-Mobs bündeln und entladen kann.[15] Um es deutlich zu sagen: Ihre Äußerungen im Frühjahr 2019 waren unbedacht, wenn nicht sogar töricht. So begann sie einen Auftritt auf der Online-Marketing-Rockstars-Konferenz in Hamburg (direkt im Anschluss an Juso-Chef Kevin Kühnert, der zum damaligen Zeitpunkt gerade den Sozialismus als realistische Alternative zum Kapitalismus in die öffentliche Debatte eingebracht hatte) mit dem flapsigen, selbstironisch gemeinten Statement, dass ihr ein Viertel des Süßwarenherstellers Bahlsen gehöre, und dann im Wortlaut: »Ich will Geld verdienen und mir Segelyachten kaufen von meiner Dividende und so was.«[16] Damit wollte sie im Grunde jedoch nur transparent sein, um Glaubwürdigkeit herzustellen und sich Gehör zu verschaffen für ihre eigentliche Botschaft: dass der Kapitalismus nicht per se problematisch sei, sondern, gepaart mit sozialer Mission, große Chancen böte, um die Welt zu verbessern. Wer sich ihren ganzen Vortrag auf YouTube anschaut, wird feststellen, dass ihre Argumentation das genaue Gegenteil ist vom Klischee des arroganten, gleichgültigen, profitgierigen Unternehmers. Verena Bahlsens Glaube an Kapitalismus als Vehikel für sozialen Fortschritt kann man als naiv abtun oder als Marketingfloskel, aber wer sie einmal persönlich kennengelernt hat, weiß, dass sie das ernst meint. Und schließlich sagt sie damit auch nichts anderes als viele Führungskräfte, die dafür bejubelt werden, wenn sie von der sozialen Verantwortung von Unternehmen reden.

Als das *Handelsblatt* jedoch in einem Bericht über die Konferenz das Jacht-Zitat aufgriff, schlug Verena Bahlsen sofort eine Welle der Empörung entgegen. Was für eine Überheblichkeit von einer jungen Frau, die ihren Reichtum geerbt und noch nie etwas geleistet hat! Die Backwaren-Enkelin, die als Unternehmerin eine Food-Innovations-Community in Berlin betreibt, wurde in der Öffentlichkeit auf einmal zum Inbegriff der realitätsfernen, elitären Unternehmererbin, die in ihrem Elfenbeinturm sitzt und die Chuzpe besaß, den Rest der Bevölkerung über »guten Kapitalismus« aufzuklären.

Noch schlimmer wurde die Geschichte, als sie in einem *Bild*-Interview dann darauf angesprochen wurde, ihre Familie hätte ja ihr Vermögen unter anderem auf dem Rücken von Zwangsarbeitern im »Dritten Reich« angehäuft, und sie behauptete, dass das Unternehmen Zwangsarbeiter behandelt hätte wie alle anderen Arbeiter und man Entschädigungszahlungen geleistet habe, mit denen sämtliche Ansprüche abgegolten seien.[17] Das war nicht nur faktisch falsch, wie sich prompt herausstellen sollte, sondern auch ignorant.

Der Shitstorm wurde daraufhin geradezu hysterisch, die Presse, vom *Schwäbischen Tagesanzeiger* bis hin zur *New York Times,* berichtete über die skandalösen Worte der Bahlsen-Erbin, und online entlud sich die Wut in #Boycott-Bahlsen-Aufrufen.[18] Bahlsen sah sich gezwungen, ihre Äußerungen zu korrigieren und sich zu entschuldigen.

Eine unbekümmerte Frau mit Visionen und großen Ideen, die etwas zu forsch aufgetreten war, war zurechtgestutzt worden, gescheitert an ihrer eigenen Unbedachtheit, zweifelsohne, aber eben auch an der Hau-drauf-Reaktion einer dauererhitzten medialen Öffentlichkeit. Sie teilte dieses Schicksal als Verliererin mit ihrem Vorredner auf der Hamburger Konferenz, auf der ihre Skandalgeschichte begonnen hatte: Kevin Kühnert. Auch seine Thesen, die er schon Wochen vor der Konferenz präsentiert hatte, sorgten für ein gewaltiges Medienecho, und er musste sich neben einiger Zustimmung zahlreiche belehrende Worte von älteren Politikern und Führungskräften anhören, die ihm Naivität vorwarfen.[19]

Kühnert warb für eine Neubewertung des Sozialismus, Bahlsen für eine Neuausrichtung des Kapitalismus. Beiden waren Fehler unterlaufen. Aber beide machten sich immerhin Gedanken zur Zukunft Deutschlands und versuchten Debatten anzustoßen, die geprägt waren von einem tiefen Unbehagen gegenüber dem aktuellen vorherrschenden Kapitalismus. Es ist schade, dass beide Debatten zu Skandalen mutierten. Besser wäre es gewesen, hätte man einer breiteren Öffentlichkeit die Chance gegeben, die Ideen der beiden zu vertiefen und zu diskutieren. Aber da erwarten wir von Twitter und anderen sozialen Medien wohl zu viel.

Recht-haben- und Recht-behalten-Wollen erfahren auf Twitter eine unheilvolle Kongruenz.

Dass es auch anders geht, beweist die »Deutschland spricht«-Initiative der *Zeit*. Der verhärteten ideologischen Fronten überdrüssig, hatte Jochen Wegner, Chefredakteur von *Zeit Online*, mit seinem Team vor der Bundestagswahl 2017 folgende Idee ausgeheckt: Was, wenn wir eine Möglichkeit für persönliche Begegnungen mit Mitbürgern schaffen, deren politische Ansichten völlig konträr sind?

Mit anderen Worten: Was, wenn wir das Internet nutzen, um Menschen aus ihren Filterblasen zu holen und in der echten Welt, hautnah, ein Gespräch mit dem »anderen« zu führen, um dabei die eigene Position zu festigen, zu überdenken, zu relativieren oder womöglich sogar aufzugeben. Wie die meisten guten oder zumindest mutigen Einfälle begann auch diese als Schnapsidee, als eine Art soziales Experiment. Die Neugierde auf das, was der Aufruf auslösen würde, war einfach zu groß, um das mögliche Projekt wieder zu begraben.

Die Initiative »Deutschland spricht« wurde im Mai 2017 gelauncht, und im Juni hatten bereits mehr als 1000 Deutsche teilgenommen und Mitbürger mit entgegengesetzten Ansichten aus ihrer Nachbarschaft, teilweise auch aus anderen Städten, zu einem Vieraugengespräch getroffen.[20]

Aus der Idee wurde eine Graswurzelbewegung. In einem Vortrag in Edinburgh erzählte Wegner, wie überrascht er und seine Kollegen über die Reaktion der Menschen gewesen seien. Es stellte sich heraus, dass die Deutschen durchaus interessiert seien am authentischen Diskurs, am Dialog mit dem anderen. Entscheidend war der Anreiz, so Wegner, Menschen zu treffen, denen man in den eigenen Freundeskreisen und sozialen Netzwerken so nicht begegnen würde – und das auch noch Face-to-Face. Die Organisatoren nannten das Projekt intern gerne einmal »Tinder für Politik«.[21]

Die Aktion wurde ob der starken Resonanz in dreizehn weiteren europäischen Ländern wiederholt, als »My Country Talks«.[22] Der Erfolg war so riesig, dass die Kampagne auf paneuropäische Ebene, am Vorabend der Europawahlen im Mai 2019, übertragen wurde. Der Kick-off fand im Brüsseler Palais des Beaux-Arts statt, wo Wegner erklärte: »Tausende von Menschen aus dreiunddreißig Ländern – aus dem Norden von Norwegen bis zu La Gomera – werden heute einen Fremden treffen aus einem anderen Land.«[23]

Die Menschen in Deutschland begegneten sich – unabhängig von der Europawahl – immer in Zweierkonstellationen, und in der Tat zogen sich Gegensätze an: Der AfD wählende Rentner traf auf den Gender-Studies-Studenten. Der Hochschulprofessor aus Niedersachsen auf die Bäckersfrau aus Hessen. Der Investmentbanker auf den Lehrer, der Klempner auf die Rechtsanwältin. Abtreibungsgegner auf Vertreter für mehr Frauenrechte. HSV-Fan auf St.-Pauli-Fan. CSU wählender Buchhalter auf einen Linke wählenden Kfz-Mechaniker. Europa-Skeptiker auf Europa-Anhänger.

Wegner berichtete, dass die Mehrheit aller Begegnungen sehr respektvoll verlaufen sei, trotz zum Teil intensiver, kontroverser Diskussionen. Der Soziologe Armin Falk, der das Projekt wissenschaftlich begleitete, hält das Format für hochwirksam in einer Zeit der »emotionalen Polarisierung«, in der wir, wie er es formuliert, »tendenziell Personen, die andere politische Überzeugungen haben, geringer schätzen als früher«.[24] Als einen der Hauptgründe für diese Entwicklung nennt er das wachsende soziale Ungleichgewicht in der Form von steigenden Mieten und Lebenshaltungskosten. Das habe dazu geführt, dass viele schlechter verdienende, oftmals Menschen der Mittelschicht dazu gezwungen wurden, an den Stadtrand oder in die Provinz zu ziehen. Städte würden zunehmend von der Oberschicht bewohnt werden oder ihren Kindern, die mit dem Geld der Eltern in Berlin oder München studieren. Berücksichtige man dann noch das Ost-West-Gefälle und hartnäckige Vorurteile auf beiden Seiten, lassen sich auch in Deutschland Symptome finden, die wir häufig andernorts beobachten: schwindende gesellschaftliche Solidarität, zunehmender

Sozialneid, Wut auf die »Gewinner«, auf die, die es besser haben. Das Resultat: eine zunehmend fragmentierte, wenn nicht sogar atomisierte Gesellschaft, die in immer homogenere Blasen zerfällt und den Austausch mit dem Andersdenkenden, Anderslebenden nur noch selten wagt. Vor diesem Hintergrund fand die von Falk betreute Studie heraus, dass die »Deutschland spricht«-Begegnungen tatsächlich geholfen hatten, die wachsende gesellschaftliche Kluft zu überbrücken.[25] Schon ein zweistündiges Vieraugengespräch kann Vorurteile abbauen und emotionale Nähe schaffen. Was man sich auf Twitter sagt, wenn die Wellen hochschlagen, sagt man sich eben doch eher selten ins Gesicht.

Diese Schlüsse decken sich mit den Studien des Beziehungsforschers John Gottman. Die »flüchtige emotionale Bindung« ist als Mittel gesellschaftlicher Bindung nicht zu unterschätzen. Genauso wie Mikro-Aggressionen zu Gefühlen von Erniedrigung und Ausgeschlossensein führen können, kann eine Mikro-Zuneigung das Gegenteil bewirken – ein Gefühl der Solidarität, der unbedingten Gegenseitigkeit, das die Welt nicht in Gewinner oder Verlierer einteilt, sondern lediglich in gute und schlechte Verlierer.

An dieser Stelle scheint es sinnvoll, sich ein wenig mehr über Donald Trump auszulassen. Trump ist die Inkarnation des schlechten Verlierers, nicht nur weil er sowohl bei einem Sieg als auch bei einer Niederlage seinen Kontrahenten keinen Respekt zollt, sondern weil er das Verlieren schlichtweg nicht kennt. Seine Botschaft variiert er dann in bis zu 200 Tweets am Tag auf Twitter: »I'm a winner.« – »They are losers.«

Twitter strebt übrigens von sich aus nun an, die Qualität der Inhalte und Interaktionen auf seiner Plattform zu verbessern. Twitter-CEO Jack Dorsey will neue Messinstrumente entwickeln, um die »Gesundheit« einer Konversation analysieren und entsprechend optimieren zu können.[26] Es bleibt abzuwarten, ob dies Früchte trägt und zu einem zivileren Diskurs führt – oder zu einer Sozialkonditionierung und Verengung menschlicher Ausdrucksformen.

Die Herausforderung für Twitter wird sein, abweichende Meinungen und Dissens zu managen, ohne die Absurdität und plattformeigene Originalität, die so typisch und essenziell für menschliche Kommunikation ist, zu verlieren. Wenn wir nicht mehr kommunizieren können, nur um zu kommunizieren, wenn Konversation nur noch in den geregelten Bahnen »gesunder Interaktionen« erfolgen kann, können wir auch nicht mehr verlieren.

Um schlechten Verlierern auf Twitter und anderswo konstruktiv zu begegnen, wird keine KI-basierte Zensur helfen, kein sanftes Nudging. Was wir brauchen, sind vielmehr Strategien des Verlierens, auf die ich im Folgenden näher eingehen werde: entweder Verzicht oder Abstinenz, oder eine emotionale Widerstandsfähigkeit, die unsere Identität in verschiedene Ichs aufsplittet. Oder eine ostentative Verletzlichkeit, eine Ehrlichkeit, bei der wir zugeben, wenn uns wehgetan wird, wenn wir Erniedrigungen erleben, auch wenn sie noch so kleinster Natur sein sollten.

Feminin führen

Die Diktatur der Gewinner – das ist vor allem auch die Diktatur der weißen Männer, die Karriere gemacht haben, weil sie bereitwillig von ihren (oft geburts- und herkunftsbedingten) Privilegien profitiert haben; weil sie im richtigen Moment (das heißt, eigentlich immer) vorgeprescht sind, sich behauptet haben; andere, vor allem Frauen, bei Meetings oder sozialen Anlässen unterbrochen haben; lauter gesprochen haben als alle anderen im Raum, mit tiefer Stimme und dem »Brustton der Überzeugung«. Oder es sind Frauen, die diese »Alphatier«-Verhaltensweisen nachgeahmt haben, im Versuch, den »Confidence Gap«[27] zu füllen und eben genau jene Qualitäten zu demonstrieren, die Männern ihre Karriere ermöglicht haben. Ihnen wurde geraten, dass sie ihre Ambitionen ebenso aggressiv verfolgen sollten und dass Sichentschuldigen ein Zeichen der Schwäche ist.

Aber wie erstrebenswert ist das? Die britische Journalistin und Autorin Ruth Whippman weist in einem bemerkenswerten Aufsatz für die *New York Times* auf Studien hin, die besagen, dass Frauen keinesfalls zu selten Gehaltserhöhungen fordern – sie bekommen sie einfach nur nicht.[28] Der »Wage Gap« sei kein »Confidence Gap«: Der Mangel an Egalität ist kein Mangel an weiblichem Selbstbewusstsein, auch wenn uns dies Selbsthilfeliteratur und nicht zuletzt Sheryl Sandbergs Buch *Lean In. Frauen und der Wille zum Erfolg* gerne einbläuen würden. Eklatante strukturelle Ungleichheiten lassen sich eben nicht allein durch Körpersprache ausgleichen, so kommentierte dies Anand Giridharadas sarkastisch.[29]

Die Diktatur der Gewinner – das ist die Glorifizierung oder zumindest (materielle) Wertschätzung des Maskulinen am Arbeitsplatz und in der Gesellschaft insgesamt. Wir betrachten es zwar (zu Recht) als Erfolg, wie Whippman schreibt, wenn mit der US-Amerikanerin Jennifer Morgan eine Frau zur Co-Vorstandsprecherin des global operierenden SAP-Konzerns wird, nicht aber, wenn Männer Pflegeberufe erlernen oder sich als Hausmänner vor allem um die Erziehung ihrer Kinder kümmern, während ihre Frauen einer Vollzeitbeschäftigung nachgehen. Wir belohnen Verhaltensweisen, die wir als maskulin betrachten – Durchsetzungsvermögen, Kompromisslosigkeit, Selbstvertrauen,

Härte, Sturheit, Aggressivität, Unnachgiebigkeit. Jahrzehntelang wurde Frauen erklärt, sie müssten das Spiel mitspielen und sich »zeigen«, »aktiv beitragen«, ihre »Stimme erheben«. Und es wurden »Karrierefrauen« als Vorbilder ausgesucht und zu Feministinnen erklärt, die diese Kriterien zu erfüllen schienen.

Whippman legt die Finger in die Wunde: Nicht mangelndes Selbstbewusstsein von Frauen sei das Problem, sondern die Selbstüberschätzung von Männern, angetrieben von einem Übermaß an Testosteron und der Vorstellung, gesellschaftlichen Konventionen genügen zu müssen, die Aggressivität und Selbstbehauptung mit Gewinnen gleichsetzen. Die Folgen davon machen uns dann alle – oder zumindest fast alle – zu Verlierern: von der aus wilden, verantwortungslosen Spekulationen resultierenden Finanzkrise von 2007 (bei der übrigens die einzige sie überlebende isländische Bank von Frauen geleitet wurde[30]) zur Rückkehr der »Strongmen«, der populistischen Machopolitiker in westlichen Demokratien.

Ich erinnere mich an einen Moment mit einem Kunden, einer großen Technologiefirma, in dem wir gemeinsam analysierten, warum intern angebotene Kurse zu Kollaborationsfähigkeit, Selbstwahrnehmung oder Empathie von Frauen weniger nachgefragt wurden. Meine Kollegin kommentierte trocken: »Weil sie diese Kurse nicht brauchen.«

Es gibt einige, die das 21. Jahrhundert zum femininen Jahrhundert erklären, und man kann nur hoffen, dass sie recht haben. Dies impliziert übrigens nicht nur ein »mehr Macht für Frauen«, sondern eine konsequente Feminisierung unserer Unternehmen und Institutionen, einschließlich der Politik. Man darf gespannt sein, wie die neue, weitgehend von Frauen geführte Regierungskoalition in Finnland beides umsetzen wird.[31]

Kristina Lunz, Mitgründerin und Deutschland-Direktorin des Centre for Feminist Foreign Policy in Berlin, fordert eine feministische Außenpolitik, und in Zeiten von Donald Trump und Boris Johnson gewinnt ihr Argument noch einmal mehr an Gewicht als ohnehin schon. Lunz sagt, dass Staaten umso friedlicher agieren, je gleichgestellter Frauen in ihnen sind. Sie zitiert Studien, die belegen, dass der Grad an weiblicher Gleichberechtigung innerhalb einer Gesellschaft mehr darüber aussagt, wie friedlich ein Staat sei, als das Demokratieniveau oder der Wohlstandsindex: »Je eher also Gesellschaften bereit sind, Frauen zu unterdrücken, desto eher wird Gewalt gegenüber anderen Staaten als valide Handlungsoption angesehen.«[32] Die von ihr propagierte feministische Außenpolitik zielt darauf ab, die auf patriarchischen Strukturen beruhende Unterteilung in Ingroup und Outgroup zu überwinden und stattdessen die Gemeinsamkeiten aller Menschen zu betonen. Anstelle von Dominanz, Machtstreben und Kontrolle plädiert sie für Empathie und Kooperation.

Ada Colau, Bürgermeisterin von Barcelona, lebt diese Werte vor und ist dabei, eine neue Art von Politik zu prägen. Es ist eine feminine Art des Regierens, und Colau und ihre Anhänger nennen sie Munizipalismus. Ganz bewusst stellen sie Emotionen ins Zentrum ihrer Entscheidungen (anstelle Themen in Wahlkampfkampagnen lediglich zu *emotionalisieren*). »Politik zu feminisieren heißt für mich, mehr kooperative Formen zu finden, die Berufs- und Privatleben verbinden«, so Colau.[33] Die Munizipalisten um sie sind auch stolz auf einen weiteren Aspekt ihrer Philosophie: die Möglichkeit einer »Nicht-Lösung«. Anstatt immer Antworten auf alle Fragen zu haben und Lösungen für alle Probleme, sei es doch ehrlicher, zuzugeben, dass man diese eben nicht habe und angesichts der Komplexität von Sachverhalten mehr Zeit zur Reflexion benötige. Diese Haltung steht in krassem Gegensatz zum Aktionismus und zur »Entscheidungsfreudigkeit« der Managerpolitiker, die wir so gerne vorschnell loben. Auch das bedeutet die Feminisierung von Politik. Auch das leistet Widerstand gegen die Diktatur der Gewinner.

Ähnlich verhält es sich mit der Fähigkeit, sich zu entschuldigen. In der Diktatur der Gewinner gilt: Wer sich entschuldigt, hat verloren. Ist nicht mehr unfehlbar, verliert an Autorität, ist nicht mehr vertrauenswürdig. Keine Frage, die Welt wäre besser, wenn mehr Männer dazu in der Lage oder bereit wären, sich zu entschuldigen; wenn mehr Männer weniger reden würden in Meetings; wenn mehr »Gewinner« damit begännen, Verhaltensweisen zu belohnen, die vielen von ihnen als Domäne von »Verlierern« begreifen.

Die Welt wäre besser, wenn mehr Frauen und Männer das Spiel nicht mehr mitspielen würden. Weniger Macho, mehr Softie, weniger Aggressivität, mehr Sensibilität, weniger Allwissen und Allmacht und Selbstüberschätzung, und mehr Zweifel, mehr Selbstzweifel.

Die Diktatur der Gewinner zu sprengen bedeutet übrigens nicht, dass wir alle nicht mehr gewinnen dürfen oder sollen. Es bedeutet nur, dass wir Gewinnen nicht länger als das Nonplusultra charakterisieren, als die einzige Erfolgsgeschichte, die wir uns erzählen.

Gefordert sind feminine Narrative. Wie sagte die US-amerikanisch-indische Schriftstellerin Aditi Khorana einmal so schön zu mir: »Wenn die Protagonisten der Homer'schen *Odyssee* Frauen wären, hätte man sie als ahnungslose, ineffiziente Zeitverschwender abgetan. Wenn es aber Männer sind, dann nennen wir die *Odyssee* ein Abenteuer.« In ihrem nächsten Roman *Lilith* zeichnet sie das Leben Liliths nach, jener mythischen Figur, die gemeinhin die absolute

Selbstbestimmung der Frau symbolisiert, ihre Rebellion (und die trotz ihrer biblischen Bezüge in der Bibel nirgendwo zu finden ist). Lilith war die erste Frau an Adams Seite, aber beim Sex wollte sie angeblich immer oben liegen, was zum Streit mit ihm führte. Und nach ihrer Weigerung, ihm auch sonst zu dienen oder sich zu unterwerfen, schließlich zum Eklat. Sie flog dann einfach davon. Gott missfiel dies, und als Lilith am Roten Meer eine Beziehung mit dem Dämonen Djinn einging, ließ er jeden Tag hundert ihrer gemeinsamen Kinder töten. Vor Trauer rasend, wurde Lilith selbst zur Dämonin. Die Legende besagt, dass sie die Schlange war, die Adam und Eva letztlich aus dem Paradies vertrieb.

Die Diktatur der Gewinner ahnt, was da auf sie zukommt. Sie zürnt gegen Inbegriffe der neuen Weiblichkeit wie Greta Thunberg, die auf ihre ganz eigentümliche Weise ihre eigenen Narrative erzählen – auch oder gerade auch, wenn dies Geschichten vom Verlust sind.

Verlieren leichter gemacht: das bedingungslose Grundeinkommen

Nach einer Umfrage der Personalberatung Korn Ferry betrachten zwei Drittel aller Firmenchefs nicht mehr ihre Mitarbeiter als ihr wertvollstes Gut, sondern ihre Technologie.[34] Dies konterkariert die »People First«-Bekundungen, die man oft von Firmenchefs hört. Gleichzeitig betrachten die Menschen Arbeit immer noch als höchst bedeutsam. Eine Studie der Bertelsmann Stiftung ergab, dass Arbeit für die Deutschen nach Familie und Partnerschaft der zweitwichtigste Aspekt eines glücklichen Lebens ist.[35] Das ist nicht weiter erstaunlich, verbringen wir doch geschätzte bis zu 75 Prozent unserer wachen Stunden mit Arbeit (und 25 bis 30 Prozent unserer gesamten Lebenszeit).

Menschliche Arbeit bleibt ein Paradox. Wir sind todunglücklich ohne Arbeit, da uns Arbeit Sinn gibt, Bedeutung und Identität; durch sie integrieren wir uns in die Gesellschaft. Und doch ist die Mehrheit der Arbeitnehmer weltweit todunglücklich. Gemäß einer Gallup-Studie von 2019 ist nur ein Drittel voll engagiert. In Deutschland verrichten die meisten Arbeitnehmer (69 Prozent) lediglich Dienst nach Vorschrift (25,59 Millionen). Fast sechs Millionen Arbeitnehmer (16 Prozent) haben innerlich gekündigt. 2,4 Millionen von ihnen sind grundsätzlich offen für einen neuen Job. Mehr als ein Drittel von ihnen ist aktiv auf der Suche. Nur 15 Prozent der Arbeitnehmer berichten von einer hohen emotionalen Bindung an ihren Arbeitgeber. Der volkswirtschaftliche Schaden ist enorm: bis zu 122 Milliarden Euro jährlich.[36]

Die Gallup-Studie brachte auch zutage, dass sich viele Angestellte bei der Digitalisierung von ihren Arbeitgebern alleine gelassen fühlen. Aber nicht nur deswegen haben digitale Technologien durchaus zum geringen Engagement von Mitarbeitern beigetragen, denn trotz New Work, Slack und WhatsApp haben diese Technologien nach wie vor vor allem eines im Sinn: Produktivitätsgewinne durch Effizienzsteigerung. Also wird auf Teufel komm raus optimiert – oft mit der Folge von Stress, Angst, Digital Overload und Burn-out aufseiten der Menschen, die sie benutzen. In seinem Buch *Digitale Erschöpfung* hat der Journalist und Unternehmer Markus Albers diese Symptome treffend beschrieben.

Wir sind erschöpft und enttäuscht von der Digitalisierung. Kein Wunder, dass Rufe nach der Humanisierung der Arbeit lauter werden, dass immer mehr Menschen fordern, den Menschen wieder in den Mittelpunkt zu stellen. Die viel beschworene Humanisierung der Arbeit bedeutet zum einen, die Arbeitsplatzerfahrung menschlicher zu gestalten (dies ist vor allem eine Frage der Unternehmenskultur, die den Faktor Mensch und die spezifischen Bedürfnisse von Menschen berücksichtigt). Zum anderen geht es darum, das Recht auf ein menschenwürdiges Leben vom Zwang der Erwerbstätigkeit zu entkoppeln. Es gilt, jene Arbeit angemessen zu belohnen (nicht nur finanziell, sondern auch psychologisch), die bisher unzureichend bewertet wurde oder gänzlich außerhalb des Marktes stattfand. Es gilt, die Produktivitätsgewinne der Industrie 4.0 sozial gerecht zu verteilen, um die Bildung einer »nutzlosen Klasse« sowie die Vertiefung einer gesellschaftlichen Kluft zwischen Gewinnern und Verlierern zu vermeiden. Was allen klar sein muss, ist, dass Arbeit in ihrer heutigen Struktur, die zu weiten Teilen noch auf den Mechanismen der frühen Industrialisierung beruht, nicht mehr funktioniert und erst recht nicht mehr funktionieren wird in der digitalisierten Plattformökonomie der Zukunft. Die bereits konstatierte zunehmende wirtschaftliche und ergo auch soziale Unsicherheit vieler Bürger in den Industrienationen, die rechte, nationalistisch-populistische Bewegungen speist und sich in wachsendem Fremdenhass und zunehmender Gewaltbereitschaft entlädt – wir müssen ihr mit mutigen Denkmodellen begegnen, die unser Verhältnis zur Arbeit als Existenzgrundlage, als Sinn- und Identitätsstifter radikal neu denken.

Ein solches ist das BGE, das bedingungslose Grundeinkommen, bei dem jeder Bürger, ganz unabhängig davon, wie seine wirtschaftliche Situation aussieht, vom Staat den gleichen Mindestbetrag zur Existenzsicherung bekommt. Die Idee an sich ist nicht neu: Der englische Humanist Thomas Morus hatte sie 1516 in seinem Buch *Utopia* angeregt, und sogar der US-amerikanische neoliberale Ökonom Milton Friedman (in Form einer »negativen Einkommenssteuer«), US-Präsident Lyndon B. Johnson und andere hatten ein bedingungsloses Grundeinkommen vorgeschlagen, um Armut an den Wurzeln zu bekämpfen.[37]

Claudia Cornelsen ist Mitinitiatorin von »Mein Grundeinkommen«, einem Verein, der in Deutschland einjährige Grundeinkommen in Höhe von 1000 Euro monatlich verlost, crowdfinanziert von Unterstützern des BGE. Gemeinsam mit Michael Bohmeyer hat sie die ersten Resultate der Initiative in dem Buch *Was würdest Du tun?* dokumentiert, in dem die beiden Autoren auch die Schicksale von einigen der Grundeinkommensgewinner vorstellen. Alle hatten das Grundeinkommensjahr abgeschlossen oder waren im letzten Monat des einjährigen Experiments. In einem Interview mit dem Wirtschaftsmagazin *Capital* berichtet Cornelsen von ihren Begegnungen: »Alle haben uns von enormen Veränderungen erzählt – verrückterweise, egal wie reich oder arm sie waren. Alle haben uns begrüßt und gesagt: Das hat mein Leben verändert! Sogar weit über das Jahr hinaus.«[38] Cornelsen glaubt, dass das bedingungslose Grundeinkommen »das traditionelle Gegensatzpaar von Egalitarismus und Liberalismus plötzlich miteinander kombiniert«.[39] Und sie hat recht, wenn sie sagt, dass es beim BGE »um mehr als Geld geht«.

Cornelsen und Bohmeyer arbeiten mit einem der leidenschaftlichsten Fürsprecher des BGE zusammen, Götz Werner, Gründer und Aufsichtsratsmitglied der Drogeriekette dm, der das Thema schon seit Jahren einer breiteren Öffentlichkeit zugänglich macht. Auch Richard David Precht machte sich zuletzt für das BGE als Kernbestandteil seiner Utopie von der digitalen Gesellschaft stark.[40]

Alle dies waren Maßnahmen mit gemischtem Erfolg. Obwohl das Thema BGE in den Medien immer wieder diskutiert wird, hat es noch keine wirklich mehrheitsfähige Bewegung ausgelöst, was auch daran sichtbar wird, dass die Partei Bündnis Grundeinkommen, die an der Bundestagswahl 2017 teilnahm, nur 0,2 Prozent der Stimmen erhielt. Auch bei den etablierten politischen Parteien ist die Reaktion bisher zögerlich bis ablehnend. Bündnis 90/Die Grünen und FDP sind offen (vor allem Co-Bundesvorsitzender Robert Habeck[41]), haben sich aber innerhalb der Parteigrenzen noch auf keinen einheitlichen Kurs einigen können. Sie wollen zumindest Pilotprojekte starten, wohingegen CDU und SPD das Konzept bislang strikt ablehnen.[42] Mit ihrer Forderung, Hartz IV durch ein »Bürgergeld« abzulösen, hat die SPD sich zumindest rhetorisch in die Nähe des BGE bewegt, wenngleich sie inhaltlich von einer Bedingungslosigkeit weit entfernt ist.[43]

Es ist verständlich, wenn versucht wird, dem radikalen Vorschlag die Radikalität zu nehmen, um ihn so leichter verdaulich zu machen. Aber die Bedingungslosigkeit ist ja die wichtigste Bedingung für die Wirkungsmacht des bedingungslosen Grundeinkommens. Ein »solidarisches Grundeinkommen«, das in Berlin gestartet wurde – und bei genauer Betrachtung gar keines ist, sondern eine Subventionsmaßnahme für Arbeitslose, die kurzfristig karitative oder soziale Tätigkeiten übernehmen –, verwässert das nur.[44] Ebenso ein »bedingtes Grundeinkommen«, das gekoppelt ist an die Bereitschaft zu arbeiten.

Es fällt schwer, sich durch das Dickicht der unterschiedlichen Einschätzungen einen Weg zu bahnen und beim BGE zu einer eindeutigen Bewertung zu kommen. Es gibt für jedes Pro- ein Kontra-Argument und genug Literatur für die Abschlussarbeiten mehrerer Generationen an Volkswirtschaftlern.[45] Ich will mich hier deshalb auf den für mich wichtigsten Aspekt beschränken: die konzeptionelle Radikalität des BGE, die es zu einer Speerspitze einer neuen Kultur des Verlierens macht.

Für Befürworter wie Cornelsen ist das bedingungslose Grundeinkommen eine extreme, aber probate Alternative zu den angeregten Hartz-IV-Reformen, ein mutiger, innovativer Ansatz, um die Arbeit der Zukunft wirklich neu zu gestalten. Andere halten das BGE für absolut töricht, wenn nicht sogar für gefährlich, und betrachten es als eine nicht finanzierbare Fantasie, um verbitterte Bürger zu befrieden, ohne wirklich ein sozial gerechteres, durchlässigeres System zu schaffen, das mehr Aufstiegsmobilität bietet. Henning Vöpel vom Hamburgischen Weltwirtschaftsinstitut nennt das BGE eine »Stillhalteprämie am Rande des Existenzminimums«.[46] DGB-Chef Reiner Hoffmann warnt davor, »Menschen mit einer Stillhalteprämie aufs Abstellgleis zu stellen«.[47] Und die Gewerkschaften lehnen das BGE ausnahmslos ab.

Aber der Reihe nach: Das häufig wiederholte Argument von Gegnern, dass das BGE Nichtstuer belohne und BGE-Empfänger weniger oder gar nicht mehr arbeiten wollen, ist durch diverse Studien widerlegt worden. Das Mincome-Experiment in Kanada aus den Siebzigerjahren zeigte, dass die einzige Bevölkerungsgruppe, die nach Erhalt des Grundeinkommens weniger gewillt war, einer Erwerbstätigkeit nachzugehen und erst einmal zu Hause blieb, aus jungen Müttern bestand.[48] Familien, die das Mincome-Grundeinkommen erhielten, kamen seltener ins Krankenhaus, hatten weniger Unfälle und Verletzungen als jene, die nicht entsprechend abgesichert waren. Auch die Zahl der mentalen Erkrankungen ging dramatisch zurück. Mehr Schüler schlossen ihre Schulausbildung ab, insbesondere Jungen zwischen sechzehn und achtzehn. Fast alle Teilnehmer befanden sich am Ende des Programms nicht mehr unterhalb der Armutsgrenze.

Experimente wurden nicht nur in Kanada durchgeführt, sondern auch im kalifornischen Palo Alto, von Sam Altman, dem Mitgründer des bekannten Start-up-Inkubators Y Combinator, oder in den Niederlanden. In Finnland wurde 2018 ein einjähriges Experiment beendet (nicht, weil es erfolglos verlaufen war, sondern weil es von vornherein auf einen begrenzten Zeitraum angelegt war). Die Teilnehmer fanden es zwar weder einfacher noch schwerer, Arbeit zu finden, waren aber glücklicher.[49] Die leitende finnische Forscherin Minna Ylikännö erzählte, dass die Testpersonen zudem »ein stärkeres Vertrauen in ihre Zukunft und ihre eigenen gesellschaftlichen Mitwirkungsmöglichkeiten« spürten.

Ein weiterer Einwand gegen das BGE ist die Finanzierbarkeit.[50] Kritiker sprechen von einer verkappten, massiven Steuerreform. Auf der einen Seite erhöhte Unternehmensabgaben oder Einkommenssteuersätze, auf der anderen Seite dann doch nur ein »Almosen«-Betrag. Luke Martinelli vom britischen Institute for Policy Research (IPR) formuliert es wie folgt: »Ein erschwingliches BGE ist unzureichend, und ein angemessenes BGE ist unbezahlbar.«[51] Es wird auch oft die Frage aufgeworfen: Wer erwirtschaftet überhaupt noch die Gewinne, die umverteilt werden können? Weitere Einwände: Sollen Rechtsextreme Grundeinkommen beziehen dürfen? Kriminelle? Reiche oder Sozialhilfeempfänger, die schon seit Jahren nicht mehr ernsthaft gearbeitet haben?

Vehemente Verfechter der Errungenschaften des herkömmlichen Sozialstaats fürchten um die Erosion der mühsam errichteten sozialen Systeme und haben Angst, dass das BGE diese weiter aushöhlt, dass die sorgfältigen

Differenzierungen einem allzu simplizistischen Ansatz zum Opfer fallen, zum Beispiel jene maßgeschneiderten Unterstützungen für besondere Gruppen, etwa Behinderte. Diese Sorgen lassen sich jedoch entkräften: Das BGE ist die Basis, und natürlich lassen sich um es herum weitere spezifischere Zuwendungen konstruieren. Das BGE ist einerseits der große Nivellierer. Und doch werden Unterschiede bestehen bleiben, weil jeder über das Grundeinkommen hinaus zusätzliches Einkommen verdienen kann. Niemand wird weniger verdienen, aber jedes Gehalt wird nun einen garantierten BGE-Sockelbetrag haben.

Auf diese Weise soll ein Großteil der Lohnnebenkosten entfallen. Zudem wird der Sozialstaat entbürokratisiert, weil die Bedürfnislage nicht mehr geprüft werden muss. Das spart viel Geld. Weiterhin verschwinden die Barrieren zwischen den verschiedenen Stufen der staatlichen Sozialleistungen. Die Schwäche von Sozialleistungen ist ja, dass sie stets das Einkommen des Empfängers als Bemessungsgrundlage nehmen. Verdient der Empfänger plötzlich mehr, erlischt sein Anspruch, nicht aber immer die Volatilität seiner Existenz. Das erhöht nicht nur die grundsätzliche Unsicherheit, sondern verringert auch die Motivation, nach höherem Einkommen zu streben, wenn die Differenz zu den vorherigen Sozialleistungen nur gering war und man nach Steuerzahlungen eventuell am Ende sogar noch schlechter dasteht.

Der bürokratische Prozess, der nötig ist, um Sozialleistungen zu genehmigen, fühlt sich zudem oft als Gängelung an, wenn nicht sogar als Erniedrigung. Dankbar sollte man sein für die Zuwendungen der umverteilten Güter, so lautet die implizite Botschaft. Aber von den ohnehin schon Ausgeschlossenen noch Dankbarkeit zu fordern und ihnen ein unterschwelliges Schuldgefühl einzureden, stärkt nicht gerade das Selbstwertgefühl, das so notwendig wäre, um diese wieder besser in den Arbeitsmarkt und somit in die Gesellschaft zu integrieren.

Das BGE kann stattdessen eine Entstigmatisierung bewirken und dafür sorgen, dass die Existenzangst langfristig schwindet und die Menschen positiver der Zukunft entgegenblicken und Eigeninitiative entwickeln können.

Das BGE respektiert uns also gleich zweifach: zum einen, weil es uns nicht zu mehrwertschaffenden Figuren reduziert, sondern unsere Humanität davon abgekoppelt honoriert. Zum anderen geht es davon aus, dass wir mit der neu gewonnenen Freiheit – zum Beispiel den Beruf zu wechseln, ein eigenes Unternehmen zu gründen, als Freelancer zu arbeiten oder unsere Arbeitskraft karitativen, sozialen oder familiären Aufgaben zu widmen – umgehen können. Das BGE setzt auf uns als mündige Menschen und nicht nur als Produktivitätsfaktoren, und das ist in einer Zeit, in der Produktivität zunehmend automatisiert wird, keinesfalls wertlos.

Außerdem verschiebt das BGE den Fokus vom Geldverdienenmüssen aufs Was-will-ich-aus-meinem-Leben-Machen. Es kann in der Tat der Vorbote einer anderen Gesellschaft sein. Es verkörpert die Hoffnung, dass wir unsere Realität tatsächlich selbst gestalten können und nicht einfach nur von den Maschinen, von der Logik der Märkte überrannt werden.

Das ist das wirklich Bahnbrechende: Das BGE bedeutet die Möglichkeit einer Welt, in der Arbeit eine radikal andere Rolle spielen kann als bisher. Im Gegensatz zu Modellen wie Hartz IV bietet es den Menschen eine optimistische Perspektive, eine echte Alternative.

Es lohnt sich auch hier der Blick über den Atlantik, wo das BGE als Universal Basic Income (UBI) mittlerweile breit diskutiert wird, was nicht zuletzt dem demokratischen Präsidentschaftskandidaten Andrew Yang zu verdanken ist. Bei einem Networking-Event im März 2018 in San Francisco erlebte ich ihn als noch unerprobten, ungeübten Politiker, etwas steif und nur wenig charismatisch. Aber mit seiner klaren Fokussierung auf die Folgen von Automatisierung gewann er seitdem mehr und mehr öffentliche Aufmerksamkeit. Die sich in den USA bald formende »Yang Gang« – ein landesweites Netzwerk an aktiven und passiven Unterstützern – entwickelte sich zum Internet-Meme. Und aufgrund zahlreicher Spenden gelang es Yang sogar, sich für weitere TV-Debatten der Demokraten zu qualifizieren – ein respektabler Erfolg für einen bis dahin weitgehend unbekannten Unternehmer, der zudem noch mit einer gerade für amerikanische Verhältnisse äußerst provokanten Idee aufwartete.

Yang bezeichnet sich selbst als »das genaue Gegenteil von Donald Trump: ein Asiate, der gut in Mathe ist«, und benennt mit deutlichen Worten die sozioökonomischen Folgen von KI und Automatisierung.[52] Vier Millionen Fabrikjobs wären in den USA bereits durch Robotik und KI ersetzt worden, so führt er an, Hunderttausende alleine in Detroit, der einst stolzen Metropole der US-Automobilhersteller und Hauptstadt von Michigan, einem sogenannten Swing State, der in der Präsidentschaftswahl 2016 an Donald Trump ging (was mit wahlentscheidend war). Yang sieht als einzigen Ausweg aus den ungerecht verteilten Produktivitätsgewinnen ein bedingungsloses Grundeinkommen, er nennt es »Freedom Dividend« (schließlich sind wir in den USA, und es geht immer um »Freedom«). Seine »Freedom Dividend« würde jedem Amerikaner monatlich 1000 US-Dollar Grundeinkommen zusichern. Das Budget dafür, so Yang, würde er aus dem Schließen von Steuerschlupflöchern sowie einer höheren Besteuerung von Besserverdienenden finanzieren.

Ähnlich argumentiert der in New York lebende Deutsche Albert Wenger, der als Partner für die Venture-Capital-Firma Union Square Ventures – unter anderem einer der ersten Investoren in Twitter – tätig ist. In seinem Buch *World After Capital* macht er sich stark für UBI (er schlägt wie Yang monatlich 1000 US-Dollar vor), um eben jene Grundbedürfnisse abzudecken, die es uns erlauben, uns weiterzubilden und Arbeit zu verrichten, die wirklich Wert schafft. Menschen hundert Prozent ihrer Zeit zu geben und sie dann selbstständig entscheiden zu lassen, wie sie diese produktiv einsetzen, sei ein zutiefst humaner Akt der Emanzipation, der zu mehr Kreativität, mehr Innovation und zu florierenden Gesellschaften führen werde. Finanzierbar sei das Modell allemal: Wenger rechnet vor, dass die Finanzierung von UBI in den USA rund drei Billionen US-Dollar kosten würde – eine stolze Summe, der er jedoch die sechs Billionen US-Dollar an Steuereinnahmen des US-Zensus gegenüberstellt. Allein die Umverteilung bestehender Budgets könne also UBI finanzieren. Darüber hinaus glaubt er, dass gezielte Steuererhöhungen, eine Reform des Bankensystems sowie der durch UBI vergrößerte Pool an produktiver (und besteuerbarer) Arbeitskraft das Modell finanzierbar machen.

Die Antwort von BGE-Befürwortern in Deutschland und in anderen europäischen Ländern auf die Finanzierungsfrage fällt ähnlich wie bei Yang oder Wenger aus.[53] Die geschätzt rund 82 Milliarden Euro pro Monat – oder jährlich eine Billion Euro –, die für ein BGE von monatlich 1000 Euro hierzulande nötig wären, entsprechen in etwa dem gesamten Sozialbudget des Bundeshaushalts. Die Billionen könnten durch eine Umverteilung bestehender staatlicher

Sozialausgaben (wie Hartz IV oder Kindergeld), durch eine Anhebung von Steuern wie der Vermögens- oder Unternehmenssteuer und nicht zuletzt durch eine Finanztransaktionssteuer finanziert werden. So oder so ist doch klar: Es ist genug Geld da für das BGE, und letztlich ist es eine Frage der Mittelallokation, sprich: des politischen Willens, ob sie durchgesetzt werden kann. Allerdings gehen die Meinungen über einen derart drastischen Eingriff in die Sozial- und Steuersysteme natürlich weit auseinander.

Das wirklich Spannende und gleichzeitig Sperrige am BGE ist seine kulturelle Sprengkraft: Es stellt unser Denken auf den Kopf, löst die Rolle von Arbeit von der normativen Idee der Aufstiegsgesellschaft los und entwirft ein Modell von Vergütung, das sich eher an einer Abstiegsgesellschaft orientiert. Das mag man als Resignation betrachten – oder als Anerkennung einer neuen Realität und den Ausdruck eines humaneren Menschenbilds. Die meisten Kritiker des BGE wollen immer noch mehr Menschen zu Gewinnern machen, während das Reizvolle und Radikale an ihm eben ist, dass es mehr Menschen erlaubt, Verlierer zu sein.

Die Vorstellung einer Gesellschaft, in der alle gewinnen und sich alle als Gewinner fühlen, ist eine irreführende Utopie, ganz gleich, welches System dies verspricht. Der Wunsch nach einer Gesellschaft, in der wir alle verlieren können, ohne uns als Verlierer zu fühlen, ist dagegen nicht nur ein erstrebenswertes Ideal, sondern ein moralischer Imperativ.

Befürworter des BGE sind dabei keine Anti-Gewinner. Sie wollen nicht dem Ende des Wettbewerbs das Wort reden – der bietet uns bekanntlich die Möglichkeit, »gemeinsam nach etwas zu streben«, wie es in der wörtlichen Übersetzung des lateinischen *competere* heißt. Sie wollen allerdings infrage stellen, welchen Wert wir beiden Seiten der

Medaille, dem Gewinnen und Verlieren, zusprechen, und in welchem Wettbewerb wir wetteifern, welches Spiel wir eigentlich spielen.

Trotz alledem tun wir Deutschen uns mit dem BGE schwer. Das war zu erwarten. Schließlich ist unsere persönliche Identität sehr stark mit unserer professionellen Identität verknüpft, gerade auch weil eine kulturelle oder gar eine nationale Identität uns nach zwei Weltkriegen und dem Naziterror als unmöglich erschien. Wirtschaftswunder, Exportweltmeister, Made in Germany, deutsche Ingenieurskunst, eine sichere Anstellung, ein Doktor im Titel, eine progressive Karriere, überlegtes Handeln, pragmatische Entscheidungen, der eigene Wohlstand als die Früchte harter, ehrlicher Arbeit, das Haus mit Vorgarten, das Auto. Wer in Deutschland gewinnt, soll es sich verdient haben. Das BGE stößt mitten in diesen pragmatisch-meritokratischen Grundkonsens der deutschen Gesellschaft hinein, die sich zwar digital transformieren, aber nicht wirklich ändern will, und schon gar nicht, was die Rolle der Arbeit für das eigene Selbstwertgefühl betrifft. Eine andere Form der Belohnung von Arbeit scheint zwar unausweichlich, aber das BGE wird, wenn überhaupt, wohl hierzulande nur graduell einzuführen sein.

Und doch will das Verlieren gelernt sein! Wenn nicht durch das bedingungslose Grundeinkommen auf staatlicher Ebene, dann eben auf unternehmerischer. Der deutschen Wirtschaft, den Industriekonzernen, Mittelständlern, kleinen Dienstleistern und Handwerkern und nicht zuletzt Start-ups, kommt dabei eine besondere Rolle zu, gerade weil sie Vorbildfunktion hat und jeden Tag ein beträchtliches Stück deutscher Identität und Wirklichkeit schafft.

Unternehmen

In ihrer Rolle als Stifter von Identität, Sinn und sozialer Intimität können Unternehmen uns am Arbeitsplatz mit dem anderen verbinden und Vorbilder sein, wenn es ums Verlieren geht. Mehr als jeder andere gesellschaftliche Akteur haben sie die Macht und die Verantwortung, alte und neue Werte miteinander zu kombinieren und eine andere Definition von Erfolg zu ermöglichen und zu verkörpern.

Die Sehnsucht nach einem alternativen Wirtschaften ist immer auch die Sehnsucht nach einem anderen Leben, und diese Sehnsucht, unabhängig von den tatsächlichen Lebensverhältnissen, lässt sich nie ganz stillen. Nur selten jedoch entspricht diese der eigenen Bereitschaft, wirklich selbst etwas zu riskieren, selbst etwas in die Waagschale zu werfen. Immer wieder begegne ich bei meiner Arbeit mit Kunden oder bei Firmenbesuchen der nackten Angst, ist die Tür, die soeben erst geöffnet wurde, schon wieder mehr oder weniger zu: »Sachzwänge« – »Wir sind noch nicht so weit« – »Wir müssen erst einmal die Basics hinbekommen«.

Auch Unternehmen müssen lernen zu verlieren, sich von Grund auf neu zu orientieren. Nur so können sie uns dabei helfen, unseren Platz in einer neuen Gesellschaft zu finden.

Standhaftigkeit statt Fake Change

Der Oxfam-Report, jedes Jahr kurz vor dem Weltwirtschaftsforum in Davos veröffentlicht, beschreibt seit einiger Zeit eine eklatante und zunehmende weltweite soziale Ungleichheit.[54] Demnach besitzen die 26 reichsten Menschen der Welt mehr als die Armen dieser Welt (insgesamt 3,8 Milliarden) zusammen. Ein Prozent der Weltbevölkerung kontrolliert 44,8 Prozent allen Reichtums. Und das soziale Gefälle nimmt zu: Während der Reichtum der 2200 Milliardäre auf der Welt 2018 um zwölf Prozent stieg, wurden die 3,8 Millionen Armen um elf Prozent ärmer. Wenn sich der reichste Mann der Welt, Jeff Bezos von Amazon, endlich dazu durchringt, seinen Lagerarbeitern den Mindestlohn zu zahlen und dafür auch noch Lob erhält, sagt dies einiges über die Wahrnehmung der gesellschaftlichen Verantwortung von Unternehmen aus.[55]

Anand Giridharadas kreidet diese Missstände in seinem Buch *Winners Take All* an und bezichtigt die Wirtschaftsbosse der heuchlerischen Doppelmoral. Zwar seien sie dabei, wenn es gilt, Social-Impact-Programme zu finanzieren und damit der Gesellschaft etwas zurückzugeben, aber »niemals sind sie dazu bereit, weniger zu nehmen« – also Steuern zu zahlen, Zuliefererketten nach ethischen Kriterien zu gestalten, Angestellte fair zu bezahlen oder weniger Emissionen zu produzieren, wenn dies auf Kosten der Gewinnmaximierung erfolgen müsste.[56] Für die vielen Corporate-Social-Responsibility-Programme hat Giridharadas vorwiegend Hohn übrig, tituliert sie als »Fake Change«. Damit traf er einen Nerv – gerade auch unter wirklich sozial gesinnten Unternehmern, die begannen ihre eigene Tätigkeit kritisch zu hinterfragen, insbesondere die vielen Kompromisse und Konzessionen, die sie regelmäßig eingehen, um im Spiel um Einfluss und Wandel überhaupt teilnehmen zu können.

In den USA sorgte im August 2019 der Business Roundtable, ein einflussreiches Netzwerk, für Schlagzeilen, als nämlich die 181 mächtigsten CEOs, die dem exklusiven Klub angehören, eine gemeinsame Erklärung verabschiedeten, in der sie sich vom Diktat des Shareholder Values, vom

Prinzip der unbedingten Gewinnmaximierung für Anteilseigner, verabschiedeten.[57] Stattdessen sprachen sie sich für eine neue Definition von unternehmerischem Erfolg aus, die die Interessen aller Stakeholder berücksichtigen soll.

Von einigen überschwänglich gelobt, von anderen als reines Lippenbekenntnis zu PR-Zwecken verspottet, stellte die Erklärung zumindest einen symbolischen Einschnitt dar. Dass Unternehmen dem Gemeinwohl dienen sollen, ist natürlich keine neue Idee. Schon US-Management-Guru Peter Drucker forderte das in den Neunzigerjahren und legte den Grundstein für die heutige Purpose-Diskussion.[58] Klaus Schwab, der Gründer und Vorsitzende des Weltwirtschaftsforums, betont seit geraumer Zeit die Notwendigkeit eines Multi-Stakeholder-Dialogs und hat das Forum entsprechend darauf ausgerichtet.[59] Trends wie Corporate Social Responsibility oder Corporate Citizenship, die meist von den Personal- und Marketingabteilungen der Unternehmen vorangetrieben wurden, entsprangen dem Aufkommen und der wachsenden Relevanz von Unternehmensethik. Social Enterprises, die bewusst Gewinnmaximierung mit sozialem Impact verbinden, boomen und werden von Netzwerken wie den Ashoka Changemakers gefördert.[60] Das B-Team um Virgin-Gründer Richard Branson und den ehemaligen Puma-Chef Jochen Zeitz propagiert ähnliche Ansätze.[61]

In Deutschland zählt Dr. Michael Otto, Gründer des Handelsunternehmens Otto Group, zu den prominentesten Fürsprechern der sozialen Verantwortung von Unternehmen.[62] Und die Schaffung sogenannter B Corps von Unternehmen, die sich nachweislich dem Gemeinwohl verschreiben und dies entsprechend in ihrer Strategie verankern, gewinnt immer mehr an Popularität.[63] B Corp steht für »Certified Benefit Corporation«, und das Motto der Bewegung ist: »Use business as a force for good.« Über 1600 Unternehmen aus 47 Ländern und 130 Branchen sind weltweit Mitglieder, darunter der brasilianische Kosmetikhersteller Natura, der globale Nahrungsmittelkonzern Danone, die Non-Profit-Nachrichtenplattform Associated Press oder die Outdoor-Marke Patagonia. Hierzulande ist unter anderem die deutsche Niederlassung der Triodos Bank dabei oder das Beratungsnetzwerk TheDive. Alle verpflichten sich freiwillig, hohe ökologische und soziale Standards zu befolgen.

Von den B Corps kam dann auch eine öffentliche Replik auf die vollmundige Erklärung der CEOs des Business Roundtable. Die B-Corp-Firmen schalteten eine ganzseitige Anzeige in der *New York Times*, in der sie darauf hinwiesen, dass sie viele der von den CEOs angesprochenen neuen Werte und Verhaltensweisen schon längst praktizierten.[64] Zugleich warben sie darum, sich ihrer Mission anzuschließen. Nicht ohne Süffisanz betitelten sie die Anzeige: »Let's get to work!«. An die Arbeit!

Revolutionär ist das Statement der US-amerikanischen Top-CEOs also nicht, wohl aber richtungsweisend. Denn nie zuvor hatten sich so viele der höchsten Unternehmensbosse des Landes gemeinsam so eindeutig für einen Paradigmenwechsel ausgesprochen. Ob die plötzliche Abkehr der 181 CEOs aus dem Eliteklub nun echter moralischer Überzeugung oder dem Wissen um die Erosion ihrer gesellschaftlichen Legitimität entsprungen war, eines scheint klar: Die Gewinnorientierung für Anteilseigner, die lange unter Wirtschaftsdenkern und -lenkern als heilig galt, steht plötzlich auf dem Spiel und damit der Kern der neoliberalen Ideologie. Einer ihrer Gründungsväter, Milton Friedman, hatte einst den folgenreichen Satz geprägt: »The social responsibility of a business is profit.«[65] (»Die gesellschaftliche Verantwortung des Unternehmers besteht darin, Gewinn zu machen.«) Die Maximierung von Shareholder Value war das Nonplusultra, im Glauben, dass die Profite der Wirtschaftselite automatisch zu höherem materiellem Wohlstand für den Rest der Bevölkerung führen. Doch das blieb weitgehend Illusion. Selbst die Steuererleichterungen, die Präsident Trump 2017 erließ, nutzen Unternehmen vor allem dazu, Aktienanteile zurückzukaufen, um sich selbst stattliche Boni auszahlen zu können.[66]

Das Gewinnen-um-jeden-Preis-Prinzip ist nunmehr obsolet und steht zur Disposition. Der »Economic Man«, getrieben von Eigeninteresse und Gier, ist, wie der Ökonom Sir Paul Collier befindet, tot.[67] Die neoliberale Wachstumsdoktrin mit ihrer absoluten Gewinnmaximierung ist nicht mehr zeitgemäß und findet so kaum noch Rückhalt in der Gesellschaft. Aber das Erstaunliche ist: Trotz alledem dominiert diese Doktrin immer noch unsere Gesellschaft. Die wirkliche Tragödie der Gewinner ist nicht das Verlieren, sondern dass sie glauben, immer noch zu gewinnen, wenn sie denn in Wahrheit schon am Verlieren sind.

Wir brauchen daher eine viel grundlegendere Debatte darüber, was wir als wertvoll betrachten und wie wir Erfolg entsprechend definieren. Wenn durch Automatisierung massenhaft Arbeitsplätze wegfallen und dies, wie eine jüngste Studie des Brookings-Instituts prophezeit, vor allem Besserausgebildete und Besserverdienende treffen wird, sprich die Mittelschicht, der es wirtschaftlich (noch) gut geht, die aber nicht genug Wohlhaben angereichert hat, um nicht mehr erwerbstätig sein zu müssen, dann haben Unternehmen eine ganz neue Verantwortung: nämlich nicht nur an die Gesellschaft zurückzugeben, sondern die Gesellschaft zusammenzuhalten.[68] Dies muss beinhalten, dass Unternehmen ihre Mitarbeiter rechtzeitig »reskillen« oder, falls dies nicht gelingt, sie »sozialverträglich«, will sagen, menschlich, mit Anstand und Würde, aus der Anstellung heraus und in ein neues berufliches Kapitel zu führen. Es bedeutet aber auch, dass Unternehmen sich darüber bewusst sind, dass sie selbst Gesellschaft sind, ja, dass sie ein großes Stück Gesellschaft schaffen, jeden Tag.

Ein Mitarbeiter eines deutschen Familienunternehmens sagte mir einmal: »Ich gehe jeden Morgen zur Arbeit und versuche uns wettbewerbsfähiger zu machen. Denn ich weiß, dass wenn es solche Unternehmen wie unseres nicht mehr geben wird, dann wird es auch unsere Form der Gesellschaft nicht mehr geben.«

Das Unnötige, das so nötig ist

Die Wirtschaft ist das wichtigste Betriebssystem unserer Zeit. Als das wichtigste Gateway zum anderen hat sie seit der Antike fremde Kulturen entdeckt. Die Wirtschaft ermöglicht es uns – durch Innovation und Unternehmertum –, uns andere Welten vorzustellen und sie zu verwirklichen. Sie zwingt uns geradezu dazu, mit anderen zusammenzuarbeiten und Empathie zu entwickeln. Unternehmen sind entscheidende Container für die Frage nach dem guten Leben und was es bedeutet, ein Mensch zu sein. Sie sind das letzte große Abenteuer für Gewinner, die letzte große Heimat für Verlierer.

Aber damit das auch so bleibt, muss sich ändern, wie wir unsere Unternehmen gestalten und unsere Arbeit verrichten. Wenn nämlich KI und Roboter all das, was effizient gemacht werden muss, noch effizienter erledigen als wir Menschen, dann bleibt als wichtigste Arbeit für uns Menschen nur die Art von Arbeit, die schön gemacht werden muss.

Was genau bedeutet das?

Einst habe ich als Marketingleiter bei einem Unternehmen gearbeitet, das aus der Fusion zwischen einer IT-Outsourcing-Firma und einer Design-Agentur hervorgegangen war. Wir brachten 9000 Softwareentwickler aus Indien mit 1000 Kreativen aus Kalifornien zusammen. Um diese beiden immens unterschiedlichen Kulturen zu vereinen, hatten wir eine dritte Marke als neue Dachmarke geschaffen, die über beide Firmenkulturen hinweg eine neue gemeinsame Identität stiften sollte. Die neue Markenfarbe sollte Orange sein. Kurz vor dem Launch der neuen Marke beschlossen wir dann allerdings, einen vergleichsweise geringen Budgetposten zu streichen: den Kauf von mehr als 10 000 orangefarbenen Ballons, die wir an alle Mitarbeiter weltweit hatten verteilen wollen. Tausende von Ballons schienen zwar eine nette Geste zu sein, aber letztlich waren sie, wie es der CFO, der Chief Financial Officer, ausdrückte, nicht »mission-critical«.

Heute weiß ich, dass unsere damalige Entscheidung den Anfang vom Ende markierte. Weiß, dass diese zwei sehr unterschiedlichen Firmen niemals eins werden konnten. Und tatsächlich scheiterte die Fusion. Etwa, weil es keine orangefarbenen Ballons gab? Natürlich nicht. Aber die »Kill the orange ballons«-Mentalität durchdrang alles andere. Sie war wie Gift. Man merkt es nicht immer sofort, aber wenn wir das Unnötige streichen, streichen wir alles. Die Differenz zwischen dem Unnötigen und dem Nötigen, das ist Kultur. Also, was immer Sie auch machen, streichen Sie nicht Ihre orangefarbenen Ballons!

Einfach ist dies nicht. Denn digitale Technologien haben den Schwerpunkt unserer Arbeit noch stärker auf das Resultat verschoben. Tätigkeiten, die rein ergebnisorientiert sind, sind aber nicht nur leichter zu automatisieren, sie sind auch schwieriger zu moralisieren. Wer Arbeit von hinten denkt (»Wichtig ist, was dabei rauskommt«), der ist von vornherein etwas großzügiger beim Wie und lockert gegebenenfalls seine ethischen Mindeststandards. Ein Zen-Gärtner, der Steine kehrt, weiß hingegen, dass die Qualität seines Tuns sich in jeder einzelnen Handlung manifestiert, dass er die volle Aufmerksamkeit auf jedes Detail legen muss, dass es eine moralische Verpflichtung ist, jeden einzelnen Aspekt seiner Tätigkeit – von der Planung zur Vorbereitung, von der Durchführung zur Nachbearbeitung – sorgfältig zu erledigen, das heißt mit Gefühl, Hingabe und höchster Konzentration. Man könnte auch sagen, dass Arbeit, die sinnvoll ist, schön gemacht werden muss, anstatt nur effizient. Effizienz ist der schnellste Weg zum Ziel. Schönheit ist der Weg als Ziel und eine Handlung, die zugleich immer Haltung ist.

Oder, überspitzt formuliert: Wer seine Arbeit schön macht, der hat auch schöne Arbeit, ganz unabhängig davon, ob sie monoton, gefährlich oder hässlich ist. Wer seine Arbeit schön macht, kombiniert Emotion, Ästhetik und Ethik und kultiviert eine Beziehung zum Gegenstand seiner Arbeit, die über eine reine Kausalbeziehung hinausgeht. Er sieht sie nicht nur als Mittel zum Zweck, sondern als Mittel und Zweck.

Diese dem Buddhismus entliehene Philosophie beschrieb der jüngst verstorbene US-amerikanische Autor Robert M. Pirsig bereits in seinem Kultbuch *Zen und die Kunst, ein Motorrad zu warten,* aber sie hat vor dem Hintergrund von Automatisierung und der jüngsten Skandale bei Volkswagen, Boeing oder Facebook wieder an Aktualität und Dringlichkeit gewonnen. Die Diktatur der Gewinner ist es, die bei allen drei Firmen zu einer Kultur geführt hatte, die es ermöglichte, moralische Kompromisse in Kauf zu nehmen und Qualitätsbewusstsein Forderungen wie Schnelligkeit und Effizienz unterzuordnen.

Getrieben von dem Drang, Marktanteile zu erobern und die Zukunft der Dieselmotoren zu retten angesichts immer strikterer Emissionsregelungen, betrogen Ingenieure und Manager von Volkswagen Millionen von Kunden sowie ihre eigenen Kollegen und die Öffentlichkeit. Getrieben von dem Drang, immer mehr und immer schneller zu wachsen, nahm Facebook unter CEO Mark Zuckerberg bewusst in Kauf, die Rechte der Nutzer zu missachten. Das sprichwörtliche »Break things and move fast«-Motto des Unternehmens umfasste auch vorsätzlichen Kollateralschaden in Form von Millionen von betroffenen Einzelschicksalen, insbesondere die Weitergabe von persönlichen Daten an dritte Parteien ohne die Genehmigung und das Wissen des Nutzers.

Boeing schließlich wird vorgeworfen, bei der Entwicklung eines Softwaresystems für seinen neuen Flugzeugtyp 737 Max bewusst Abkürzungen (wie das Unterlassen von teuren Piloten-Umschulungen) in Kauf genommen zu haben, um rascher an den Markt zu kommen und gegenüber dem Erzrivalen Airbus, der mit seinem neuen, energieeffizienten A320-Neo-Modell einen Überraschungserfolg verbuchen und in diesem Segment wichtige Marktanteile gewinnen konnte, aufzuholen.[69] Zwei 737 Max-Maschinen waren in Äthiopien und Indonesien zuvor abgestürzt, mit insgesamt 346 Todesopfern. Für alle Flugzeuge des Typs galt zum Zeitpunkt des Schreibens dieser Zeilen ein Flugverbot.[70] Im dritten Quartal 2019 brach Boeings operativer Gewinn um rund die Hälfte ein.

Der Journalist Paul Kedrosky vertritt im US-Magazin *New Yorker* die These, dass das Problem im hohen Abstraktionsgrad der Arbeit läge. Werden alle Unternehmen, wie es das gängige Digitalisierungsklischee postuliert, zu Softwareunternehmen, ist die einzig verbleibende Verbindung zum Kunden oft Software. Deren Programmierung zu ändern, kleine Manipulationen vorzunehmen, ist häufig entrückt von den Einzelschicksalen der Menschen, die diese nutzen. Weitreichende materielle und moralische Verfehlungen sind vor dem Computer oft nur virtuelle Features. »Das Stehlen von CDs aus Geschäften fühlt sich wie Diebstahl an. Musik zu stehlen, indem man MP3s herunterlud, war zumindest lange Zeit kein Problem«, so Kedrosky, der damit eine direkte Korrelation zwischen mangelnder physischer Unmittelbarkeit und mangelndem Unrechtsbewusstsein aufzeigen wollte.[71] Ähnlich verhalte es sich auch mit dem Dieselgate-Skandal bei Volkswagen. Die Abgasmanipulationen, die VW vorgeworfen werden, seien nicht nur die Verfehlung einiger einzelner Ingenieure, sondern das Resultat einer Ingenieurskultur, die zu weit entfernt war von den Konsequenzen ihres Handelns.

Eine vergleichbare Problematik ist auch bei Investmentbankern zu beobachten, wo der hohe Abstraktionsgrad, die Virtualisierung der Finanzmärkte und aller damit verbundenen Entscheidungen oft mit einem eklatanten Mangel an ethischer Sensibilität einhergehen können. Marktplätze sind ohnehin nur Fiktionen, was bedeutet, dass die auf ihnen getroffenen Entscheidungen eben auch Fiktionen sind und keine wirklichen persönlichen Folgen haben.

Es ist alles nur ein Spiel – eines mit Gewinnern und Verlierern, aber eben doch letztlich ein Spiel. Das morgen wieder von vorne beginnt. Das beim nächsten Mal einen anderen Ausgang haben kann. Das allen immer wieder die Chance bietet zu gewinnen. Oder zumindest die Illusion davon.

Die Erfolgsgeschichte, die wir uns erzählen, in und von

Unternehmen, braucht dringend wieder eine Moral. Vor allem dann, wenn sich diese nicht unbedingt »lohnt«.

In diesem Sinne ist das radikal Unnötigste, was ein Unternehmen tun kann, seine Kunden aktiv dazu ermutigen, die eigenen Produkte *nicht* zu kaufen. Genau das tat Patagonia, der Hersteller von Freizeitkleidung. Auf dem Höhepunkt der Shopping-Saison, direkt nach Thanksgiving, platzierte die Firma im Jahr 2011 ganzseitige Anzeigen in führenden US-Zeitungen, die dazu aufriefen: »Kaufen Sie diese Jacke nicht!«[72] Es war ein deutliches Statement gegen den Konsumwahn, der im Einklang mit der Mission des Unternehmens stand: Nämlich alles wirtschaftlich Mögliche zu tun, um den Klimawandel zu bekämpfen. Patagonia warb nicht für ein Produkt, es warb für seine Werte. Und es war nicht nur ein PR-Gag. Das Unternehmen lebt das Thema. Es bietet beispielsweise seinen Kunden jederzeit die Möglichkeit, Produkte zu reparieren oder umzutauschen. Patagonia war auch eine der wenigen US-Firmen, die explizit gegen Präsident Trumps Politik Stellung bezogen.

Nike war eine zweite. Die Nike-Kampagne mit Colin Kaepernick, dem Quarterback der San Francisco 49ers, spaltete die amerikanische Nation.[73] Der dunkelhäutige US-amerikanische Footballspieler, der sich 2016 wiederholt weigerte, beim Abspielen der US-Nationalhymne aufzustehen, protestierte damit gegen Rassismus und Polizeibrutalität in den USA: »Ich werde mich nicht hinstellen und stolz auf eine Flagge sein, die für ein Land steht, das Schwarze und andersfarbige Menschen unterdrückt. Für mich ist dieses Thema größer als Football, und es wäre selbstsüchtig, wenn ich einfach wegschauen würde«, sagte er.[74] Kurz darauf wurde er das Gesicht der Nike-Werbung »Dream Crazy« – mit dem Slogan »Believe in something, even if it means sacrificing everything«. Das Unternehmen kritisierte damit indirekt die Politik Trumps, der Kaepernick wiederholt scharf angegriffen und zur Ausreise geraten hatte. Die Reaktion war kontrovers, einige warfen Nike vor, das gesellschaftliche Engagement eines Sportlers für kommerzielle Zwecke zu missbrauchen. Andere lobten den Mut des Sportartikelherstellers. Die gespaltene Reaktion machte jedoch eines deutlich: Eine klare moralische Position polarisiert. Sie ist keine Win-win-Situation, sie ist nicht erstrebenswert, weil sie gut fürs Geschäft ist. Sie ist erstrebenswert, weil sie richtig ist.

Man muss aber nicht in die USA gehen, um ein Unternehmen zu finden, das Haltung zeigt. Hierzulande hat sich Siemens-Chef Joe Kaeser als ein unbequemer Mahner etabliert, der immer wieder zu gesellschaftlichen Themen Klartext spricht und vor Nationalismus und Fremdenfeindlichkeit warnt.[75]

Der schwäbische Unternehmer Alfred Kärcher, so erzählten mir Manager der Firma, hat es einmal so formuliert: »Unsere Kunden bleiben uns treu, nicht aufgrund dessen, was wir machen, sondern wer wir sind.« In einer Zeit des rasanten, ständigen Wandels, die geprägt ist von moralischer Verwirrung und Fake News, ist den eigenen Werten treu zu bleiben und klare Prinzipien zu vertreten, der einzig wirklich nachhaltige Wettbewerbsvorteil.

Nichts ist stärker, als für etwas zu stehen, als die eigene Wahrheit mit Überzeugung und Leidenschaft zu vertreten, gerade auch dann, wenn sie vielleicht nicht zum Gewinn verhilft.

Augenblicke und langes Weilen

Wir haben gesehen, dass Organisationen menschlich sind, wenn sie sich selbst verwirklichen, sich einer Mission hingeben, sich verausgaben. Sie sind menschlich, wenn sie – anstatt nur finanzielle oder Sachziele zu verfolgen – auch bereit sind, das Unnötige zu tun. Ansonsten sind sie Maschinen, keine Gärten, Systeme, aber keine Ökosysteme – und das sind keine guten Voraussetzungen: weder um Menschen glücklich zu machen, noch um auf den Talent- und Kundenmärkten der Zukunft zu bestehen. Um sich ständig an stets ändernde Rahmenbedingungen anpassen und immer wieder eine neue, amorphe Form annehmen zu können, muss das Unternehmen von morgen vor allem eines sein: weich.

Inzwischen werden auch in deutschen Unternehmen Soft Skills gepredigt und gelehrt, um diese Weichheit zumindest über individuelle Kompetenzen in der Organisation zu verankern. Aber um ein Unternehmen weich zu machen, braucht es mehr: eine grundlegende Sensibilität, die Stimmungsschwankungen erspüren und Signale empfangen kann, lange bevor diese zu Zahlen geworden sind. Es geht darum, die eigenen Fenster zur Welt sauber zu halten, um mehr zu sehen, zu erahnen, zu erkennen.

Unternehmen sind heute mehr denn je die großen Sinnstifter, die Sinnfabriken unserer Zeit, vor allem wenn sie begreifen, dass Arbeit uns nicht nur gewinnen, sondern auch verlieren lernen lässt. Dass Arbeit ist, wo wir verlieren und uns selbst verlieren können – und dem anderen begegnen.

Kürzlich bin ich auf eine Studie gestoßen, die besagt, dass der durchschnittliche US-Amerikaner nur drei enge Freunde hat.[76] Dies ist jedoch nicht nur ein Phänomen in den

USA. Die Zahlen sind in anderen Teilen der westlichen Welt ähnlich, und sie haben sich in den letzten Jahren so drastisch verschlechtert, dass Soziologen von einem Zeitalter sozialer Isolation sprechen, einer Einsamkeitsepidemie.[77]

Dies ist erstaunlich angesichts der Tatsache, dass wir nie stärker miteinander vernetzt waren, niemals kommunikativer als zu diesem Zeitpunkt in der Geschichte. Wir checken unsere Smartphones durchschnittlich 88-mal pro Tag, und es soll Leute geben, die bei Partys auf die Toilette gehen, damit sie ihre E-Mails abrufen können.[78]

Und doch sind wir einsamer als zuvor. Warum?

Der US-amerikanische Autor Richard Bach hat dafür eine Erklärung: »Das Gegenteil von Einsamkeit ist nicht Vernetztsein – es ist Intimität.«[79] Wir brauchen dringend mehr Intimität in diesen digitalen Zeiten. Tatsächlich ist das Verlangen nach Intimität so stark, dass es bereits einige obskure Geschäftsmodelle gibt, die darauf ausgerichtet sind. In L. A. kann man sich zum Beispiel für sieben US-Dollar pro Meile einen Fremden mieten, der mit einem dann dreißig Minuten spazieren geht. »People Walking« heißt dieser Service.[80]

Wie aber lässt sich emotionale Intimität am Arbeitsplatz schaffen? Und von wem können wir da lernen? Zum Beispiel von der Serbin Marina Abramović, einer der renommiertesten Performance-Künstlerinnen der Welt. 2010 gab es von ihr im New Yorker Museum of Modern Art eine Performance mit dem Titel »The Artist Is Present«.[81] Und genau das war sie: einfach nur da. Fast drei Monate lang, für insgesamt mehr als 700 Stunden, acht Stunden am Tag, saß sie nonstop einem Besucher gegenüber, jeweils für einige Minuten. Stumm starrte sie in die Augen des anderen, erwiderte den Blick des anderen und zelebrierte jene Art von

Zeit, von langer Weile, die »dicht« ist anstatt schlank und effizient.

Dieses Konzept der »dichten Zeit«, der unbedingten Präsenz, hat nun auch Eingang gefunden an unseren Arbeitsplätzen. Zum einen in Form von Achtsamkeits- oder Mindfulness-Initiativen, die immer beliebter werden. Das Softwareunternehmen SAP hat mit Peter Borstelmann einen Head of Mindfulness ernannt und bietet seinen Mitarbeitern ein globales Achtsamkeitstraining an, das, wie er mir im Gespräch stolz berichtete, ständig ausgebucht ist. Daimler hat in einigen Abteilungen begonnen, jedes Meeting mit einer Schweigeminute zu beginnen, damit sich die Mitarbeiter erst einmal sammeln können.

Und es gibt noch experimentellere Formate wie sogenannte Silent Dinner, stille Abendessen. Ich selbst nahm einmal an einem solchen in Berlin teil, veranstaltet von der *WirtschaftsWoche*. Ich habe in meiner Karriere so einige seltsame Momente erlebt, aber neunzig Minuten schweigend mit einer Gruppe von zwanzig deutschen Geschäftsleuten beim Essen zu verbringen, war sicher eine der merkwürdigsten Erfahrungen, die ich je hatte. Es war das erste geschäftliche Abendessen, bei dem ich jeden einzelnen Gast wirklich mochte. Die CEOs am Tisch sagten kein Wort, aber sie waren da, voll präsent, plötzlich verletzlich, alle Masken abgefallen.

Diese quasiöffentlichen Momente der Stille faszinieren mich. In Spanien scheint es, als ob jedes zweite Fußballspiel der Ersten Liga mit einer Schweigeminute beginnt, um verstorbenen ehemaligen Spielern oder Funktionären zu gedenken. Bis zu 80 000 sonst so lautstarke Fußballfans zum Schweigen zu bringen, ist eine ziemliche Leistung, und die Stille, die nur sporadisch von vereinzelten Zwischenrufern oder schreienden Babys unterbrochen wird, ist fesselnd und verstörend zugleich. Sie ist wie eine gewichtige Leere im Strudel der Zeit.

Im Februar 2017 veranstaltete ich während eines Kongresses in Barcelona mein erstes eigenes Silent Dinner, das im starken Gegensatz stand zu den typischen Networking-Dinnern, die man sonst so am Rande von Industriemessen kennt. Abendessen auf Konferenzen können oft zu Speed-Dating-Sitzungen für Business-Pitches und allzu lauten Manifestationen schamloser Eigenwerbung werden. Aus diesem Grund sollten unsere Dinner-Gäste nicht nur nicht pitchen, sondern wir forderten sie auf, einmal gar nichts zu sagen. Das Silent Dinner war eine Einladung, allein zu sein, ganz mit sich selbst, und gleichzeitig mit Fremden zusammen allein zu sein. Es war eine Einladung, genau zuzuhören, auch wenn nichts gesagt wurde.

Stille Abendessen sind keine neue Idee. Seit Jahrhunderten sind sie in Klöstern und anderen spirituellen Orten an der Tagesordnung. Als Gegengift zur digitalen Überwältigung unserer Zeit erfreuen sie sich aber nun auch wieder größerer Popularität in weltlicheren Umgebungen. Und doch fühlten wir uns bei unserem Silent Dinner in Barcelona auf ganz persönliche Weise wie echte Pioniere. Die Stille verstärkte die nonverbale Kommunikation wie unter einem Mikroskop. Die Gäste formten schwache wie auch starke Bindungen, wir flirteten und umarmten uns. Introvertierte blieben introvertiert und Extrovertierte extrovertiert, und wie zu erwarten, dominierten einige der Gäste das stille Gespräch. Blicke kreuzten sich, und langsam wurden Details wie ein Ohr- oder Nasenring, subtile Gesten sowie die Landschaften unserer Gesichter immer wichtiger, wurden zur stillen Konversation.

Mit Ausnahme von zwei eher stoischen Gästen, die sich zurücklehnten, beugten sich alle anderen vor, wollten sich einbringen, kommunizieren, Sinn schaffen, etwas erschaffen. Ein paar Gäste standen sogar auf, um La Ola, die Welle, die man aus Fußballstadien aus aller Welt kennt, zu starten. Andere begannen, fiktive Visitenkarten zu überreichen oder Utensilien zu kleinen Amateurkunstwerken zusammenzufügen. Eine Frau hielt einen äußerst ausdrucksvollen stillen Toast: keine Worte, alles Gefühl.

Da wir nicht diskutieren konnten und der nonverbale Dialog nach ersten Versuchen, uns mittels Gebärden zu verständigen, immer schwieriger wurde, begannen wir zu spielen. Wir bauten Papierflieger und freuten uns darüber. Nicht zu reden war wie eine Befreiung. Es gab nichts zu gewinnen außer dem Schweigen, und wir sorgten dafür, mit allem, was wir hatten, dass ein stilles Einverständnis mit dem anderen, mit den anderen zustande kam. Das gemeinsame Schweigen legte sich wie ein Meer aus Zärtlichkeit über uns, ein stiller Trost für all das, was wir mit unseren Worten bisher angerichtet oder vergeblich versucht hatten.

Unerwarteter Ehrengast war die Musik. Jaimie, meine Mitgastgeberin, hatte eine Playlist erstellt, die eigentlich als begleitender Kommentar dienen sollte, dann aber zum Protagonisten mutierte. Von Peals über Nick Cave bis zu Nick Drake und dem Soundtrack von *Her* bestimmte die Musik den Ton und den Rhythmus unserer Interaktionen. Wir wurden zum Zuhören gezwungen und ehrten die Musik mit unserer ungeteilten, alternativlosen Aufmerksamkeit. Vergiss Konzerte, dachte ich, stille Abendessen sind der beste Ort, um gemeinsam Musik zu hören.

Als die Playlist dann nach neunzig Minuten endete, so war vereinbart, durften wir wieder das Wort ergreifen. Die Musik war vorbei, aber niemand sagte etwas. Die Stille war zu gewichtig und zu heilig geworden, um sofort unterbrochen zu werden. Wir schwiegen für weitere zehn Minuten.

Dann brachte uns Jaimie zurück in die Welt der Worte, wobei sie leise flüsterte: »Wie lange hat das Abendessen wohl gedauert?« – »Sechzig Minuten«, vermuteten die meisten Anwesenden. Die Zeit war erstaunlich schnell vergangen. Alle achtzehn Gäste schienen auf die eine oder andere Weise berührt zu sein: »Ich war überrascht, wie wohl ich mich fühlte«, sagte ein Mann. Ein anderer: »Ich verstehe, dass ein Großteil unserer Kommunikation nonverbal stattfindet, aber jetzt weiß ich, wie mächtig Worte sind!«

Das stille Abendessen setzte uns auf sanfte Weise einer brutalen Wahrheit aus: unserem natürlichen Bedürfnis zu kommunizieren und unserer Unfähigkeit, dies effektiv zu tun. Wir können nicht nicht kommunizieren, bemerkte einmal der österreichisch-US-amerikanische Kommunikationswissenschaftler Paul Watzlawick, und wir sind weder Meister der Kommunikation noch der Nichtkommunikation.[82] Das Silent Dinner versicherte uns jedoch, dass alle kommunikativen Missverständnisse Features sind und keine Fehler. Es sind diese fatalen, aber schönen Missverständnisse, die uns in unserer grundlegenden Menschlichkeit verbinden. Wir alle wollen sehen und gesehen werden. Ohne Aussicht aufs Gewinnen, ohne Angst vor dem Verlieren.

In einer Zeit, in der Sprechen die Norm ist, ist Zuhören eine disruptive Aktivität. Sprache benutzen wir hauptsächlich, um uns zu verteidigen. Die Stille aber lässt es nicht zu, dass wir uns rechtfertigen. Stellen Sie sich Konfliktparteien in einem Raum vor, die sich neunzig Minuten lang schweigend anstarren! Vielleicht sollte die stille Diplomatie als neues Instrument in das Arsenal der Konfliktmediatoren aufgenommen werden. Der Gedanke, dass Donald Trump und Angela Merkel zusammen ein stilles Abendessen einnehmen, ist jedenfalls faszinierend.

Priya Parker, die Autorin von *The Art of Gathering*, sagte

mir einmal: »Die besten Dinge im Leben passieren an einem Tisch.« Ich möchte hinzufügen: Die besten Momente im Leben sind still. Verbunden mit einem seltsamen Gefühl der Zärtlichkeit, der grundsätzlichen gegenseitigen Übereinstimmung. »So soll es sein. So sollen wir sein«, sagte mir ein Gast nach dem Silent Dinner. Und tatsächlich fühlte es sich an, als würde man sich in alle, in alles verlieben. Tage nach dem Abendessen konnte ich nicht anders, als darüber zu reden, und mein Verstand versuchte verzweifelt, mein Herz einzuholen. Nachdem der Lärm verklungen war und jede Ablenkung beseitigt, blieb als einzige Stimme im Raum meine eigene. Mach dir keine Sorgen, flüsterte sie mir zu. Es ist in Ordnung.

Der Autor Pico Iyer sagte mir in einer Podcast-Folge, die ich mit ihm aufzeichnete, dass Stille sein engster Freund sei. »Wenn ich meine Dämonen, meine Schatten konfrontiere – und ich habe so einige, wie alle anderen Menschen auch –, dann mache ich das lieber im Stillen und nicht im lärmigen Großraumbüro oder in der U-Bahn.« Und: »Nur wer im Stillen sein kann, kann kreativ sein. Nur wer das Büro ab und zu verlässt, um mit seinen Gedanken alleine zu sein, bringt auch Neues ins Büro zurück.«[83]

Iyer erzählte mir von seiner langen Freundschaft zu Leonard Cohen, davon, wie der kanadische Barde ihn kurz vor seinem Tod 2016 noch in seinem Apartment in Central L. A. empfangen hatte, gemeinsam mit seinem japanischen Zen-Meister. Cohen schob zwei Stühle zurecht und bat Iyer und den Zen-Meister, Platz zu nehmen. Dann schwieg er. Iyer gab zu, dass es erst ungewohnt war und ein wenig befremdlich. Dann jedoch begriff er, was Cohen bezweckte: »Worte trennen uns, das Schweigen verbindet uns. Das größte Geschenk, das ich einem Menschen machen kann, ist, mit ihm zu schweigen.«

Man kann Intimität in stillen Dinnern, ohne Laute und ohne Masken, finden – aber ebenso bei sehr lauten Treffen mit vielen Masken!

Als der Lebensmittelhersteller Danone unter Leitung seines CEO Emmanuel Faber sein neues Unternehmensmanifest in Produktinitiativen umsetzen wollte, versammelte er das Managementteam sowie eine Gruppe von hundert Mitarbeitern und bat alle Teilnehmer, Kostüme, Hüte und Perücken, riesige Brillen oder Federboas zu tragen – für die gesamte Dauer des dreitägigen Meetings. Am Ende verließen die Teilnehmer das Treffen mit konkreten Entscheidungen und jeder Menge Enthusiasmus. Als ich Lorna Davis, die Danone-Managerin, die die Idee zu diesem unorthodoxen Meeting gehabt hatte, fragte, warum es so erfolgreich war, sagte sie mir: »Unterschätze niemals die Macht einer lächerlichen Perücke!« Denn Perücken zersetzen Hierarchie. Das ist wichtig, denn Hierarchie blockiert Intimität in beide Richtungen – für den CEO und den Praktikanten. Perücken wie auch Masken erlauben uns, jemand anderes zu sein; sie geben uns den Glauben, dass eine andere Identität, eine andere Welt möglich ist, und dass andere Mittel vorhanden sind, um sie zu betreten.

Dichte Zeit, Präsenz, stille Abendessen oder Masken: Intimität bedeutet, Barrieren zu durchbrechen, sanft, aber gewiss. Das gilt auch für die Kundenbeziehung. Buurtzorg ist eine niederländische Krankenpflegeorganisation, und vor ein paar Jahren vollzog sie einen grundlegenden Wandel.[84] Sie beseitigte sämtliche Organigramme, Jobtitel und Rollen und stellte stattdessen kleine Teams von Krankenpflegern zusammen, mit dem Mandat, autonome Entscheidungen zu treffen und alles zu tun, was diese für das Wohl der Patienten als richtig empfanden. Seitdem sind zwei Entwicklungen zu beobachten: Erstens ist Buurtzorg enorm gewachsen und ein sehr erfolgreiches Unternehmen mit mittlerweile mehr als 10 000 Pflegern. Zweitens sind die Kosten pro Patient gesunken, was bedeutet, dass die Organisation insgesamt effektiver wurde. Die Krankenschwestern verlassen sich bei ihren Entscheidungen nicht mehr nur auf abstrakte Daten, sondern auf ihre Intuition, die durch emotionale Intimität, eine echte Beziehung zum Patienten entstanden ist.

Ob als Kollege, Bürger oder Konsument, wir sehnen uns nach der modernen Version des altmodischen Hotel-Concierge, der uns als einzigartige Individuen anerkennt und uns einen Fluchtweg aus den algorithmischen Empfehlungsmaschinen bietet. Wir wollen keine personalisierten Erfahrungen, wir wollen persönliche Erfahrungen.

Intimität am Arbeitsplatz oder in der Kundenbeziehung ist eine Beziehung von Mensch zu Mensch. Aber wie steht es um die Intimität in unserer Beziehung zu Maschinen? Ist Intimität möglich zwischen Mensch und Maschine, und falls ja, was macht sie mit uns?

Forscher haben bewiesen, dass wir sehr schnell emotionale Bindungen zu Maschinen entwickeln. So erzählte mir beispielsweise die US-amerikanisch-schweizerische KI-Forscherin Kate Darling von einem Experiment, in dem sie die Teilnehmer bat, mehrere Stunden mit Robotern zu verbringen, um sie dann abrupt dazu aufzufordern, die Roboter zu quälen, zu treten, zu zerstören. Kein einziger Teilnehmer brachte es übers Herz; einige brachen sogar in Tränen aus. Bei einem ähnlichen Experiment in Schweden bettelte im Jahr 2018 ein kleiner Roboter namens Nao seine Nutzer unvermittelt an, ihn nach Gebrauch doch bitte nicht abzuschalten (an die berühmte Szene aus Stanley Kubricks Sci-Fi-Klassiker *2001: Odyssee im Weltraum* erinnernd und das hier vergebliche Flehen des Bordcomputers HAL: »Dave,

Dave, please«) – und alle Experiment-Teilnehmer respektierten diesen Wunsch.[85]

Uns Deutsche sollte das nicht überraschen – schließlich geben viele von uns ihren Autos Kosenamen.

Das Verhalten der Experiment-Teilnehmer ist auch nicht überraschend, wenn man eine eher mechanistische Auffassung von Emotionen hat. So wie der japanische Robotik-Forscher Hiroshi Ishiguro, der humanoide Roboter baut und überzeugt ist, dass menschliche Emotionen nichts anderes sind als Reaktionen auf äußere Reize.[86] Ähnlich argumentiert auch KI-Experte David Levy in seinem Buch *Love and Sex with Robots*: »Wir haben Hormone, wir haben Neuronen, und wir sind auf eine Art und Weise ›verdrahtet‹, die unsere Emotionen hervorruft.«[87]

Können aber andererseits Maschinen auch Gefühle für uns entwickeln?

Auf der Consumer Electronics Show (CES) 2019 in Las Vegas wurden mehrere Roboter ausgestellt, die ihren menschlichen Nutzern mit Empathie und emotionaler Intelligenz begegnen können, so wie der soziale Roboter Buddy; der Tischtennisroboter Forpheus, der die Körpersprache seiner Gegner lesen kann, um ihre Bewegungen vorwegzunehmen; oder Pepper, der Gestik und Mimik von Menschen analysieren kann. In Japan, einer Gesellschaft mit einer alternden Bevölkerung, ist ein Roboter wie Paro, der in der Altenpflege zum Einsatz kommt, zu einem Mainstream-Phänomen geworden. Roboter wie ROCKY AI oder Coach Ai werden zunehmend auch im Bereich des Coachings verwendet, oder – wie der an der University of Southern California entwickelte SimSensai – sogar für psychotherapeutische und psychiatrische Behandlungen. Und vielleicht spielt es gar keine Rolle, wie Intimität erzeugt wird. Ist sie weniger real, wenn sie künstlich ist, solange wir sie fühlen?

Echte Intimität, so meine ich, gibt es nicht ohne eine zutiefst menschliche Qualität: Verletzlichkeit. Maschinen können nicht leiden. Maschinen können nicht verlieren. Wir schon. Und mehr noch: Anders als Maschinen spielen wir nicht nur, um zu gewinnen, sondern wir spielen immer auch, um zu verlieren.

Um auf den Anfang zurückzukommen: Ein menschliches Unternehmen ist ein Unternehmen, in dem man nicht nur scheitern, sondern auch verlieren darf. Es ist eine Umgebung, die nicht nur positive, sondern auch negative Emotionen zulässt: Schmerz, Trauer, Verlust. Ein Spiel, bei dem es nur ums Gewinnen geht, ist ein gnadenloses Spiel. Mensch sein bedeutet, verlieren, zerbrechen zu dürfen, negative Emotionen zu haben, eine vollständige Person zu sein.

Authentizität statt Daueroptimismus

Viel wird über Inklusion und Diversität in der Gesellschaft und am Arbeitsplatz debattiert. Es ist eine Diskussion, die in den USA stark von ethnischer Vielfalt geprägt ist und sich in Europa bislang vor allem auf Gender-Fragen konzentriert. Beides ist richtig und längst überfällig. Diversität kann sich aber auch in der Diversität von Rollen zeigen: vom Jobsharing, wie es beispielsweise die Plattform Tandemploy anbietet, bis hin zu geteilten Führungspositionen, wie das die Hamburger Unilever-Managerinnen Christiane Haasis und Angela Nelissen (die unter dem Kürzel CHAN zu zweit und in Personalunion eine Rolle bekleiden) demonstrieren.[88] Es setzt sich zunehmend das Bewusstsein durch, dass wir flexiblere Strukturen brauchen, um unseren vielfältigen Identitäten den notwendigen Raum zu gewähren. Oft vernachlässigt und ebenso wichtig ist aber auch die *emotionale* Diversität in Firmenkulturen. Unternehmen reden gerne über authentische Arbeitsplätze, die den Menschen und seine Bedürfnisse in den Mittelpunkt stellen. Die Resultate kennen wir: Kulturen voller erzwungener Positivität und aggressivem Daueroptimismus. Arbeitsplätze sehen dann aus wie Touristenressorts, Club Meds oder College-Campusse. Es wird Tischtennis gespielt oder, wie bei Google, auf Rutschen gerutscht. Der eigene Barista darf natürlich nicht fehlen oder, bei weniger betuchten Firmen, zumindest die schicke Cafeteria.

Authentizität ist heute ein Schlagwort, ein Buzzword. Sie entsteht, wenn andere den Eindruck haben, dass wir uns trotz äußeren Drucks dem eigenen Charakter, den eigenen Werten treu bleiben, wenn es also zwischen unseren Worten und Taten keine Kluft gibt. Aber dies bedeutet eben nicht, dass man auf Teufel komm raus happy ist und stets die Sonnenseite der Mitarbeiter herausstellt, sondern auch negative Emotionen zulässt.

In den USA gibt es die Veranstaltungsreihe *Death Over Dinner,* die insbesondere Erwerbstätige dazu einlädt, über die Tabus Tod und Sterben zu sprechen.[89] In Australien weist die GroundSwell-Initiative auf diese Themen hin und trägt sie hinein in die Vorstandsetagen und Großraumbüros von Konzernen und mittelständischen Unternehmen.[90] Die Trauer um Verstorbene – Familienangehörige oder Mitarbeiter oder deren Angehörige – ist ein extremes Beispiel für negative Emotionen, aber auch für sie sollte Platz sein im üblicherweise so durchoptimierten und ergebnisorientierten Alltag von Unternehmen. Das ist die Mission von GroundSwell.

Häufiger als Todesfälle sind allerdings Phänomene wie Traurigkeit oder Depression. Gerade die Frequenz psychischer Erkrankungen steigt. Die Deutsche Depressionshilfe schätzt die Zahl der Menschen, die an Depressionen leiden, hierzulande auf 5,3 Millionen.[91] Mehr als sechs Millionen Deutsche leiden unter Angstzuständen und Stress am Arbeitsplatz.[92] Die Unterdrückung negativer Emotionen ist dabei Teil des Problems. Weil wir Angst davor haben, als schwach und unproduktiv angesehen zu werden, fürchten wir um unseren Stellenwert im Unternehmen. Am Arbeitsplatz traurig zu sein, gilt als das letzte, das ultimative Tabu. Dabei ist Traurigkeit ein wesentlicher Bestandteil unseres Menschseins.

Wir sollten aufhören, humane Arbeitsplatzkulturen als zweckoptimistische Konstrukte zu betrachten, die subjektiven, emotionalen Erfolg in Form von Glücklichsein, Aufgeschlossensein, »positiver Ausstrahlung« und ähnlichen Qualitäten honorieren. Stattdessen sollten wir die emotionale Landschaft erweitern um negative Emotionen wie Zweifel und Verzweiflung, Melancholie und Trauer, Zorn und Wut. Eine wirkliche menschliche Organisation ist nicht eine, die ihre Mitarbeiter ständig glücklich macht, sondern eine, die ihnen erlaubt, auch traurig sein zu dürfen.

Die Harvard-Psychologin Susan David nennt dies »emotionale Agilität« und spricht von einer »Diversität in uns selbst«. Die Verantwortung von Unternehmen besteht darin, diese nicht nur zuzulassen, sondern aktiv zu fördern. Schließlich sind mit jeder Form von Diversität, wie Studien nahelegen, konkrete wirtschaftliche Nutzen verbunden: Unternehmen mit hoher Diversität sind kreativer, innovativer und produktiver.

Die ehemalige US-amerikanische Anwältin Susan Cain, die mit ihrem TED-Talk und ihrem Bestseller *Quiet* (dt.: *Still*) über Nacht einen Sensationserfolg verbuchen konnte, schuf mit der nachfolgenden Gründung ihrer Firma Quiet

Revolution sowie dem Quiet Leadership Institute weltweit erhöhtes Bewusstsein für das Innenleben von Menschen mit eher introvertierter Veranlagung. Sie illustrierte, wie diese von Kindesbeinen an, in der Schule und schließlich im Berufsleben, diskriminiert werden, weil eine Welt, die »nicht aufhören kann zu reden«, Nach-innen-gekehrt-Sein und Stille oft mit Schwäche, mangelndem Tatendrang und fehlendem unternehmerischem Geist gleichsetzt – ein fataler Irrtum, unter dem nicht nur die Introvertierten leiden, sondern auch die Organisationen selbst, denen somit wichtige kreative und produktive Ressourcen verloren gehen. Die Extrovertierten dagegen, die stimmgewaltigen und tatkräftigen Lautsprecher und Anführer – die Gewinner – werden oft als natürliche Leader angesehen und dominieren Meetings, Teamarbeit und Entscheidungsprozesse. Nicht immer zum Besten eines Unternehmens.

Introversion ist aber vor allem eine Orientierung. Introvertierte beziehen den Hauptteil ihrer Energie von innen, während Menschen mit extrovertierterer Ausprägung ihre Energiequellen vor allem außerhalb von sich, durch andere Menschen, durch externe Stimuli erhalten. Und beide bewegen sich auf einem Kontinuum.

Ganz gleich, wie die emotionale Ausprägung der Mitarbeiter aussieht, emotionale Diversität wird immer wichtiger. »Wenn meine Mitarbeiter mich tatsächlich einmal als Privatperson erleben würden, wären sie wesentlich motivierter«, so gestand mir ein ranghoher Manager eines deutschen DAX-Konzerns.

Wer Gefühle zeigen kann, insbesondere negative Emotionen, der schafft Nähe und somit echte Zuneigung und Loyalität. Dabei ist der Begriff der Verletzlichkeit von der Managementliteratur zuletzt geradezu als neue Führungskompetenz hochgejubelt worden. Verletzlichkeit am Arbeitsplatz ist aber nach wie vor eine riskante Strategie. Sie kann ausgebeutet werden und gilt in vielen Firmen als Luxus. Werden die Zeiten tougher und die Umgangsformen rauer, gewinnt weiterhin der, der Stärke demonstriert und mit klaren Ansagen für Orientierung sorgt. Verletzlichkeit sollte daher nicht nur eine abstrakte Floskel sein, eine gute Absicht, sondern muss verkörpert und erfahren werden – durch Erlebnisse, die unter die Haut gehen. Verletzlichkeit bedeutet, verletzt zu sein. Den verletzten Menschen am Arbeitsplatz zu akzeptieren – das macht ein Unternehmen menschlich.

Diversität bedeutet auch Neurodiversität. Der Brite Ian McDonald ist CTO (Chief Technology Officer) bei einer Einheit Microsofts, die als Förderer und Inkubator für Start-ups agiert. Selbst autistisch, plädiert McDonald für Neurodiversität, für die Akzeptanz einer breiten Palette von menschlichen Verhaltensweisen. Was wir als »normal« betrachten, ist oft nur eine reine Konvention, und es ist nicht nur das menschlich Gebotene, sondern auch wirtschaftlich Sinnvolle, möglichst viele unterschiedliche Facetten der menschlichen Psyche am Arbeitsplatz präsent zu haben.

Es wird immer wichtiger, Unternehmen zu bauen, die Gärten sind und keine Maschinen; die wieder das wertschätzen, was wir nicht messen können.

Platz schaffen für Melancholie

In Wim Wenders' Film *Der Himmel über Berlin* gibt es eine Szene, in der ein Engel einem Menschen, der kurz davor ist, sich von einem Hochhaus in den Freitod zu stürzen, zu Hilfe kommt und ihm sanft ins Ohr flüstert, um ihn noch umzustimmen. Doch der Versuch bleibt erfolglos, und der

Engel bleibt allein zurück, immer noch sanft, aber konsterniert angesichts der eigenen Ohnmacht.

Die Engel im Film, die das Treiben der Menschen aus dem Himmel über Berlin beobachten und sich – unsichtbar – ab und an niederlassen, um sich unter sie zu mischen, hören alle Gedanken der Menschenkinder, eine wahre Großstadtsinfonie, die, so dicht getaktet, mitunter zur Großstadtkakofonie mutiert. Sie hören alles, sehen alles, wissen alles, und sind doch machtlos und können den freien Willen der Erdenbürger nur selten beeinflussen. Man sieht, wie sie eine Hand auf die Schulter eines Mannes legen oder einer älteren Dame ins Ohr raunen, wie sie einem Unfallverletzten beistehen und einer Liebeskranken Trost spenden.

Schnell wird in *Der Himmel über Berlin* klar, dass die Menschen Verlierer sind, ständig am Verlieren sind, und dass die Ohnmacht der Engel keine Emanzipation der Menschen bedeutet, sondern noch nicht einmal das. Es ist eine Welt voller Engel, aber eine gottlose Welt, die Wenders hier zeigt. Selbst die Engel scheinen seltsam mechanisch, fast schon automatisiert, und die alleinige Regung, zu der sie fähig sind, ist ein selbstverständliches Mitleid. Nur eine Leidenschaft verspüren sie – einmal selbst zum Menschen zu werden und die zauberhafte Welt der Sinne und der Sinnlichkeit zu erleben, einmal in die Welt der Farben einzutauchen, sich zu verlieben, das Herz zu brechen und einfach mal jemand anders zu sein – und nicht mehr verantwortlich für das ganze Leid. Die Engel im Film sind die Botschafter der Melancholie.

Nika Wiedinger, Leiterin des Berliner Instituts für Wirtschaftsgestaltung, beschreibt Melancholie als erfolgskritischen und oft unterdrückten Faktor in der Ökonomie. Wer die Philosophin trifft, spürt sofort, dass sie sich mit Melancholie auskennt. Bei einer Tasse Kaffee reden wir über Berlin, wie grobschlächtig die Stadt sei und wie feinsinnig zugleich, und wie schwer Geschichte hier wiegt. Die Deutschen haben den Begriff »Weltschmerz«, die Portugiesen »Saudade« – beide versuchen, eine ähnlich diffuse Gefühlslage, obgleich mit unterschiedlichen Nuancen, in ein Wort zu fassen. Jedenfalls, so Wiedinger, sei Melancholie ein zutiefst europäisches Sentiment, die Ahnung, auch die Gewissheit vom Verlieren und von der Vergeblichkeit allen Tuns. Dieser Melancholie wieder einen Raum zu geben, kann einer der Eckpfeiler einer neuen zivilisatorischen Verlust-Gesellschaft sein.

Man könnte meinen, dass Melancholie ein der Wirtschaft vertrautes Gefühl sei. Denn Wirtschaften hat an und für sich melancholische Züge, versucht es doch, mitunter verzweifelt, durch wertschöpfende Aktivitäten Sinnhaftigkeit in die Welt zu bringen, durch die Logik der Zahlen, durch Buchhaltung und quantifizierbare Fakten der scheinbaren Sinnlosigkeit zu trotzen. Nicht zufällig ist Bernardo Soares, das Alter Ego des portugiesischen Schriftstellers Fernando Pessoa in dessen *Buch der Unruhe* und der vielleicht prominenteste Protagonist der Melancholie, ein Buchhalter.

Andererseits ist die Melancholie ein suspektes Sentiment, weil sie, anders als eine psychische Krankheit wie Depression, nicht diagnostizierbar, nicht behandelbar ist und geheimnisvoll und nebulös bleibt. Sie lässt sich nicht managen. Melancholie ist das vorauseilende Gefühl, der vorauseilende Verlust, der vorauseilende Schmerz, aber sie ist keine Form der Angst. In der Tat ist Melancholie der Angst überlegen, sogar ein probates Mittel gegen die Angst, weil sie um den nahen und unvermeidbaren Verlust weiß, sich damit abgefunden hat und somit keine Angst mehr haben muss. In diesem Sinne ist auch dieses Buch ein zutiefst melancholisches.

Leider ist Melancholie in unserer Gesellschaft weitgehend verpönt, insbesondere am Arbeitsplatz. Wer melancholisch ist, gilt als passiv, als Verlierer. Melancholie ist so gar nicht verträglich mit dem Bild des proaktiven, vorwärtsgewandten und optimistischen Unternehmers und schon gar nicht mit dem Ideal des Start-up-Gründers, das immer mehr als Blaupause für den kreativen und risikofreudigen Berufstätigen verwendet wird. Melancholiker gelten als zaudernd, und ihre Melancholie kann im schlimmsten Fall sogar ansteckend sein. Sie sind so ziemlich das Gegenteil des Berufsoptimisten, der auf dem Arbeitsmarkt, bei Investoren und Arbeitgebern, so gefragt ist. Klar, wer stellt schon gerne Menschen ein oder vertraut ihnen Geld an, die von ständigen Zweifeln geplagt sind, die davon ausgehen, dass Trauer und Verlust unvermeidlich sind.

Dabei hat die Geschichte bewiesen, dass viele große Denker und Unternehmer durchaus Melancholiker waren und selbst den großen Idolen des Tech-Zeitalters wie Steve Jobs oder Elon Musk Melancholie nicht fremd war beziehungsweise ist.

Auch in unserem Arbeitsalltag überwiegen letztlich die Erniedrigungen, die Demütigungen, die kleinen Niederlagen, die Imperfektionen und Frustrationen, die vielen kleinen Ideen, die wir aufgeben mussten oder die von Kollegen und Vorgesetzten getötet wurden, oft lange bevor sie überhaupt laufen konnten. Erfolge und wirklich glückliche Momente bilden die Ausnahme; Niederlagen, Melancholie und Trauer sind die Regel – ein »Arbeitsschmerz« als Zwilling zum Weltschmerz, obgleich wir weniger an der Arbeit leiden als vielmehr an der Art und Weise, wie wir sie reduziert haben auf das reine Funktionieren.

Für uns Verlierer kann Melancholie eine sublime Form der Zukunftsbewältigung darstellen. Indem sie eine Komfortzone schafft für die Trauer um vergangene Zeiten und die schwindende Hoffnung auf bessere Zeiten. Als ein Auffangbecken für die Enttäuschung aus der Vergangenheit als auch der Zukunft, ist Melancholie der perfekte Behälter für die ambivalenten Gefühle unserer Umbruchszeiten. Nur haben wir verlernt, Melancholie zu praktizieren. Schlimmer noch, wir haben sie so marginalisiert, dass sie nur noch im Bereich der Kunst stattfindet. Stattdessen haben wir andere Verarbeitungsmechanismen, andere emotionale Strategien ins Zentrum der Gesellschaft gerückt und salonfähig gemacht: Zynismus, Wut oder Aggressivität. Dies ist bedauerlich, weil letztlich nur Melancholie die Akzeptanz von Verlustgefühlen erhöhen kann.

Zyniker mögen die Idee von Melancholie als höchst zeitgemäßer Kompetenz des Wandels als lächerliche Geste verspotten, aber der Zynismus ist der Melancholie hoffnungslos unterlegen. Er diskreditiert alle Lösungsversuche, alle Szenarien als wertlos, im Wissen um das letztliche Scheitern, und erniedrigt dabei sämtliche involvierten Akteure und raubt ihnen ihre Autonomie und Handlungsfähigkeit. Melancholie dagegen spricht allen Akteuren, trotz der Vergeblichkeit ihres Tuns, Würde und Autorenschaft zu; sie erlaubt ihnen, in der Trauer zu leben und sie als Stoff für neue Schöpfungen zu verwenden. Zynismus ist eine destruktive, Melancholie eine schöpferische Kraft. Der Zynismus dehumanisiert, die Melancholie humanisiert.

Melancholie wie Zynismus sind Antworten auf Verluste, auf Enttäuschungen, aber ihre Funktionsweisen sind völlig unterschiedlich. Zyniker sind Menschen, die verloren haben und glauben, dass das Spiel sowieso nicht nach gerechten Regeln verläuft. Melancholiker sind Menschen, die an der Welt leiden, selbst wenn sie gewinnen, weil sie um die letztliche Vergeblichkeit allen Tuns wissen. Die Melancholie ist die zeitgemäßere und weniger destruktive Haltung, weil sie andere nicht herabsetzt oder verletzt und aus der empfundenen Traurigkeit der eigenen Existenz heraus andere schätzt, mit all ihren Makeln und Unstimmigkeiten. Gerade weil das große Ganze so vergeblich ist, sind für Melancholiker die kleinen Dinge so liebenswert. Small is beautiful – eine angemessene Haltung angesichts der Externalitäten der Wirtschaft sowie der drohenden epochalen humanitären Verluste. Nur aus der Demut und Bescheidenheit der Melancholie heraus lassen sich neue Lösungsansätze finden. Die Melancholie ist sozusagen der Agent mit der Lizenz zu trauern, als Gegenspieler von »Gewinnern« wie Donald Trump, Boris Johnson und anderen. Der Melancholiker ist der eigentliche Provokateur, der eigentliche Aktivist des digitalen Zeitalters.

Für den Einzelnen bedeutet diese Einsicht, Melancholie zuzulassen und sogar zu kultivieren. Dies kann nur gelingen mit einer neuen »Sentimentalen Erziehung«, die die gesamte Palette menschlicher Emotionen lehrt, auch »negative«, und den digitalen Reduktionismus in die Schranken weist. Melancholie ist der schöpferische, musische Ausweg aus der permanenten Überforderung.

Anders als die Trauer hat die Melancholie keinen konkreten Grund, sie ist abstrakt und bedeutet ein Leiden an nichts Geringerem als an der ganzen Welt, sie ist eine internalisierte, chronische Form des Weltschmerzes. Auch deshalb verstößt sie gegen das in die Wirtschaft und durch sie in alle gesellschaftlichen Aspekte unseres Lebens eindringende Kausalitätsprinzip. Wenn es keinen konkreten Grund gibt, traurig zu sein, gibt es überhaupt keinen Grund, traurig zu sein. Die Möglichkeit der Traurigkeit wird somit negiert und delegitimiert.

Auf gesellschaftspolitischer Ebene lautet das Äquivalent:

Was wollt ihr denn, euch geht es doch relativ gut? Fast Vollbeschäftigung, Sicherheit, ein gutes Ausbildungssystem und ein Leben auf hohem Niveau. Unzufriedenheit und Enttäuschung begegnet man mit erhellenden Fakten und Statistiken, die das individuelle Schicksal, das Leiden des Einzelnen in Relation setzen soll zum großen Ganzen. Selten aber haben rationale Argumente dazu beigetragen, Gefühlslagen und schwer bezifferbare Stimmungen zu entkräften. Sie mögen für unbeteiligte Beobachter wertvolle Einsichten ermöglichen, aber sie tun herzlich wenig, wenn es um die Anerkennung von Emotionen geht. Im Gegenteil, die Kluft zwischen den Emotionalisierten und den Erklärenden vergrößert sich. Eine humane Verlustgesellschaft ist eine melancholische Gesellschaft. Sie akzeptiert und zelebriert Traurigkeit ohne Grund.

Aber wie könnte eine melancholische Organisation, eine melancholische Arbeit konkret aussehen? Zum einen könnte sie begreifen und verinnerlichen, dass Melancholie eine Form der Arbeit ist, eine performative Tätigkeit. Sie könnte ferner Rituale institutionalisieren, die dabei helfen, organisatorische Trauer wie das Ende von Projekten, das Ausscheiden von Mitarbeitern oder das Scheitern von Initiativen zu verarbeiten (dazu später mehr). Sie könnte bei Performance-Bewertungen von Mitarbeitern Stimmungs- und Leistungsschwankungen zulassen und integrieren, sie könnte die emotionale Palette erweitern.

Organisationen sind gut darin beraten, Melancholiker in ihren Reihen zu fördern und ihre Qualitäten zu erkennen. Konkret bedeutet das eine Abkehr von der emotionalen Zwangspositivität, die so viele Arbeitsplatzkulturen mittlerweile charakterisiert, hin zu Räumen für Melancholie, für grundlose Traurigkeit und tatsächlich auch für Passivität.

Verlieren können bedeutet, passiv sein zu können, ja, die eigene Passivität als Reflexion, als »Muße tun« zu verstehen, als kreative Methodik. Eine Organisation sollte ihre Melancholiker pflegen, ihnen Raum und Zeit geben, um so von ihren Einsichten und Ideen zu profitieren. Der Melancholiker unternimmt nur dann etwas, wenn es wirklich etwas zu tun, etwas zu verändern gibt, nicht jedoch, wenn einzig etwas gewonnen werden soll. Das unterscheidet ihn von den (Möchtegern-)Gewinnern und Karrieristen.

Und das soll zu mehr Wachstum führen? Ja, zumindest zu mehr Selbsterkenntnis, Kreativität und ergo Innovation – alles Qualitäten, die die Vitalität und Wirksamkeit von Organisationen langfristig und nachhaltig verbessern. Wachstum als Selbstzweck, auf Kosten der Umwelt, des gesellschaftlichen Zusammenhalts und des individuellen Wohlbefindens? Dann lieber Melancholie. Wie sehr man sich doch wünschen würde, Mark Zuckerberg wäre ein Melancholiker!

Die Leute, die jetzt aufschreien und mit institutioneller Melancholie Faulheit und Schmarotzertum verbinden, sind die gleichen, die auch beim bedingungslosen Grundeinkommen einen Tobsuchtsanfall bekommen. Zu Recht, denn sie bemessen den Sinn des BGE nach völlig anderen Maßstäben. Für die Melancholiker, also die sanften, weisen Verlierer der Gesellschaft, die sich mit dem Verlieren abgefunden haben und gerade deswegen jeden Tag Sinn stiften, Wert schaffen, Schönheit schaffen und schätzen und Ideen produzieren, ist das BGE ein wahr gewordener Traum. Das BGE gibt ihnen Raum und Zeit für Melancholie, außerhalb der Routinetätigkeiten, der Bullshit-Jobs und der Karrierezwänge. Sie werden nun nicht mehr dreifach bestraft: als Nachzügler der Leistungsgesellschaft, Resignateure und Stimmungstöter.

Wir leben in einer melancholischen Epoche. Die Melancholie ist das Sentiment unserer Zeit. Wenn wir es ernst meinen mit einer Gesellschaft, die das Verlieren nicht nur toleriert, sondern wertschätzt, müssen wir die Melancholie nicht nur salonfähig machen, sondern als schöpferischen Zustand des arbeitenden Menschen würdigen. Eine Wirtschaft mit unbedingter Gewinnorientierung kann sich keine Melancholiker leisten. Da wir uns aber nicht länger eine Wirtschaft mit unbedingter Gewinnorientierung leisten können, bleibt uns nur die Melancholie. Eine Gesellschaft, die das Verlieren möglich macht, die verlieren kann, die muss auch Melancholie können. Eine Gesellschaft der guten Verlierer ist eine Gesellschaft der Melancholiker. Erst wenn uns die Digitalisierung hilft, die Siegermentalität zu überwinden, wenn sie uns erlaubt loszulassen und zutiefst traurig zu sein, wird sie für uns Menschen wirklich zu einer Erfolgsgeschichte werden.

Individuum

Uns-selbst-Verlieren

Melancholie ist proaktiv und resignativ zugleich. Sie bedeutet, dass wir die Hoffnung (fast) aufgegeben haben, aber immer noch die Gestaltungsfreiheit haben, uns emotional einzurichten im Verlieren, das somit vom Niemandsland zum Rückzugsort wird. Dieses Uns-selbst-Verlieren öffnet uns immer auch für neue Impulse, die uns vom vorgefassten Weg abbringen, uns aus der Komfortzone stoßen und uns zu neuen Quellen der Inspiration führen. Echte Inspiration heißt, dass wir uns verlieben. Wer inspiriert ist, dies hat mir einmal Jamshid Alamuti, Leiter der Pi School in Rom, mit leuchtenden Augen nahegelegt, der ist verliebt in eine Idee, ein Projekt, eine Vision. Und es verliebt sich nur der, der jemandem begegnet, welcher seine Idee oder Vision mit echter Leidenschaft vorträgt – eine Leidenschaft, die so roh ist, dass sie von keinem Berater, keinem Coach gelehrt werden kann. Diese Art von Leidenschaft ist unbedingt und unverhältnismäßig, und sie kann nur von jemandem stammen, der selbst verliebt ist in seine Idee, seine Vision, jemand, der sich selbst, zumindest für einen Moment oder eine bestimmte Zeitspanne, verloren hat.

In Zukunft werden wir das Kunststück schaffen müssen, uns sowohl verlieren zu können als uns selbst gleichzeitig so gut zu kennen, dass wir vor den Manipulationen der emotionalen Ingenieure sicher sind. Gefragt ist eine neue emotionale Mobilität: die Fähigkeit, uns zu verlieren und doch immer wieder zu finden, zwischen verschiedenen emotionalen Modalitäten zu wandeln und in ihnen gleichzeitig heimisch zu sein.

Das Uns-selbst-Verlieren ist die letztmögliche Subversion gegen das Diktat der rational-ökonomischen Vernunft, ist die einzig mögliche Rebellion gegen die Buchhaltung, die Erbsenzählerei, die Sachzwänge, die stets dafür sorgen, dass nichts, aber auch gar nichts, an Wert verloren geht, dass es keine Exzesse gibt, keine Verschwendung, keine Verausgabung und daher auch keine wirkliche Energie.

Uns selbst zu verlieren ist riskant und stellt einen nicht unerheblichen Kontrollverlust dar. Es bedeutet, unter Umständen erst den Verstand, danach den Körper, dann das Herz und vielleicht sogar das Gesicht zu verlieren. Unsere westlichen Gesellschaften haben diese Art von Verlieren marginalisiert beziehungsweise kommerzialisiert. Wir erleben sie nur noch beim Besuch eines Fußballspiels, des Oktoberfests, bei einem spirituellen Tanz, durch den Konsum von Drogen oder beim Burning-Man-Festival.

Wenn wir uns selbst verlieren, überschreiten wir das eigene Selbst zugunsten einer dritten oder vermeintlich höheren Entität. Dies können andere Körper sein, höhere Bewusstseinszustände, Kulte, Religionen oder transzendente Konzepte anderer Natur – sie alle eint das Gefühl, Teil von etwas zu sein, das größer ist als wir selbst.

Und sie alle führen uns letztlich auf uns selbst zurück.

Der Verlierer, das bin ich.

Von Ego zu Eco

Für ein deutsches Handelsunternehmen führte ich 2019 ein Weiterbildungsprogramm für High Potentials durch, für Führungskräfte mit Ambitionen auf höhere Aufgaben. Unter anderem stellte ich mit meinem Team eine einwöchige »Learning Expedition« durch die Start-up- und Digitalszene Berlins zusammen. Am Ende des dritten Tages – dicht gefüllt mit Firmenbesuchen, Kurzreferaten und Workshops – stand bei tropischen Juni-Temperaturen noch ein Programmpunkt an: eine Gastvisite bei TheDive, einem in Wedding beheimateten Think Tank, der Firmen dabei hilft, sich weiterzuentwickeln – mit den Worten TheDives, »das nächste Kapitel seiner eigenen Entwicklung aufzuschlagen«.

Die zwölf Teilnehmer des Programms und ich trafen abgekämpft und ziemlich erschöpft im Büro von TheDive ein. Jörn, einer der Gründer des Think Tanks, begrüßte uns, spürte sofort den niedrigen Energielevel der Gruppe und ließ uns erst einmal ankommen. Dann bat er uns, einen Kreis zu bilden, und lud einen der Teilnehmer ein, eine Meditation zu leiten. Anschließend führte er uns dann, mit sanfter Stimme und scheinbar aller Zeit der Welt, in die Geheimnisse der integralen Entwicklungspsychologie ein, die als »Spiral Dynamics« auch immer mehr Anklang in Organisationen findet. Die Kerneinsicht: Persönlichkeits- wie Organisationsentwicklung sind nicht linear.

Die Führungskräfte empfanden die Session als absolut befreiend, bot ihnen dieses Modell doch endlich die Möglichkeit, nicht alles Bestehende infrage stellen zu müssen (wie dies so oft der erste Impuls ist bei Transformationsprozessen), nicht nur von A nach B zu kommen, und zwar möglichst schnell, sondern in Spiralen zu denken; nicht alles aufzugeben und zurückzulassen, sondern sich selbst Zeit zu geben. Die kollektive Erleichterung war spürbar.

Ein paar Wochen später traf ich Simon Berkler, einen weiteren Mitgründer von TheDive, und bat ihn um einen Überblick über die diversen Konzepte. Bei einem Glas Wein waren sie sofort etwas leichter verdaulich, und ich will im Folgenden verkürzt wiedergeben, was Berkler mir mit auf den Weg gab. Es lohnt sich, weil, wie wir sehen werden, die Entwicklungstheorien uns dabei helfen können, konstruktiv mit dem Verlieren umzugehen. Aber der Reihe nach: Zunächst ist da einmal die Entwicklungspsychologie, deren Grundtenor ist, dass sich das Bewusstsein eines Menschen auch im Lauf seines erwachsenen Lebens kontinuierlich verändert. Als eine ihrer prominentesten Vertreterinnen gilt die US-amerikanische Entwicklungspsychologin Jane Loevinger (1918–2008), die der Ansicht war, dass in der Entwicklung des Selbst zu einer höheren Bewusstseinsstufe der Schlüssel zu einer bewussteren Gesellschaft liegt, die Selbstverwirklichung über Produktivität stellt sowie auf Selbstbestimmung und grundlegendem Respekt beruht (vor allem im Umgang mit der Natur und allen Lebewesen).

Loevinger unterteilt diese Entwicklung in zehn Stufen

(wobei die meisten Erwachsenen nicht immer eindeutig einer Stufe zuzurechnen sind). Wichtig war ihr und ist ihren Kolleginnen, dass keine der Stufen besser oder schlechter ist (ein Argument, das etwas lahmt – schließlich sind die Stufen progressiv angelegt und entsprechend nummeriert) – und dass keine bei der persönlichen Entwicklung übersprungen werden darf. Die ersten beiden Stufen kommen fast nur bei Kindern vor und die letzten beiden einzig bei ganz wenigen Menschen. Zwei Drittel aller Erwachsenen befinden sich, folgt man Loevinger, auf den Stufen 5 (»Rationalistische Stufe«) und 6 (»Eigenbestimmung«). Die Merkmale von Stufe 5 sind pragmatisches Verhalten, ein Drang zur Stärkung der eigenen Positionen, der eigenen Identität sowie der Abgrenzung, um diese zu untermauern. Mit höher entwickeltem Bewusstsein würden Menschen dann offener und flexibler, würden die Dinge um sie herum mit größerer Gelassenheit, einem Sinn für die Relativität von allem behandeln.

Loevinger und andere Psychologen behaupten, dass Ethnozentrismus und Autoritätsgläubigkeit, aber auch absolute moralische Positionen zu Rollen- und Geschlechtervorstellungen auf den Stufen 4 und 5 stark ausgeprägt sind, um dann auf den höheren Stufen von Autonomie und Diversität abgelöst zu werden. Die heutige Leistungsgesellschaft favorisiert Menschen, die sich auf Stufe 6 befinden und nach Selbstverwirklichung streben. Allerdings deuten Testergebnisse darauf hin, dass sich bereits gut zehn Prozent der Bevölkerung in westlichen Gesellschaften auf Stufe 7 befinden und somit das Leistungsideal mit seinem Schwerpunkt auf Eigenbestimmung, Pragmatik und Selbstverwirklichung hinter sich gelassen haben. Sie sind post konventionelle Pluralisten, wenn man so will. Stufe-7-Vertreter stellen Dinge infrage, ohne sofort Antworten erhalten zu müssen. Und Stufe-8-Vertreter schließlich betrachten fast alles skeptisch, akzeptieren aber immer mehrere Antworten, wissen, dass immer mehrere Antworten möglich sind. Je höher die Stufe, desto mehr führt die Entwicklung des Ich vom Ich weg: von der Konformität zur Individualität zur Kollektivität zur Weisheit. Man könnte auch sagen, Menschen auf Stufe 8 haben sich mit der Vergänglichkeit und Vergeblichkeit allen Tuns abgefunden. Sie sind melancholisch, besitzen »Passivitätskompetenz« (Peter Sloterdijk) und können loslassen, vor allem das eigene Ich. Sie sind aufgeklärte, glückliche Verlierer.

In der Organisation- und Gesellschaftstheorie entsprechen diese Stufen den Spiral Dynamics, einem ursprünglich von der US-amerikanischen Psychologin Clare Graves und dann von Don Beck und Christopher Cowan weiterentwickelten Modell, das der US-Amerikaner Ken Wilber mit seinen Büchern popularisierte und zuletzt auch von dem Franzosen Fréderick Laloux in seiner Theorie der »Teal Organization« einem Business-Publikum zugänglich gemacht wurde. Die Spiraldynamik besteht aus acht Wellen und unterscheidet zwischen sechs Stufen der »Grundexistenz«, die es als »Denken des ersten Ranges« charakterisiert, sowie dem »Denken des zweiten Ranges« auf den Stufen 7 und 8.

Die unterschiedlichen Stufen der Spiraldynamik verlaufen nicht progressiv, sondern sind miteinander verwoben und können auch parallel erfahren werden, das heißt, ein Mensch oder eine Organisation können sich zur gleichen Zeit auf verschiedenen Ebenen befinden. Die spiraldynamische Sicht rät Führungskräften, diese bei Veränderungsprozessen immer mitzudenken. Es gilt zu berücksichtigen, dass sich Menschen in ihren Organisationen nicht so ohne Weiteres von einer Stufe zur nächsten bewegen können, sondern sich oft auf mehreren Stufen gleichzeitig befinden. Jeder Wandel ist daher immer mehr als nur eine Stufe, mehr als ein lineares Von-A-nach-B-Kommen.

Auf gesellschaftlicher Ebene haben wir es mit einem Wandel-Paradox zu tun: Auf der einen Seite wird die Gesellschaft immer liberaler und fordert soziale Gerechtigkeit und stärkere Gleichstellung von diversen Bevölkerungsgruppen (#MeToo, polyamore Beziehungen, mehr Rechte für homosexuelle und nichtbinäre Identitäten), auf der anderen Seite wird sie reaktionärer. Die ungleiche Distribution der Entwicklungsstufen würde nun erklären, warum Menschen, die merken, dass Loevingers Stufe 6 für sie nicht mehr funktioniert, Zuflucht suchen bei den einfachen »Lösungen« der Nationalisten und Populisten – während gleichzeitig alternative Politik- und Gesellschaftskonzepte und wachsende Kapitalismuskritik von immer mehr Menschen begrüßt werden.

Das Spannende ist nun, dass das bedingungslose Grundeinkommen mit den höheren Stufen korrespondiert – und zwar in doppelter Hinsicht. BGE ist die angemessene gesellschaftspolitische Maßnahme für jene, die schon auf Stufe 7 oder 8 sind. Gleichzeitig kann es in seiner radikalen Einfachheit bewirken, dass Menschen auf der Stufe 6 Anreize haben, eine höhere Stufe zu erklimmen. Stellt uns die digitale Revolution nun vor die Herausforderung, unseren Begriff von Arbeit, unser Sozialsystem, unsere Definition von gesellschaftlichem Mehrwert, Erfolg und sozialer Gerechtigkeit radikal neu zu fassen, ist das BGE ein willkommener Katalysator, um einer breiten Bevölkerungsgruppe die Möglichkeit zu geben, die nächste Entwicklungsstufe anzustreben.

In einigen progressiven Unternehmen hat man inzwischen damit begonnen, interne Weiterbildungsprogramme vor allem auf diese persönliche Entwicklung abzustellen und die Teilnehmer (meist Führungskräfte) von einem Skill- zu einem Mindset-basierten Verhalten zu bewegen, das in Zeiten zunehmender »Volatility«, »Uncertainty«, »Complexity« und »Ambiguity« (VUCA lautet das ungelenke Modewort) mehr Orientierung bieten kann als die Stärkung gezielter Kompetenzen. Welche Kompetenzen nämlich in Zukunft gebraucht werden, ist nicht klar und kann sich auch schnell ändern. Die wohl wichtigste Zukunftskompetenz wird deshalb die sein: nichts zu wissen, sich für alles zu interessieren, mehrere Wahrheiten zu ertragen und stets improvisieren zu können. Dinge werden schnell hässlich, wenn es nur eine Bedeutung gibt, wenn es nur eine Wahrheit, wenn es nur Antworten und keine Fragen gibt.

Auf gewisse Weise ist das BGE das Korrelat zu diesem Ansatz und macht VUCA für weite Bevölkerungsteile anfassbar. Es schafft einen riesigen Möglichkeitsraum. Einige werden sich darin verlieren, andere werden die unerwartete Menge an unstrukturierter Zeit sinnvoll füllen können.

Das Bewusstsein (von Gesellschaft, Organisation und Individuum) bewegt sich von der Abgrenzung zu anderen zur Sensibilität für die Marginalisierung von anderen zum Wissen und der ganzheitlichen Anerkennung des anderen als integralem Teil des Selbst. Mit anderen Worten: Wir machen den Schritt von der Diskriminierung von Verlierern zur Solidarität mit Verlierern zur Identifikation mit Verlierern. Die höchste Form der Entwicklung bedeutet anzuerkennen, dass wir selbst die Verlierer sind beziehungsweise immer beides, Gewinner und Verlierer, zugleich. Entscheidend ist nicht der Ausgang des Spiels, sondern das Spiel zu spielen, solange wir dazu Gelegenheit haben.

Spielen, aber nicht, um zu gewinnen

Pico Iyer, der weit gereiste Autor, erzählt in seinem 2019 erschienenen Buch *Autumn Light,* was Japan ihn über das Gewinnen und Verlieren lehrte. Seit 1987 lebt der gebürtige Brite in seiner Wahlheimat Japan, in einem kleinen Dorf namens Nara nahe Kyoto, und er erzählt mir, als wir uns treffen, davon, wie ältere japanische Ehepaare, deren Kinder und Enkelkinder die Heimat verlassen haben, Schauspieler anheuern, um die Rollen der abwesenden Familienmitglieder einzunehmen. Ein absurdes Schauspiel für die meisten von uns hier im Westen, aber nicht ungewöhnlich in Japan. Der Verlust, die Abwesenheit, wird durch theatralische Mittel, durch Fiktion aufgehoben. Das Verlieren wird durch Fantasie kompensiert.

Neben der Fiktionalisierung des Alltags als effektiver Strategie gegen das Verlieren lehrt uns auch das in Japan sehr populäre Tischtennis über das Gewinnen und Verlieren. Anders als in den USA, wo jedem Schüler immer wieder eingetrichtert wird, dass er ein Gewinner ist, ist dies in Japan nicht nur eine leere Phrase, sondern eine praktizierte Weisheit, auf der die Tischtennisklubs des Landes ausgerichtet sind.

Iyer erzählt in *Autumn Light,* wie er in seinem Dorf Nara einmal in der Woche Tischtennis spielt. Die Regeln sind klar: Es werden nur Doppel gespielt, und die Paare wechseln. Und weil die Spieler so oft wechseln, zählt keiner die Sätze oder Matches. Verlierer gibt es am Ende keine, sondern nur Gewinner. Beziehungsweise, niemand gewinnt wirklich. Iyer schreibt, die besten Spiele seien jene, bei denen keiner gewinnt, sich aber alle wie Gewinner fühlen. Ferner weist er darauf hin, dass es oft der Faktor Zeit ist, der uns zeigt (und womöglich auch darüber entscheidet), wer wirklich gewonnen oder verloren hat. In seinem TED Talk von 2019 schildert er die Geschichte eines Holocaust-Überlebenden, der nur deshalb dem Tode entkam, weil er im Konzentrationslager von einem Nazi-Schergen erkannt und verschont wurde.[93] Der nämlich hatte ihn erkannt als einen der Spieler, die 1936 in einem sagenumwobenen Tischtennis-Match in Prag teilgenommen hatten, bei dem der erste Ballwechsel zwei Stunden und zwölf Minuten (!) gedauert hatte. Wer das Spiel schlussendlich gewonnen hatte, war gleichgültig.

Hat Barack Obama verloren oder gewonnen? Wie wird die Welt seine Amtszeit beurteilen? Wer zählte wirklich zu den Gewinnern und Verlierern der beiden Golfkriege? Und nach dem Fall der Berliner Mauer: Wer waren die wirklichen Gewinner? Und hat der demokratisch-liberale Kapitalismus westlicher Prägung wirklich gewonnen nach dem Zusammenbruch der Sowjetunion, wie das Francis Fukuyama in seinem Buch *Das Ende der Geschichte* nahegelegt hatte? Oder die großen Bewegungen, die 68er oder jetzt Fridays for Future? Welche Wirkung haben sie wirklich (gehabt)?

Iyer betont, dass wir gerade in der Wirtschaft erst dann unsere Ziele wirklich erreichen, wenn wir nicht mehr ausschließlich auf das Ziel fixiert sind, sondern unseren Blick und unsere Konzentration schweifen lassen. Nur so können wir das Ziel tatsächlich verorten. Mit anderen Worten: Nicht unbedingt gewinnen zu wollen, ist der einzige Weg, um zu gewinnen. Wobei dann das Gewinnen auch keine Rolle mehr spielt.

Noch einmal soll der Sport als Beispiel dienen: Das 4:0 des FC Liverpool über den FC Barcelona in der Champions League 2019 (nach einer 0:3-Niederlage im Hinspiel) war eine Sensation. Auch Liverpools Trainer Jürgen Klopp war euphorisiert. Vor dem Spiel hatte er seinen Spielern gesagt, dass sie entweder das Unmögliche schaffen oder wunderbar scheitern sollten. Damit gab er seinem Team die Erlaubnis zu verlieren – und somit auch die Freiheit, einfach auf den Platz zu gehen und Freude, Leidenschaft und Überschwang zu spüren, ohne die Last der Konsequenzen im Kopf zu haben. Während die Spieler vom FC Barcelona vom Druck der möglichen, undenkbaren Blamage erstickt schienen, war für den Liverpooler Klub der Weg zur Erlösung klar: In dem Moment, in dem es nicht mehr nur ums Gewinnen ging, wurde das Gewinnen möglich.

Spielen um des Spielens willen – das ist ein Affront gegen den kleinsten gemeinsamen Nenner der digitalen Gesellschaft: Effizienz. Wenn wir Digitalisierung sagen, meinen wir Effizienz. Wer sonst keine Vision hat, der ist immerhin effizient. Effizienz ist dabei geradezu das Gegenteil, ja der Feind von Vision, von Innovation. Ich würde sogar noch weiter gehen: Effizienz ist nicht nur betriebswirtschaftlich problematisch, sondern unmenschlich. Effizienz zerstört alles, was das Leben lebendig und lebenswert macht.

Aber was ist das Gegenstück, das Gegengift zu Effizienz? Schönheit. Schönheit war einst ein gesellschaftliches Prinzip, eine moralische Basis zivilisierter Gesellschaften. Man könnte auch sagen, dass im Streben nach Schönheit eine Kernqualität menschlichen Daseins liegt. Wenn wir im Einklang mit der Natur und anderen Lebewesen existieren wollen, brauchen wir ästhetische Sensibilität. Und ästhetische Sensibilität ist nicht nur eine sinnliche Erfahrung der Welt, sie ist eine moralische Haltung, die es uns möglich macht, nicht nur ein produktives Leben, sondern ein schönes Leben zu leben. Denn alles Schöne auf der Welt ist ineffizient. Und alles Neue entsteht aus Vorstellungskraft und Leidenschaft – beides höchst ineffiziente Qualitäten: Fantasie schweift, Leidenschaft brennt. Fantasie verschwendet Zeit, Leidenschaft Energie, aber ohne beides ist das Leben hässlich.

Das Spiel nicht mehr mitspielen

Der gebürtige Oberösterreicher Marc Mertens hatte eine gut laufende Design- und Innovationsagentur in Los Angeles und New York: A Hundred Years. Der Name war clever gewählt: »A Hundred Years« stand stellvertretend für Mertens' Anspruch, Unternehmen dabei zu helfen, ihren »Purpose« zu finden, ihre »Legacy«, ihr Vermächtnis. Hundert Jahre, nicht nur das nächste Quartal, sollten der Planungshorizont sein, damit verbunden war auch ein grenzenloser Optimismus. Wenn wir auf die letzten hundert Jahre zurückschauen und sie Revue passieren lassen, lässt sich ja durchaus Fortschritt feststellen. Es ist unglaublich, was seit der Erfindung von Penicillin oder der Konstruktion des T-Modells von Ford alles passiert ist, und es gibt keinen Grund dafür, nicht anzunehmen, dass die nächsten hundert Jahre nicht noch mehr Fortschritt produzieren. Welche Rolle Organisationen und Führungskräfte dabei einnehmen können, diese Frage wollte Mertens mit seinem Team beantworten helfen.

Und tatsächlich fing es gut an: A Hundred Years entwickelte sich zur »Purpose-Beratung«, die die Visionen und Missionen ihrer Kunden mit State-of-the-Art-Designkonzepten und Experiences mit Leben füllen konnte. Mertens gewann den US-amerikanischen Spielzeughersteller Mattel als Großkunden, und für fast zwei Jahre arbeiteten er und sein Team an der Transformation des Konzerns. Ferner zählte Disney zu seinen Kunden, und Mertens überlegte, ob es an der Zeit wäre, nach Europa zu expandieren. Er organisierte mehrere

Business-Trips und pitchte seine Ideen und Services an deutsche Automobilhersteller (die gut daran getan hätten, auf seinen Rat zu hören). Aber irgendwie wollte sein Angebot in Europa nicht verfangen. Den einen war es zu amerikanisch, den anderen zu esoterisch, den dritten zu teuer.

In den USA sorgte unterdessen Trump in Wirtschaftskreisen für allgemeine Verunsicherung. Budgets wurden eingefroren oder gekürzt, und die Purpose-Diskussion wurde plötzlich zum Luxus. Die meisten Unternehmen profitierten zwar von Trumps Steuergeschenken, zeigten sich aber besorgt über die globale wirtschaftliche Anspannung, mit neuen Zöllen und der Gefahr von Handelskriegen. Das Geschäft litt darunter, und Mertens, so räumt er heute ein, hatte den Zeitpunkt verpasst, den Aufschwung von A Hundred Years zu nutzen, um langfristige Strukturen mit wiederkehrenden Einnahmequellen zu schaffen. Zudem hätte er zahlreiche Fehler gemacht beim Einstellen neuer Mitarbeiter, sagte er zu mir.

Das Geschäft brach ein, nicht über Nacht, aber sukzessive. Aber noch etwas anderes geschah, schrittweise. Mertens, gerade vierzig geworden, verlor die Lust. Er verlor – ironischerweise – seinen eigenen Purpose. Sein Ziel war es immer gewesen, etwas Licht in die Welt von Unternehmenskorridoren und Vorstandsetagen zu bringen, aber plötzlich wurde der Kerzenstrahl zum Neonlicht, fühlte er sich eingeklemmt und gehemmt.

Inzwischen hatte er einen beträchtlichen Fixkostenapparat, den er mit sich rumschleppte – 300 000 US-Dollar pro Monat –, und der Druck, für mehr als vierzig Angestellte und deren Familien verantwortlich zu sein, machte ihm, als alleinigem Inhaber der Firma, zu schaffen. »Wenn wir drei Monate mal keinen Umsatz hatten, waren wir sofort in den roten Zahlen«, erzählte er mir. Sein Büro lag im hippen East

L. A., es war ein »Destination Büro«, mit abgestelltem, zum Meeting-Raum umfunktioniertem Airstream Camper und anderen schicken Design-Features. Aber all das kam ihm nun überflüssig vor, empfand er als Bürde. »Ich hatte jahrelang alles drangesetzt, mein Unternehmen, mein Büro zu designen, aber völlig vernachlässigt, mein Leben zu designen. Mein Leben erschien mir plötzlich seltsam un-designt, seltsam un-gestaltet.«

Es wurde höchste Zeit, dies zu ändern. Mertens löste das Büro auf, entließ seine gesamte Führungsspitze und behielt nur Designer, Entwickler, Strategen und Produzenten. Er reduzierte sein Team auf zehn Mitarbeiter, die als virtuelles Netzwerk von ihren jeweiligen Wohnungen und Städten aus zusammenarbeiteten, und begann sie performanceabhängig zu bezahlen. Er selbst zog mit seiner Frau Heather nach Österreich und renovierte ein leer stehendes Landhaus in den Alpen, fünfundvierzig Minuten von Salzburg entfernt. Bis auf einige Mäuse, die sich standhaft weigerten, das Haus zu räumen, fühlten sich Mertens und seine Frau sofort zu Hause.

Bis auf die Zeit zwischen 16 und 20 Uhr, wenn er E-Mails beantwortet, an Telefonkonferenzen teilnimmt und mit einzelnen Mitgliedern seines virtuellen Teams spricht, arbeitet er an neuen Ideen und Formaten, unternimmt Wanderungen, kauft Lebensmittel im nahe gelegenen Dorf oder genießt die idyllische Landschaft. Nächstes Jahr wollen er und Heather ihre Zelte in L. A. endgültig abbrechen und ganz nach Europa umsiedeln. Vorher noch plant Mertens in seinem Landhaus Seminare anzubieten zum Thema Purpose und persönliche Transformation.

All das klingt nach Aussteigerromantik, nach Bilderbuch-Midlife-Crisis-Eskapismus, dennoch ging es mir beim Zuhören so, dass ich einen gewissen Neid spürte. Mertens hatte vieles aufgegeben, aber die neue Freiheit und die Unabhängigkeit, die sein neuer minimalistischer, asketischer Lebensstil ermöglichte, erschienen mir wie ein Sechser im Lotto: Das Spiel nicht mehr mitzuspielen oder zumindest eigene Regeln aufzustellen, hatte ihm einen unermesslichen Gewinn an Lebensqualität und Lebensfreude, an Flexibilität und Selbstachtung beschert.

Der effektivste Weg, dem Verlust zuvorzukommen, ist der bewusste Rückzug. Wenn wir selbst wählen zu verlieren, wiegt das Verlieren nicht mehr so schwer. Es ist dann kein Fluch, keine Strafe, sondern ein Segen, ein Ort der Konzentration. Jede »Weniger ist mehr«-Losung, jeder Konsumverzicht, jegliche Form der körperlichen oder geistigen Askese bringt uns mit uns selbst ins Reine. Wer unter Menschen lebt, verliert, wird immer auch zum Verlierer; wer auf Ablenkungen und andere weltliche Vergnügen verzichtet, sich auf sich selbst und innere Welten besinnt, der verliert, wird sich aber nie als Verlierer fühlen. Zu verzichten, sich dem Spiel der Gewinner und Verlierer zu entziehen, ist die radikalste Strategie des Verlierens.

Bedeutet dies, dass wir nun alle zu Eremiten werden sollen? Nein. Aber Meditationspraktiken, stille Retreats, Fasten oder andere Formen der Einschränkung, der Fokussierung und bewussten Aufgabe von Ballast und Abwehr von materiellen Reizen sind eine wichtige Übung im Verlieren und schärfen unsere Sinne für den Widerstand gegen und die Möglichkeit einer Gesellschaft nach der Diktatur der Gewinner. Jeder dieser bewusst gewählten kleinen oder temporären Verluste bereitet uns auf die großen vor und macht uns zu besseren Verlierern. Entscheidend ist, dass wir das, was bleibt, wenn alles andere wegfällt, nämlich uns selbst, schätzen – und zwar außerhalb der numerischen Kennzahlen, geprägt von den Erwartungen Dritter in einer daueroptimierten Gesellschaft. Wer verliert, ist mit sich allein. Dann sind Selbstakzeptanz und Selbstliebe gefragt, und auch Selbstmitleid, ein Begriff, den wir oft als despektierlich empfinden. Aber Selbstmitleid ist nichts, für das wir uns schämen sollten, sondern eine überlebenswichtige Qualität für Verlierer. Wir sollten vor lauter Forderungen nach Empathie für andere nicht vergessen, auch uns selbst empathisch zu begegnen, uns mit einer Tasse Tee oder einem Glas Wein in eine warme Decke zu hüllen, romantische Komödien anzuschauen oder anderen Eskapismen nachzugeben, und Sanftheit und Gnade walten zu lassen, wo wir sonst dazu neigen würden, mit uns selbst hart ins Gericht zu gehen.

Vielleicht ist ja die wichtigste berufliche Kompetenz der Zukunft nicht Agilität oder Kreativität, sondern die Gabe zu heilen – vor allem uns selbst. Vielleicht signalisiert dies ja den Beginn einer Zukunft der Arbeit, deren Wesen nicht mehr das Erstellen und der Konsum von Produkten ist und auch nicht eine Plattform, sondern Sorge und Fürsorge. Vielleicht werden ja die Berufe der Zukunft alles Berufe der Heilung sein. Es gibt nämlich vieles zu heilen: von den Wunden unseres Planeten zu den Narben jener, die verloren haben, verlieren oder sich als Verlierer fühlen.

Aufgeben

Gewinnen und Verlieren ist ein Kontinuum. Kurz vor dem Verlieren liegt das Aufgeben – unsere letzte verbleibende Chance, das Verlieren proaktiv zu gestalten. Durch das Aufgeben bewahren wir unsere Würde und setzen uns sinnvoll in Bezug zu Vorgängen, die außerhalb unserer Kontrolle liegen.

Gänzlich die Hoffnung aufgegeben, zumindest die auf eine Reversion der Klimakatastrophe, hat der US-amerikanische Schriftsteller Jonathan Franzen. In einem Aufsatz für den *The New Yorker* rief er im September 2019 dazu auf, endlich damit aufzuhören, so zu tun, als ob die Klimakrise lösbar wäre.[94] Er sei kein Wissenschaftler, schreibt Franzen, aber mit gesundem Laienverstand sei er alle denkbaren Szenarien durchgegangen, und angesichts der Natur des Menschen halte er es schlicht für unmöglich, dass wir die Klimakatastrophe noch abwenden können. Selbst die konservativsten Prognosen würden davon ausgehen, dass sich die Erde um nicht mehr als 1,5 Grad erwärmen dürfe. Aber alle menschlichen Systeme, Strukturen, Gesetze und individuellen Verhaltensweisen entsprechend anzupassen, das Hier und Jetzt grundlegend zu ändern, und das über den Zeitraum von nur einem Jahrzehnt, sei völlig illusorisch. Dennoch hätten wir eine moralische Verpflichtung, uns so klimaneutral wie möglich zu verhalten, meint Franzen, alleine schon deshalb, um mit uns selbst ein reines Gewissen zu haben. Ethik sei schließlich, was man trotzdem tut. Wir stehlen nicht, nicht nur weil wir glauben, somit die Welt von allem Diebstahl zu befreien. Wir morden nicht, nicht nur weil wir glauben somit die Welt von allen Morden zu befreien, sondern weil es die moralisch angemessene Handlung ist.

Abgesehen davon hält Franzen sämtliche politischen und technologischen Initiativen für unrealistisch. Er kritisiert sie sogar für ihre hohen Opportunitätskosten, darauf verweisend, dass jeder Euro, jeder US-Dollar, der in eine ambitionierte Energiewende oder Umrüstung investiert wird, besser aufgehoben wäre in Projekten, die Rechtssicherheit, Demokratieverständnis, politische Stabilität und gesellschaftlichen Zusammenhalt stärken. Diese nämlich würden wir dringend brauchen, wenn die schrittweise Katastrophe unsere Zivilisation bedrohe. Alles, was uns bleibe, sei Hoffnung, vor allem die auf den Menschen im Verhältnis zu anderen Menschen. Ginge es nach Franzen, so haben wir bereits verloren, und alles, was uns bleibt, ist, in der Niederlage zu unserer Menschlichkeit zu finden und uns unter den neuen Bedingungen neu einzurichten. Möglich sei das mit einem neuen, einem postapokalyptischen Gesellschaftsvertrag. Noch, so der Autor, fehle uns dafür die Fantasie, aber es sei zu beobachten, dass sich die Stimmen derer mehren, die den Kampf gegen die Klimakrise für beendet erklären und fordern, dass wir unsere Kreativität und Ressourcen stattdessen in einen radikal veränderten, zu weiten Teilen unbewohnbaren Planeten investieren.

Ähnlich pessimistisch wie Franzen, aber ohne dessen Hoffnung auf postapokalyptische gesellschaftliche Solidarität, erschien in der *Süddeutschen Zeitung* im Sommer 2019, inmitten von Greta und #FridaysForFuture-Schulstreiks, ein ähnlich kontroverser Beitrag. Der Autor, Philip Bovermann, riet uns dazu, doch endlich unsere Hoffnung aufzugeben: »Lasst alle Hoffnung fahren«, schreibt er, in Anspielung an das Motto am Tor zur Hölle in Dantes Inferno. Die Klimakatastrophe habe bereits begonnen und sei nicht mehr aufzuhalten. Unsere letzte Chance: Melancholie.[95]

Fridays for Future und die vielen verheerenden wissenschaftlichen Studien der letzten Zeit haben uns eindringlich vor Augen geführt, dass es zum Verzicht auch keine wirkliche Alternative gibt, wenn wir als Spezies überleben wollen. Ohne ein Weniger von allem – den bewussten Verzicht aufs Fliegen, auf den Konsum nicht nachhaltiger Produkte, auf alle Handlungen, die Emissionen verursachen und unser fragiles globales Ökosystem aufs Spiel setzen –, wird es in

Zukunft nicht gehen. Einfach so weitermachen, in der Hoffnung auf technologische Innovationen, wird nicht reichen. Wenn wir nicht schnell lernen, proaktiv zu verlieren, lieb gewonnene Dinge und Gewohnheiten aufzugeben, werden wir alles verlieren.

Rituale können uns bei diesem Loslassen helfen und erleichtern den Übergang zu neuen Werten und Verhaltensweisen. Sie helfen, neue Räume mit Bedeutung zu füllen. Akte des aktiven Verlierens werden bedeutsam, wenn wir sie wiederholen und als symbolische Akte, also als Handlungen mit Bedeutungswert, der über reine Nützlichkeit hinausgeht, in unseren Alltag integrieren. Mit anderen Worten: Nachdem wir sie weitgehend aus unseren säkularisierten Marktgesellschaften entfernt haben, brauchen wir wieder dringend mehr Rituale – in unserer Gesellschaft, in unserem Privatleben, aber vor allem auch am Arbeitsplatz und in der Wirtschaft.

Der letzte Kuss, das iPhone-Begräbnis und andere Rituale

Der US-Amerikaner Jonathan Cook beobachtet das Verhalten von Konsumenten. Er beschäftigt sich damit, welche Rituale Menschen pflegen, wie sie ihre Identität erschaffen und weiterentwickeln. Besonders interessiert ist er an Momenten der Transgression, wenn bestehende Identitäten überschritten und neue geformt werden, sowie an entscheidenden Weichenstellen im Leben von Menschen. Er schätzt Rituale als erprobtes Mittel, um den Übergang von einem Lebensabschnitt in den nächsten, von einer Identität zu einer anderen zu bewältigen – in religiösen wie säkularen Anwendungen, von der Taufe zur Bar-Mizwa bis hin zur Konfirmation, von der Einschulung zur Hochzeit bis hin zur Beerdigung, dem Fußballspiel oder der Bühnenperformance. Er bekräftigt, dass Rituale uns helfen können, alte Verhaltensweisen aufzugeben und neue anzunehmen. Cook weiß, dass Rituale uns erlauben, materiellen Verzicht zu üben, indem sie symbolische Handlungen so mit Bedeutung aufladen, dass sie uns die entstandene materielle Lücke vergessen lassen und andere, neue Identitäten als den eigentlichen Gewinn empfinden. Er bricht seine Theorie über Rituale in drei Stufen herunter: 1. Dekonstruktion von Teilen der Identität, 2. Rekonfiguration der einzelnen Elemente sowie 3. Konstruktion einer neuen Identität.

Rituale markieren den Zwischenraum zwischen alter und neuer Welt, altem und neuem Ich. Psychologen sprechen von Liminalität, wenn sie die Zwischenräume beschreiben, die einen Wandel von einer Identität auf eine andere markieren. Der Begriff »Liminalität« stammt aus dem Lateinischen: *»limen«* bedeutet »Schwelle«. Liminale Räume sind also Schwellenräume, in denen die einzige Gewissheit die Mehrdeutigkeit ist. Alles ist möglich, aber nichts ist sicher. In diesen Räumen sind wir allein, aber eins mit dem anderen. Wenn wir zwischen zwei Leben sind, erkennen wir, dass es immer auch eine andere Welt gibt, eine andere Wahrheit.

Ein Beispiel für einen solchen symbolischen Zwischenraum lieferte Andrés Iniesta, einst Mittelfeldspieler beim FC Barcelona, der 2018 seine 22-jährige Karriere bei dem Klub beendete. Nach seinem letzten Spiel kehrte er allein in das leere Stadion, das legendäre Camp Nou, zurück und saß lange in der Mitte des Anspielkreises, barfuß, und dachte über seine Karriere und all die Erinnerungen nach, die dieses Stadion für ihn bereithielt. Iniesta wählte ein Ritual, um den Übergang in ein neues Leben zu markieren. Er war buchstäblich im Niemandsland, in einem begrenzten Raum zwischen zwei Kapiteln, zwei Leben. Es war ein angemessener Schlusspunkt einer eindrücklichen Karriere.

Rituale helfen auch als sinnstiftende Schlusspunkte für das Ende von Beziehungen. Dabei können beispielsweise beide Parteien gemeinsam einen liminalen Raum durchschreiten, so wie dies die Performancekünstler Marina Abramović und Ulay taten, als sie 1988 ihre langjährige Beziehung beendeten. Die beiden liefen von entgegengelegenen Orten aus die Chinesische Mauer entlang, um sich schließlich nach tagelangen Strapazen in der Mitte des Weges zu treffen und mit einem letzten Kuss für immer zu trennen.

Auch jeder friedliche Protestmarsch ist eine symbolische Handlung und findet statt im liminalen Raum zwischen der Verkörperung von Widerstand und der (in der Regel) ausbleibenden körperlichen Intervention, die den Status quo tatsächlich ändert. Wir spielten mit dieser Spannung, als wir beim House of Beautiful Business 2019 zu einem Trauermarsch für den Shareholder Value einluden. Fünfzig Teilnehmer unserer Konferenz zogen durch die Straßen von Lissabons Baixa-Viertel, dem historischen Finanzzentrum der portugiesischen Hauptstadt, um dem Konzept der Gewinnmaximierung für Anteilseigner die letzte Ehre zu erweisen. Die Gruppe hatte Blumen und Kerzen dabei, ebenso eine Combo aus Trompeter, Posaunisten und Schlagzeuger, und sie erregte bei ihrem jovialen Umzug nicht unbeträchtliches Aufsehen unter Touristen und Einwohnern.

Im Jahr zuvor hatten wir eine ähnliche Prozession organisiert, damals als Beerdigungszeremonie für Ideen, die von Kollegen, Vorgesetzten oder Investoren abgelehnt worden waren. Oder Ideen, die uns selbst lange angetrieben hatten, aber deren Zeit nun vorbei oder nie gekommen war und nun zu Grabe getragen werden mussten. Die Trauer um gestorbene Ideen sollte helfen, Raum für neue Ideen zu schaffen sowie den Wert von nicht verwirklichten Ideen fassbar zu machen. Ungefähr zwanzig Teilnehmer waren der Einladung gefolgt, hatten ihre »verstorbene« Idee auf einen Briefbogen geschrieben. Am Ende des gemeinsamen Marsches, am kleinen Praça das Flores, wurden diese Briefbogen in einem gemeinsamen Ritual verbrannt, die Asche wurde dann in einen Brunnen geworfen.

Für Jonathan Cook sind Rituale Instrumente, um in weitgehend säkularisierten Gesellschaften verloren gegangene »heilige Räume« wiederherzustellen. Er erforscht die Rituale griechischer Helden und indigener Stämme und analysiert, welche Rolle Irrationalität sowie Leiden (und seine Überwindung) bei der Wirkung von Ritualen spielen, wie sie ein Gefühl des kollektiven, tribalistischen und individuellen Einsseins stiften. So verweist er auf Studien von Stämmen auf Madagaskar, bei denen sich Menschen Speere in die Wangen stießen und von höheren Glücksgefühlen berichteten.

Anstatt nun Kommerz und Wirtschaft als unheilige Sektoren abzulehnen, betrachtet Cook sie als Felder für die Rituale der säkularisierten westlichen Welt. Im Büroalltag, in Kundenerfahrungen und im Management sieht er extrem ritualisierte Räume, in denen Identitäten ständig neu verhandelt werden. Stets ist er auf der Suche nach den unsichtbaren Motiven, die über eine rein funktionale Bedürfnisbefriedigung hinausgehen. Für Pharmakonzerne untersuchte er beispielsweise das Verhältnis von Menschen zu ihren Medikamenten, im Fred Hutchinson Cancer Research Center in Seattle hielt er einen Vortrag zur Bedeutung von Ritualen bei der Behandlung von Krebserkrankten und zeichnete ihre Rolle nach bei der emotionalen Reise der Patienten sowie der des behandelnden medizinischen Personals.

Krebspatienten werden zum Verlierenkönnen gezwungen, verlieren sie doch ihre vormalige Identität und müssen eine neue finden. Die Erkrankung an Krebs stellt für Cook eine zutiefst intime und körperliche Mutation der eigenen Identität dar, einen sich fortschreitenden Verlust und ultimativen Gegenbeweis zur Illusion der Kontrolle über das eigene Leben.

Cook lebt im US-Bundesstaat New York, und an einem eiskalten, sonnigen Dezembermorgen im Jahr 2018 unternahm er dann selbst einen ritualistischen Akt, um einen neuen Lebensabschnitt einzuleiten und von einer Identität zur anderen zu wandeln. Aus seiner Garage holte er eine Schaufel, schritt entschlossen in seinen kleinen Garten, hob ein Loch von einem halben Meter Tiefe aus und begrub sein iPhone. Das Ritual markierte den Beginn eines einjährigen Experiments – der Abstinenz von allen mobilen Applikationen und sozialen Medien. Cook sah seinen Verzicht, seinen Entzug nicht nur als Akt der Selbstbesinnung, sondern auch als stillen und zugleich symbolisch lauten Protest gegen den in seinen Augen unlauteren Reduktionismus der sozialen Netzwerke, die uns de facto auf eine singuläre Identität beschränken wollen.

Fluide Identitäten: mehr sein

Auf der einen Seite ermöglichen digitale Technologien virtuelle Alter Egos, fluide und multiple Identitäten. Auf der anderen Seite beschneiden sie unsere Privatheit und versuchen sie unser Selbst auf eine reine Sammlung an Daten, auf eine Kette vergangener Äußerungen, dokumentierter Interaktionen und Transaktionen zu reduzieren. Mithilfe dieser Datensätze lassen sich dann Voraussagen treffen, unser zukünftiges Verhalten wird durch Predictive Analytics vorhersagbar.

Während die digitalen Plattformen ein kommerzielles Interesse an einer singulären Identität haben, haben Menschen eines daran, nicht auf eine singuläre Identität festgelegt zu werden.

Aus der Sicht des britischen IT-Experten Keir Breitenfeld beispielsweise ist das wichtigste Merkmal von Identität in digitalen Netzwerken, dass diese bestätigen können, dass da wirklich jene Menschen unterwegs sind, die sie zu sein behaupten.[96] Für ihn geht es darum, technische Spezifikationen zu erstellen, anhand derer Personen identifiziert werden können, während sie online sind.

Wenn Menschen als Nutzer digitaler Technologien über Identität sprechen, beziehen sie sich auf etwas ganz anderes. Sie meinen Fragen der sozialen Zugehörigkeit und der persönlichen Bedeutung. Die britische Journalistin Georgina Lawton schrieb zum Beispiel darüber, wie es ist, »als schwarze Frau weiß erzogen zu werden«.[97] Sie wuchs im Glauben auf, weiß zu sein, als Tochter eines weißen US-Amerikaners irischer Abstammung. Erst nach seinem Tod machte sie einen DNA-Test und fand heraus, dass ihr Vater nicht ihr leiblicher Vater war und sie das Kind schwarzer Eltern.

Breitenfeld und Lawton verwenden dasselbe Wort, um sich auf zwei sehr unterschiedliche Dinge zu beziehen. Was Identität bedeutet, hängt davon ab, woher man kommt. Wenn Entwickler und Nutzer digitaler Technologien über Identität sprechen, reden sie in der Regel aneinander vorbei. Die Manager digitaler Systeme definieren Identität auf digitale Weise. Für sie ist Identität entweder eine 1 oder eine 0, entweder wahr oder falsch. Entweder ist jemand berechtigt, sich anzumelden und ein Online-Konto zu kontrollieren, oder nicht. So konzentriert sich Breitenfeld auf

»Verifizierung« und »Authentifizierung« der Identität, um sicherzustellen, dass die Online-Aktivität mit einer »realen Person« verbunden ist. Die Nutzer digitaler Systeme dagegen definieren Identität als analoge Qualität. Für sie ist Identität schwer zu fassen. Sie ist an den Rändern verschwommen.

Lawton verkörpert diese ganzheitliche, menschlichere Perspektive auf Identität, indem sie sich auf ihre eigene »fließende Identität« und eine »gemischte Identität« bezieht. Für sie besitzt Identität immer auch Aspekte, die gleichzeitig wahr und falsch sein können. Sie schreibt: »Rassenidentität ist für mich fließend und wird von den Menschen in meiner Community bestimmt, die zufällig weiß sind. Ich existiere in einem rassenlosen Raum mit weniger Wissen über mein Erbe als jemals zuvor, aber ich bin entschlossen, eine Identität zu meinen eigenen Bedingungen zu schmieden, egal was das beinhaltet.«[98] Keine eindeutige Identität mehr zu haben, flüssige Identitäten zu formen und zu leben, ist Befreiung und Bürde zugleich. Die wenigsten von uns sind aufgewachsen mit einer flüssigen Identität. Oder waren nur deshalb in der Lage, mit verschiedenen Identitäten zu spielen, weil sie eine fest verankerte Kernidentität hatten, auf die sie immer wieder zurückgreifen konnten. Flüssige Identitäten werden aber immer mehr zur Realität werden, gerade am Arbeitsplatz.

All dies stellt den Hintergrund dar für Cooks »iPhone-Beerdigung«. Mit seiner radikalen Abkehr vom digitalen Leben ist er nicht allein, wenngleich die meisten Abstinenten ihren Protest nicht unbedingt in einem solch dramatischen Ritual vollziehen. Digital Detoxing und Slow Media sind andere Trends, die das Bedürfnis nach digitaler Askese zugunsten fluider, »ganzer« Identitäten ausdrücken. Auch die Hashtag-Kampagne #DeleteFacebook erfreut sich seit

Jahren einiger Popularität, und nach diversen Skandalen und strategischen Verfehlungen des Unternehmens gibt es immer wieder Abschiedserklärungen von Nutzern. Es ist schwer, hier zuverlässige Daten zu erhalten, da Facebook keine genauen Informationen dazu veröffentlicht. Interessanterweise häufen sich die Fälle, in denen Facebook-Nutzer im Zuge der Kritik an rechtsextremen und xenophoben Foren von Facebook selbst von der Plattform ausgeschlossen werden. Ob die Daten des gesperrten Kontos dann für immer beim Unternehmen bleiben, ist ungewiss. Nutzer, die versuchen, sich wieder über einen anderen Namen und ein anderes Profil bei Facebook anzumelden, werden von schlauen Algorithmen, die aufgrund vorhandener Daten auf die wahre Identität des Users schließen können, schnell wieder abgewiesen. Facebook erkennt uns selbst dann, wenn wir uns selbst abhandenkommen.

Dieses »Deplatforming« stellt für den Nutzer einen herben Verlust dar – er verliert nicht nur den Zugang zu Facebook als Forum der Vernetzung und Selbstverwirklichung, der Zurschaustellung seiner Identität, sondern auch den Zugang zu seiner Facebook-Historie, also einem oft nicht unerheblichen Teil seiner vergangenen Identität. Wenn ein Teil unserer digitalen Identität einfach weggeschlossen wird, demonstriert das die ganze unheimliche Macht der digitalen Plattformen. Cooks Beerdigung des iPhones ist letztlich eine Geste der Ohnmacht, der Vergeblichkeit – ein Ritual, nachdem schon alles verloren ist.

Grünen-Bundesvorsitzender Robert Habeck sah sich zu einer ähnlichen Geste gezwungen und verabschiedete sich im Januar 2019 bewusst von allen sozialen Medien. Datenschutz und Sicherheitsbedenken waren seine Argumente, nachdem persönliche Fotos und Nachrichten von ihm geleakt wurden, aber auch, weil er spürte, dass der aggressive

Ton im Netz zur Verrohung seines eigenen Kommunikationsstils führte (durch ein kontroverses Video zur Landtagswahl in Thüringen 2019 hatte er einen Shitstorm ausgelöst).[99]

Natürlich ist das eine Haltung, die man anprangern kann, wie das der Journalist Dirk von Gehlen in der *Süddeutschen Zeitung* dann auch im Fall Habecks tat. Er hielt dessen Abschied von den sozialen Kanälen für eine »einfache Antwort«, will heißen, zu einfache Antwort, und warf ihm vor, »unterkomplex« zu handeln: »Wie beim Umweltschutz zeichnet sich gegenwärtige Politik auch beim Umgang mit dem Digitalen dadurch aus, dass sie im Sinne künftiger Generationen weiterhin daran glaubt, dass Zukunft gestaltbar ist. Und das auch dann, wenn es – im Web wie auf der Welt – manchmal nicht danach aussieht und man zu gerne eine einfache Lösung hätte. Die gibt es aber nicht. Politik bleibt anstrengend. Mit und ohne Twitter.« Und weiter: »Wir kommen nicht umhin, uns den Problemen zu stellen – und den immer neuen Versuch zu unternehmen, sie zu lösen. Dabei werden Fehler passieren, wie sie Habeck passiert sind. Lösungen findet aber nur derjenige, der bereit ist, auch weiterhin Fehler zu machen.«[100] Das Netz sei zum Spiegel unserer globalen Gesellschaften geworden, zitiert van Gehlen den US-amerikanischen Informatiker Vinton G. Cerf, einen der Gründungsväter des Internets. Daher sei Wegschauen ein Fehler.

Das ist sicher gut gemeint, aber jemandem Unterkomplexität vorzuwerfen ist dann doch etwas zu einfach. Denn den Vorwurf der Unterkomplexität muss sich wohl jeder gefallen lassen, der eine radikale Entscheidung trifft. Habeck und Cook, jeder auf seine Weise und aus unterschiedlichen Gründen, haben ein Zeichen gesetzt – haben bewusst etwas verloren, um etwas anderes zu gewinnen, nämlich den Luxus, die volle eigene Identität zu wahren, und nicht mehr recht behalten und das letzte Wort haben zu müssen.

Emotionale Granularität: mehr fühlen

Beim Salone del Mobile, der jährlichen Design- und Möbelmesse in Mailand, schuf das Designteam von Google 2019 unter der Leitung von Design Vice President Ivy Ross eine Ausstellung mit dem Titel »A Space for Being«. In Kooperation mit dem International Arts + Mind Lab der Johns Hopkins University, Mutoo und Reddymade Architecture wurden Messebesucher eingeladen, drei interaktive Räume (»Essential«, »Vital« und »Transformative«) zu betreten – jeweils ausgestattet mit speziellen Sensoren, die die Körperreaktionen auf die ästhetischen Stimuli messen sollten: Atemfrequenz, Herzschlag, Temperatur und Hautverhalten. Das Feld der Neuroästhetik, das für »A Space for Being« die Grundlage bildete, will den Zusammenhang zwischen Ästhetik und Gehirnaktivität untersuchen.

Die interaktive Installation in Mailand brachte höchst überraschende Resultate hervor: So stellte sich heraus, dass die biometrischen Daten der Besucher teilweise stark abwichen von der eigenen subjektiven Erfahrung der Räume. Wo die Daten aufgrund der Körperreaktionen Wohlbefinden suggerierten, fühlten sich Besucher sichtlich unwohl und konnten es gar nicht erwarten, den entsprechenden Raum wieder zu verlassen.

Dies zeigt, dass unser Körper nie lügt, wir aber dazu neigen, seine Reaktion mit mentalen Modellen, entstanden aus unseren Erfahrungen, unserer sozialen Konditionierung, zu überschreiben. Gleichzeitig werden die sorgsam kuratierten und auf der Grundlage von smarten Analytics entworfenen Designimpulse der Komplexität unseres ganzheitlichen Verhaltens kaum gerecht. Unsere Emotionen lassen sich nicht so einfach auf mechanistische Prozesse, auf rein physiologische Responses reduzieren. Es ist alles andere als ein binärer Prozess, in dem es nur die Wahl zwischen Wohlbefinden und Flucht gibt.

Die US-amerikanische Designkritikerin Rab Messina schilderte in einem Bericht für das Design- und Architekturmagazin *Frame* ihr »A Space for Being«-Erlebnis: »Ich konnte nicht schnell genug aus dem zweiten Raum herauskommen. Und doch zeigten mir die Daten, dass ich mich genau da am wohlsten fühlte.«[101] Warum diese Diskrepanz? »Mein Verstand wusste etwas, was meine Biodaten nicht wussten. Als lateinamerikanischer Mischling fühle ich mich in elegant designten Räumen nicht wohl. Dorthin gehört die weiße Elite. Nicht ich. Trauriger ist der zweite Grund, warum meine physiologischen Reaktionen im zweiten Raum so ausfielen: Da ich das Dekor nicht als attraktiv genug für meine eigenen Designansprüche empfand, überprüfte ich es mental. Der lächerliche Design-Snob, den ich in mir habe, dachte, dieser Raum sei nicht gut genug für mich.«[102]

Firmen, die künstliche emotionale Intelligenz (sogenannte Emotion AI) entwickeln, wie etwa Affectiva oder Emotient (mittlerweile Teil von Apple), wollen, dass Maschinen in absehbarer Zeit alle unsere Emotionen lesen können. Das Analystenunternehmen Gartner hat kürzlich sogar prognostiziert, dass intelligente Maschinen unsere Emotionen bis 2022 besser verstehen werden als unsere engsten Freunde und Verwandten.[103] Der Drang, unsere Emotionen mithilfe smarter Technologien zu verstehen, zu optimieren und eventuell zu manipulieren, ist stärker denn je. Unter Verwendung von Emotion AI versuchen Firmen nun, unsere Emotionen durch Scannen unserer Mimik und Körpersprache zu analysieren. Emotion AI kann für diverse Zwecke eingesetzt werden, etwa zur Beurteilung von Kandidaten in Vorstellungsgesprächen (wie dies die Firma Hire-Vue anbietet), zur Steigerung unserer emotionalen Intelligenz, bis zur Unterstützung autistischer Kinder bei der Erkennung ihrer Gefühle.

Jonathan Cook hält Prognosen wie die von Gartner nicht nur für ein Horrorszenario, sondern auch für eine ungeheuerliche Arroganz. Nicht einmal wir selbst verstünden unsere Emotionen, so Cook, und wenn überhaupt, könnten wir sie nur fühlen, und zwar in dem Moment, in dem wir sie haben. Er beharrt auf einem vielschichtigeren und breit gefächerten Konzept, das er »emotionale Granularität« nennt: »Je mehr bestimmte Forschungsunternehmen versichern, Emotionen mit quantitativer Genauigkeit messen zu können, umso weniger sind sie tatsächlich in der Lage, diese Aufgabe zu erfüllen – weil sie den Kontakt zu dem verloren haben, was Emotionen tatsächlich sind.«[104] Jenseits unserer kanonisierten Werte und Gefühle gibt es in der Tat eine viel breitere Palette an Emotionen, die uns dabei helfen, die Welt größer zu machen – indem wir sie verkleinern.

Emotionen sind jedenfalls hoch im Kurs in automatisierten Zeiten, als letzte Bastion menschlicher Wettbewerbsfähigkeit. Unsere Schwäche ist sozusagen unsere Stärke. Business-Schulen passen ihre Lehrpläne an, um sozioemotionale Fähigkeiten einzubeziehen und sie zu lehren. Auf dem Weltwirtschaftsforum in Davos 2018 sprach sich der Chinese Jack Ma, Mitbegründer und ehemaliger Vorstandsvorsitzender der Handelsplattform Alibaba, dafür aus, in unsere emotionalen Kapazitäten zu investieren.[105] Er schlug sogar einen »Liebesquotienten« vor. Managementdenker sind der

Ansicht, dass sozioemotionale Fähigkeiten eine Schlüsselqualifikation für den Arbeitsmarkt von morgen sein werden, weil Aufgaben, die herausragende operative Leistung und Effizienz erfordern, ja von KI und Robotern viel effizienter ausgeführt werden können.

Doch trotz aller ehrgeizigsten Bemühungen von Unternehmen, Emotionen zu entmystifizieren, bleiben sie äußerst mysteriös und schwer fassbar. Sie sind besser zu spüren, als zu erklären, besser darzustellen – oft durch Kunstwerke –, als zu analysieren. Es ist der blinde Fleck, der uns daran hindert, sie jemals »objektiv« zu verstehen.

Es scheint sogar eine gewisse Verwirrung darüber zu geben, was als menschliche Emotion gilt und was nicht. Lange Zeit ging man von sechs »klassischen« Emotionen aus: glücklich, überrascht, ängstlich, angewidert, wütend und traurig. Eine Studie von 2017 ergab jedoch, dass es wohl 27 verschiedene Emotionen gibt, die aber nicht immer klar voneinander getrennt werden können.[106] Zu den neuen Emotionen kommen Kategorien wie Bewunderung, Verehrung, Neid, Aufregung, Entsetzen oder Ehrfurcht sowie überraschende Ausreißer wie »ästhetische Wertschätzung« oder »einfühlsamer Schmerz«, oder auch Kategorien wie Nostalgie, Romantik oder Triumph. Einige Emotionen wurden möglicherweise nicht aufgelistet, weil sie kulturell einzigartig sind, wie zum Beispiel Schadenfreude, die achso-deutsche Freude über das Unglück der anderen. Oder der holländische Begriff »uitwaaien«, der beschreibt, was man empfindet, wenn man im Wind spazieren geht.

Könnten technologische Fortschritte in der KI und der Robotik möglicherweise dazu führen, dass neue Emotionen auftauchen, die zuvor nicht nur nicht quantifiziert, nicht benannt und nicht identifiziert, sondern auch nicht gefühlt wurden?

Man könnte argumentieren, dass alle menschlichen Emotionen immer präsent waren und dass uns nur die Worte fehlten, um sie zu beschreiben, oder wir unser Verständnis von ihnen erst im Lauf der Zeit spezifizieren konnten. Es gibt jedoch gute Argumente dafür, zu akzeptieren, dass sich unsere Emotionen – wie unser Körper und unsere kognitiven Fähigkeiten – als Reaktionen auf sich ständig verändernde Umgebungen und soziale Reize entwickelt haben.

Piotr Winkielman und Kent Berridge, Psychologen an der University of California in San Diego und der University of Michigan, führten 2004 Experimente durch, bei dem sie den Teilnehmern traurige und glückliche Gesichter in einer so schnellen Reihenfolge zeigten, dass sie sich letztlich nicht bewusst waren, überhaupt Gesichter gesehen zu haben.[107] Als die Teilnehmer anschließend gebeten wurden, ein neues Zitronen-Limetten-Getränk zu probieren, bewerteten diejenigen, die den glücklichen Gesichtern ausgesetzt waren, das Getränk besser und tranken auch mehr davon als die anderen. Die Forscher nahmen dies als Beweis, um die Existenz von »unbewussten Emotionen« anzudeuten: Gefühle, die wir haben, ohne sie tatsächlich zu fühlen. »Evolutionär gesehen ist die Fähigkeit, bewusste Gefühle zu haben, wahrscheinlich eine späte Errungenschaft«, folgerten sie.[108]

Abgesehen von unserem »Gefühlsbewusstsein« können sich durch die Evolution aber eben auch neue Gefühle gebildet haben. Nehmen wir den Neid und insbesondere den Statusneid als ein jüngeres Phänomen, als Produkt der industriellen Revolution und des wachsenden Konsums in den Industrieländern. Neid ist, wenn man so will, die ordinäre Version von Eifersucht. Neid beschreibt die Enttäuschung und das gedemütigte Selbst, das nichts besitzt oder erhält, ein Selbst, das vom Markt ausgeschlossen und nicht in der Lage ist, an der Transaktion teilzunehmen.

Der natürliche Begleiter der heutigen Experience Economy ist FOMO (Fear-of-Missing-Out). Bei dieser Angst geht es darum, eine Erfahrung zu verpassen: Es ist eine präventive Angst vor dem Verlust, genauso wie es Neid auf die möglicherweise lohnendere Erfahrung eines anderen ist. Letztlich ist FOMO eine Angst vor dem Sterben – Sterben, ohne gelebt zu haben, Sterben, weil wir nicht alles erfahren haben, was uns das Leben hätte geben können.

Während FOMO der Horror vor dem Verpassen ist, ist Langeweile der ultimative Horror Vacui. Auf den ersten Blick scheint es sich um ein immer kostbareres Gut zu handeln. Tatsächlich könnte die Langeweile aufgrund der zunehmenden Verbreitung von Smartphones und anderen Geräten, die uns jede freie Zeit nehmen, aussterben. Aufgrund der Automatisierung und des Verlusts traditioneller Arbeitsplätze werden viele von uns jedoch in Zukunft mit einer unerwarteten Menge an unstrukturierterer Zeit konfrontiert sein – und werden Hilfe benötigen, um der Langeweile entgegenzuwirken, die unser Leben dann erfasst.

Auf einer Konferenz 2019 in Vancouver nahm ich an einem außergewöhnlichen Workshop der kanadischen Wissenschaftsjournalistin Jessa Gamble teil, den sie zum Thema »Awe« hielt (im Deutschen am ehesten mit Ehrfurcht oder Überwältigtsein zu übersetzen), eine Emotion, die zum Beispiel beim Betreten der Petersbasilika oder beim Erleben der unendlichen Weite einer Wüste ausgelöst wird. Gamble bezog sich auf die Stanford-Forscherin Melanie Rudd, die die Auswirkungen von Ehrfurcht auf das Verbraucherverhalten untersucht und aufgezeigt hatte, dass wir als Konsumenten, sobald wir Ehrfurcht empfunden haben, eher dazu neigen, im Nachhinein Erfahrungsgüter wie einen Film zu wählen und nicht materielle Güter wie Kleidung. Sie kam ferner zu dem Schluss, dass Ehrfurcht uns auch stärker dazu motiviert, in unseren Gemeinden Freiwilligenarbeit zu leisten. Gamble war es jedoch wichtig anzumerken, dass Ehrfurcht gleichzeitig ermächtigt und entmachtet. Sie macht uns größer – und kleiner. Sie weist darauf hin, dass das »kleinere Selbst« sowohl eine Voraussetzung als auch eine Konsequenz der Ehrfurcht sei: Ehrfurcht überwältigt das Selbst. Diese Vorstellung ist inspirierend und demütigend zugleich.

Das Gefühl von Ehrfurcht bestimmt auch unsere Beziehung zu KI und Robotern: Wir sind beeindruckt von ihnen, was bedeutet, dass wir gleichzeitig verliebt und verängstigt sind. Das »unheimliche Tal« – ein Begriff, der verwendet wird, um die verschwommene Grenze zwischen Roboter und Mensch festzuhalten – wird auf absehbare Zeit unsere Heimat sein.

Unsere Gefühle werden also uneinheitlicher und widersprüchlicher, und verschiedene Arten von Emotionen werden sich überlagern. Gleichzeitig machen die Volatilität und Komplexität unserer digitalen Zeit emotionale Zustände populär, die einfach und ausgewogen sind, wie Achtsamkeit oder das japanische Konzept des Ikigai, das auch in der westlichen Welt immer mehr Anhänger findet. Ikigai ähnelt dem Purpose-Begriff, der sich, wie zuvor bereits erwähnt, als Heiliger Gral organisatorischer und persönlicher Transformation herauskristallisiert hat. All diese Techniken helfen uns, das Gleichgewicht wiederherzustellen, wenn unsere Emotionen extremer werden, helfen uns, den Umgang mit ihnen zu schärfen.

Wird es eine Rolle spielen, ob unsere menschlichen Emotionen zunehmend durch intelligente Algorithmen manipuliert werden? Oder reicht es aus, dass wir sie fühlen? Waren Emotionen jemals rein, und können sie das überhaupt sein?

Wir hatten jedenfalls nie viel Kontrolle über sie. Emotionen gehören nie ganz uns – obwohl wir auf deren Privatsphäre bestehen, sind sie Teil des Gemeinwesens, eine Art Open-Source-Software. Und doch können wir so viel von dem, was wir fühlen, nicht teilen. Uns scheint der vollständige Code zum Entsperren zu fehlen, was große Frustration verursacht – und den Wunsch, ihn zu überwinden.

Was uns menschlich macht, ist unsere Neigung, auf den anderen hereinzufallen: auf jemanden, der nicht ist wie wir, auf etwas, das sich unserer Kontrolle entzieht. Wir können nicht anders, als uns von Personen, Objekten oder Erfahrungen angezogen zu fühlen, die uns neue Emotionen, neue Empfindungen, neue Höhen und Tiefen, neue Freude und neues Glück, aber auch neuen Herzschmerz und neues Leiden versprechen.

Obwohl wir sie bei ihrem Namen nennen (Alexa, Buddy, Sophia, Kaspar, Samantha, Erica …), bleiben die KI-Bots als Spiegel unserer selbst schwer fassbar. Sie sind der rätselhafte andere, der größte Wunsch von allen, die ultimative Romantik. Wenn sie uns helfen können, mehr und neue Emotionen zu spüren, und wenn wir diese durch fortgeschrittene emotionale Intelligenz verfeinern, mit den Künsten und Geisteswissenschaften als unseren Interpreten, werden eben genau jene Maschinen, die in der Analyse und Manipulation unserer Gefühle immer besser werden, dafür sorgen, dass wir ihnen einen Schritt voraus sind. Solange wir mehr fühlen können, werden wir unsere Menschlichkeit nicht verlieren. Weil wir (uns) verlieren können, werden wir den Wettbewerb gegen die Maschinen gewinnen.

Warum Absurdes so wichtig ist

Mariana Lin war ehemalige Chef-Schreiberin (Principal Writer) für Apples digitalen Assistenten Siri, und ich treffe die US-Amerikanerin zunächst auf einer Konferenz, dann in einem Café am Prenzlauer Berg in Berlin und schließlich für ein Podcast-Interview, das ich mit ihr führe, in San Francisco. Mariana zog vor sieben Jahren von New York ins kalifornische Cupertino, um Apples Marketing-Kommunikationsteam beizutreten. Dort stieg sie bald zur »Stimme von Siri« auf und leitete ein weltweites Team an Autoren, die die Dialogskripte für Siri schrieben. 2017 verließ sie Apple, um sich wieder dem eigenen Schreiben zu widmen. Etwas verschämt gibt sie zu, dass sie seit ihrem Ausscheiden bei Apple Siri nicht mehr benutzt hätte, weil sie in der Tat eine emotionale Beziehung zum Assistenten spüre und ihn zu gut kennen würde, um seine oder ihre Dienste neutral in Anspruch zu nehmen.

In unserem Gespräch ist Lin äußerst reflektiert. In einem Twitter-Post schrieb sie einmal: »Alles, was ich habe, sind eine Menge Fragen, aber keine Antworten.«[109] Das war natürlich ein etwas kokettes Statement für jemanden, dessen Job darin bestanden hatte, für jede Frage eine Antwort zu haben, sei sie noch so bizarr (»Siri, bist du ein Roboter?« – »Gibt es den Weihnachtsmann?« – »Was hältst du von der Bing-Bang-Theorie?«).

Bei Apple, trotz Steve Jobs' Erbe und sprichwörtlichem Hang zu den Künsten und Geisteswissenschaften, fremdelte sie ein bisschen. Umgeben von Softwareentwicklern, Industrie- und User-Interface-Designern fühlte sie sich oft wie die einsame Stimme gegen Funktionalismus und übertriebenes Optimierungsdenken. Die Klippen und Abgründe von Sprache, die die Quelle für Missverständnisse sind, waren für sie heilig. Missverständnisse betrachtete sie als unabdingbar für menschliche Kommunikation und hielt sie für Momente der Intimität und Schönheit. Sie zitiert den US-amerikanischen Dichter Richard Hugo: »In dem Moment, wenn Sprache nur noch existiert, um Informationen zu vermitteln, stirbt sie.« Lin betont die Bedeutung von Persönlichkeit für KI-Assistenten wie Siri – sie ist davon überzeugt, dass Nutzer keine rein mechanische KI wollen, sondern ein Wesen, das sie überrascht, das auch mal eine eigene Meinung äußert, das Gefühle hat und im besten Sinne merkwürdig ist, ja, sogar einen Hang zur Absurdität hat. Im Voice Interaction Design spricht man von »Happy Paths« und meint damit Gesprächsverläufe, die dem Nutzer die effizienteste Bedürfnisbefriedigung bieten. Lin dagegen macht sich für »Unhappy Paths« stark, für die Abweichungen und Umwege, für Elemente der Reibung. Sie verweist auf den österreichisch-israelischen Religionsphilosophen Martin Buber und seine Theorie des Dialogs und führt aus, dass Online-Kommunikation diese um eine weitere Dimension erweitert habe: Ich-Dies.[110] Ich-Dies ist eine rein funktionale Haltung, die weder die Trennung in Subjekt und Objekt begründet (Ich-Es) noch eine echte Nähe, ein tiefes Verständnis, eine wechselseitige Empathie (Ich-Du), sondern eine zweckbestimmte Beziehung impliziert, die allein zum Ziel hat, möglichst sinnvoll Inhalte abzurufen (die Beziehung zwischen Nutzer und, sagen wir, der Netflix-App). Zeitgemäße Kommunikation mit KI-Assistenten sollte alle drei Dimensionen abdecken.

Lin meint, KI sei die historische Chance, unsere menschliche Kommunikation zu erweitern. Sie wehrt sich dagegen, KI-Kommunikation auf Funktionalität zu reduzieren. Das Schöne der Kommunikation läge ja gerade in den Fehltritten, den Brüchen und Mehrdeutigkeiten. »In unsinnigen

Konversationen verbirgt sich etwas zutiefst Menschliches«, sagt sie. Sie erwähnt die großen Absurden wie Samuel Beckett oder Eugène Ionesco – nicht unbedingt Benchmarks, die man von einer ehemaligen Apple-KI-Autorin erwarten würde. Die Stücke der beiden Dramatiker wimmeln nur so von Verlierergestalten. Anders als Gewinner, die keine Zeit haben, haben sie alle Zeit der Welt, also warten sie und weiden sich teils genussvoll, teils quälerisch an den Unschärfen der Sprache. Wo andere – Gewinner – Bedeutung und Status produzieren, schaffen die Figuren des absurden Theaters nur Nonsens – ein Akt der Befreiung von der Mehrwert- und Sinnstiftungsmaschine Arbeit, in der einem Menschen nur dann Wert zugesprochen wird, wenn er Sinn macht. Für Lin ist KI ein möglicher Ausweg aus dieser Verknappung, ein linguistisches Exil aus der selbst auferlegten Optimierungsfalle.

Das bedeutet für sie aber nicht, KI humanoid zu gestalten, wie dies einige Bot-Designer versuchen. Das sei nicht erstrebenswert. KI sei eine neue Art von Wesen, sagt Lin, und entsprechend müssen wir für sie schreiben. Ihre Hoffnung ist, dass sie mit ihrer Arbeit für Siri dazu beigetragen hat, menschliche Kommunikation bereichert zu haben: »Wenn wir aus Voice Interactions alles Befremden entfernen, also Gefühle, die entstehen, wenn wir andere treffen, die nicht genauso sind wie wir, dann beseitigen wir auch unsere Menschlichkeit«, sagt sie. Zum Schluss des Gesprächs will ich wissen, was die häufigste Frage, die häufigste Bitte an Siri sei? Zum Zeitpunkt ihres Ausscheidens, so Lin, war es: »Call mom.« Das ist absurd, aber irgendwie menschlich.

Beckett oder Ionesco flüchteten sich in das Absurde, um die Niederlage zu verschmerzen und sich über diese und sich selbst lustig zu machen. Ihre Figur war der Clown. Der

Clown ist der geborene Verlierer, ist unser aller Verlierer. Der Clown, das sind wir, in unserer existenziellen Angst. Er verkörpert das Wissen, dass wir gar nicht gewinnen können und dass wir, je mehr wir gewinnen wollen, in all unserer Verzweiflung, uns immer lächerlicher machen. Der Clown ist das Gesicht unserer vorauseilenden Niederlagen. Er hat bereits verloren, wenn wir noch gar nicht begriffen haben, dass wir am Verlieren sind. Der Clown ist jemand, der alles verloren hat, ein Narr, ein Tölpel, ein Dilettant, der nur deswegen nicht belächelt wird, weil er andere zum Lachen bringt.

Niemand hat ihn besser beschrieben als Heinrich Böll in seinem 1963 erschienenen Roman *Ansichten eines Clowns.* »Ich bin ein Clown«, sagt der Protagonist Hans Schnier von sich, »und ich sammle Augenblicke.« Im Nachkriegsdeutschland ist er der große Verlierer unter den Kriegsverlierern. Im Zirkus, wo Lachen und Weinen zusammengehören, ist er zu Hause, aber außerhalb bleibt er ein Fremder. Die Gewissheit hat er verloren, den moralischen Absolutismus. Es ist die Geschichte eines langsamen gesellschaftlichen Abstiegs, des Herausfallens aus den bürgerlichen Konventionen und den Gewissheiten des Katholizismus. Am Ende sitzt der Clown Schnier als bettelnder Straßenmusiker am Bahnhof, und sein Abstieg ist endgültig besiegelt. Aber immerhin ist er nicht den Versuchungen des Konformismus erlegen, wie so viele andere Mitbürger seiner Zeit, die er mit scharfsinnigen Augen beobachtet.

Hans Schnier, Charlie Chaplin, Buster Keaton, alles Loser, alles Verlierer, die die Bindung zu ihrer Zeit verloren und als Outlaws, als gesellschaftliche Außenseiter, für Heiterkeit sorgten. Sie sind Clowns, weil sie mitunter peinlich sind, aber deswegen eben auch wahr.

In Zukunft werden wir alle verlieren, werden wir alle

Narren und Dilettanten sein, und glücklich können sich jene von uns wähnen, die das Talent zum Clown haben, um dann immerhin andere zum Lachen bringen zu können. Denn wenn wir nichts mehr zu lachen haben, dann ist wirklich alles verloren.

Die Sache mit dem Nichts

Der Berliner Martin A. Ciesielski ist Gründer der School of Nothing, der »Schule des Nichts«. Sein Jobtitel ist folgerichtig »Head of Nothing«. Standort seiner Schule: nirgendwo. Einen Lehrplan oder ein Programm? Gibt es nicht. Eine Mission oder ein Leitbild? Auch nicht. Personal: keines (bis auf ihn). Lehrer: keine. Studenten: keine. Natürlich hat die School of Nothing auch ein Twitter-Profil – allerdings hat sie bisher nichts getweetet, und Follower hat sie auch – null.

Und dennoch gibt es die School of Nothing – zumindest als Idee, als Marke. Das kann auch Ciesielski nicht verleugnen, der sich sonst standhaft jeder Form von Positivität verweigert und keinerlei Interesse daran hat, einen Existenzbeweis für die Schule zu liefern. Die School of Nothing ist dennoch mehr als nur ein Witz. Sie ist eine künstlerische Provokation, die unsere konventionellen Paradigma des Lernens herausfordert und unsere Aufmerksamkeit auf die klaffende Leere inmitten unserer Gesellschaft lenkt: das große Unbekannte, das Neue, für das es noch keine Antworten, keine Lösungen, keine Methodik gibt. Dieser »negative Raum«, dessen Bedeutung durch Abwesenheit entsteht, ist einerseits in der zunehmenden Verdichtung unserer digitalen Netzwerkgesellschaft (wo idealerweise jeder mit jedem und alles mit allem verbunden sein soll) immer schwieriger zu finden; auf der anderen Seite steht dieser negative Raum für all das, was wir nicht wissen – und ist somit sinnbildlich für die Anforderungen des New Work. Die School of Nothing ist die einzig folgerichtige Schule für die Digitalgesellschaft. Um auch in Zukunft erfolgreich zu sein, müssen wir nichts können, nichts wissen, nichts lernen – und das gut!

Ciesielski will dies nicht als Werte-Nihilismus verstanden wissen, sondern als radikale Abkehr vom Zuviel der digitalen Datenkultur, als Befreiung vom Diktat des Gewinnens. Wenn Yuval Noah Harari sagt, dass in Zeiten von Datentotalitarismus unser entscheidender Vorteil (beziehungsweise die einzige Überlebenschance) sei, dass wir uns selbst (er)kennen, dann ist dafür eine Grundvoraussetzung, dem Nichts ins Auge zu blicken. Mit der School of Nothing bietet Ciesielski eine Katharsis noch vor dem ersten Akt.

Die Schule ist ferner ein Affront gegen den Glauben der absoluten Messbarkeit, der totalen Vermessung der Welt. Physiker gehen davon aus, dass wir nur vier Prozent der Welt um uns herum messen können, der Rest (96 Prozent!) sind schwarze Löcher, »dark energy«, also Nichts. Sie weisen darauf hin, dass wir das Universum, wenn überhaupt, nur hören können. Dafür müssten wir allerdings zuhören können – und schweigen. Die absolute Stille ist das absolute Nichts.

Mitten in unseren Quantifizierungs- und Selbstoptimierungswahn hinein behauptet Ciesielski nun, dass nur eines unmessbar bleibt: das Nichts.[111] Das Nichts steht im Mittelpunkt jeder Debatte über Gewinner und Verlierer; es kommt ihm eine entscheidende Bedeutung zu. Auf die Gewinner wartet das Weniger, es treibt sie an und um und den Angstschweiß auf die Stirn. Das Nichts ist ihr absoluter Albtraum. Für die Verlierer ist das Nichts dagegen ein ständiger Weggefährte. Verlieren können heißt: das Nichts zum Freund zu haben.

Das Nichts, führt Ciesielski weiter aus, hat einen gewaltigen Einfluss auf unser Leben, und zwar in dreierlei Form: 1. Wenn etwas aus dem »Nichts« heraus passiert. 2. Wenn etwas nicht passiert. 3. Wenn wir das Nichts in uns, die klaffende Leere und Tiefe unseres eigenen Bewusstseins, spüren. Vor allen vor diesen drei Nichts fürchten wir uns, doch das sei ein Fehler, meint er.

Wenn etwas aus dem Nichts heraus passiert, ist unser natürlicher Reflex die Flucht. Das Unerwartete, sei es negativ oder positiv, erschreckt uns erst einmal. Das Plötzliche stellt zunächst einen Angriff auf das Bestehende dar, einen möglichen Verlust. Wir verlieren unsere Fassung, aus Angst, unsere Kontrolle zu verlieren. Ciesielski schreibt: »Das Erkennen und Akzeptieren der Realität des Nichts kann einer der entscheidenden Momente für einen Einzelnen, eine Organisation oder sogar für eine ganze Gesellschaft sein. Im Geschäftsleben versuchen wir, mit solchen Ereignissen umzugehen, indem wir Risikobewertungspläne erstellen. Das Risikomanagement basiert jedoch immer auf der Vergangenheit. Risiko ist nicht dasselbe wie die Unsicherheit, die durch das Akzeptieren des Nichts entsteht.«[112] Proaktiv lässt sich nichts gegen das Nichts ausrichten. Es gibt nichts, was wir tun können, um uns vorzubereiten, wenn plötzlich etwas in unser Leben einbricht, außer unsere Reflexe zu stärken, unsere emotionale Resilienz zu stärken oder unsere Improvisationsgabe, die uns hilft, loszulassen, im Moment zu leben, schnell Assoziationen herzustellen, zu akzeptieren. Das Unerwartete kommt einfach nur an.

Schwieriger ist es noch damit umzugehen, wenn nichts passiert – obwohl dies doch für viele von uns der Normalzustand ist. Wir strengen uns an, wir investieren, wir rackern uns ab, wir träumen und sehnen uns, wir verlieben uns und strecken unsere Hände in den Himmel aus – und nichts passiert. Wenn nichts passiert, erahnen wir unweigerlich, dass wir »nichts sind«. »Ich bin nichts«, sagt Biff Loman in *Tod eines Handlungsreisenden.*

Nichts zu sein ist das Stigma des Verlierers und gleichzeitig auch seine große Chance. Auch Regisseur Herbert Achternbusch wusste ein oder zwei Dinge über das Nichts. In seinem Film *Die Atlantikschwimmer* stehen die beiden Hauptfiguren Herbert und Heinz am Meer und träumen davon, dem Alltag zu entkommen, aber es ist kein Schiff in Sicht. Herbert ruft: »Du hast keine Chance, also nutze sie!« Und springt voll bekleidet ins Wasser und beginnt zu schwimmen. Damit endet der Film.

AM ENDE, GANZ ZUM SCHLUSS, EIN ANFANG

Unsere Menschlichkeit kann nicht gewonnen, sondern nur verloren werden. Es ist diese Demut, die uns helfen, die uns heilen könnte. Wenn ein Sieg nicht mehr möglich und ein Verlust unvermeidlich ist, bedeutet verlieren, sich auf einen hartnäckigen Akt des Glaubens einzulassen: die Hoffnung ist alles, was uns bleibt, wenn die Niederlage näherrückt. In diesem Sinne sind wir, hoffentlich, alle Verlierer. Veränderung bedeutet Verlieren. Wenn wir uns wandeln, verlieren wir. Mit jedem Jahr, das wir auf der Erde verbringen, verlieren wir. Wir verlieren: unsere Lieben, unsere Jugend, unsere Unschuld, unsere Träume, unsere Kräfte und schließlich, wenn wir ganz am Ende sind, unser Leben.

In einem Coffee-Shop in Bernal Heights, einem Viertel von San Francisco, das immer noch von alteingesessenen Bohemiens und Kreativen bewohnt wird, treffe ich Caroline, eine selbst ernannte »Book Doula«, was so viel bedeutet wie Buch-Hebamme. Ihr Job: (angehenden) Autoren dabei zu helfen, Bücher auf die Welt zu bringen. Die Book Doula steht jenen zur Seite, die »mit einer Idee schwanger gehen« (die Amerikaner sagen: »You have a book in you«), diese zu entwickeln und schließlich aufs Papier zu bringen. Es ist eine echte Sisyphos-Arbeit und oft der eines Therapeuten ähnlicher als der eines Ghostwriters. Genannt werden Book Doulas in der Regel nicht, wenn es zur Veröffentlichung kommt. Häufig aber sind sie das entscheidende Geheimnis, das Federlein an der Waage. In den USA hat sich diese Art von intellektuell-kreativer Geburtshilfe zu einer regelrechten Industrie entwickelt, wobei das Verhältnis, das Autor und Buch-Hebamme eingehen, durchaus intim ist. Der Autor wird von der Book Doula gelesen wie ein Buch, fühlt sich dann oft erst einmal wie ein Kaiser ohne Kleider, muss loslassen und findet sich dann irgendwann wieder – mitsamt seinem Thema und seiner Stimme.

Ich treffe mich also mit Caroline, um mein eigenes Buchprojekt zu besprechen, das zu diesem Zeitpunkt nicht mehr ist als eine flüchtige Ahnung. Caroline ist eine Book-Doula-Meisterin. Sie stellt sofort die richtigen, bohrenden Fragen, denkt aus der Verleger- und Leserperspektive.

Umso erstaunter bin ich, als mir Caroline im Lauf des Gesprächs von ihrem Nebenjob erzählt: Mitglied eines Chors zu sein, der sterbenden Menschen kurz vor ihrem Tod die letzten Lieder singt. Drei- bis viermal im Monat, in unregelmäßigen Abständen, sagt sie, wird sie »einberufen«, und der zehnköpfige Chor fährt ins Krankenhaus oder zu den Menschen nach Hause, stellt sich ans oder sitzt am Sterbebett des Todgeweihten und singt nur für ihn oder sie. Manchmal haben die Sterbenden noch die Kraft, den Chormitgliedern ihre Wunschlieder mitzuteilen; meistens ist es aber so, dass der Chorleiter selbst eine Auswahl treffen muss. Das Repertoire des Chors ist folgerichtig sehr groß und reicht von Schumann-Liedern bis zu »My Way.«

Es sei kein leichter Job, wie Caroline einräumt, und die Singenden bräuchten eine gehörige Portion emotionaler Resilienz. Der absoluten Verletzlichkeit der Sterbenden könnten sie nur ihre eigene Verletzlichkeit gegenüberstellen. Die Chormitglieder seien aber Experten im Loslassen, in der ultimativen Hingabe; sie sind Könner im Verlieren.

Diese Verlieren-Könner helfen anderen beim Verlieren: indem sie dem Verlieren Wert geben, aus dem Verlieren Wert schöpfen oder einfach nur das Verlieren aushalten. Dann nämlich – und nur dann – können wir auch alles geben.

ANMERKUNGEN

Zitate aus englischsprachigen Quellen sind vom Autor übersetzt.

REBELLION GEGEN DAS PRINZIP DES GEWINNENS

1 OECD, OECD Employment Outlook 2019: The Future of Work, OECD Publishing, Paris 2019, URL: https://doi.org/10.1787/9ee00155-en (Stand: 08.12.2019).

2 Brian Walsh u. a., »Pathways for balancing CO2 emissions and sinks« (13.04.2017), URL: https://www.nature.com/articles/ncomms14856 (Stand: 08.12.2019).

3 IPBES (2019): Summary for policymakers of the global assessment report on biodiversity and ecosystem services of the Intergovernmental Science-Policy Platform on Biodiversity and Ecosystem Services. Bonn. https://doi.org/10.5281/zenodo.3553579.

4 UNHRC, Global Trends 2018 (20.06.2019), URL: https://www.unhcr.org/statistics/unhcrstats/5d08d7ee7/unhcr-global-trends-2018.html (Stand: 06.12.2019).

5 Weltbank-Bericht. 3,4 Milliarden Menschen leben unter der Armutsgrenze (18.10.2018), URL: https://www.migazin.de/2018/10/18/weltbank-bericht-milliarden-menschen-armutsgrenze/ (Stand: 08.12.2019).

6 BMAS, Der Fünfte Armuts- und Reichtumsbericht der Bundesregierung (April 2017), URL: http://www.bmas.de/SharedDocs/Downloads/DE/PDF-Pressemitteilungen/2017/5-arb-kurzfassung.pdf?__blob=publicationFile&v=2 (Stand: 06.12.2019).

Kapitel I
DIE DIKTATUR DER GEWINNER

1 »Abstieg der Sonnengötter. Gewinner und Verlierer der Wirtschaft 2019« (29.12.2018), URL: https://www.spiegel.de/wirtschaft/mark-

zuckerberg-elon-musk-gewinner-und-verlierer-der-wirtschaft-2018-a-1244614.html (Stand: 06.12.2019).

2 URL: https://sfgov.org/scorecards/safety-net/poverty-san-francisco (Stand: 08.12.2019).

3 »Paare mit mehr als 5.160 Euro gehören zur Oberschicht« (12.08.2019), URL: https://www.zeit.de/wirtschaft/2019-08/institut-der-deutschen-wirtschaft-einkommen-singlehaushalt-gehalt (Stand: 06.12.2019).

4 Greg Smith, »Why I Am Leaving Goldman Sachs« (14. März 2012), URL: https://www.nytimes.com/2012/03/14/opinion/why-i-am-leaving-goldman-sachs.html (Stand: 06.12.2019).

5 KfW, Gründungsmonitor 2019. Gründungstätigkeit in Deutschland stabilisiert sich: Zwischenhalt oder Ende der Talfahrt (Mai 2019), URL: https://www.kfw.de/PDF/Download-Center/Konzernthemen/Research/PDF-Dokumente-Gr%C3%BCndungsmonitor/KfW-Gruendungsmonitor-2019.pdf (Stand: 06.12.2019).

6 DIW Berlin, Vermögen in Deutschland legt deutlich zu, Ungleichheit verharrt auf hohem Niveau (02.10.2019), URL: https://www.diw.de/de/diw_01.c.679995.de/vermoegen_in_deutschland_le…rharrt_auf_hohem_niveau.html (Stand: 06.12.2019).

7 Patrick Greenfeeld, »World's top three asset managers oversee $300bn fossil fuel investments« (12.10.2019), URL: https://www.theguardian.com/environment/2019/oct/12/top-three-asset-managers-fossil-fuel-investments (Stand: 06.12.2019).

Kapitel II
DAS ENDE DES GEWINNENS

1 Chris Baraniuk, »Why gamblers get high even when they lose« (21.07.2016), URL: https://www.bbc.com/future/article/20160721-the-buzz-that-keeps-people-gambling (Stand: 08.12.2019).

2 »Mesut Özil tritt aus der DFB-Elf zurück« (22.07.2018), URL: https://www.zeit.de/sport/2018-07/fussball-mesut-oezil-tritt-aus-nationalmannschaft-zurueck (Stand 06.12.2019).

3 Brand Fußball: Toni Kroos nach dem 2:1 Deutschland gegen Schwe-

den – Interview, 24.06.2018, [YouTube] https://www.youtube.com/watch?v=CtKEIf1z10Q, 0:49 – 0:55.

4 URL: https://morals-machines.com/?lang=en (Stand: 08.12.2019).

5 Angela Merkel, »Der Mensch muss die Oberhand behalten« (2019), URL: https://morals-machines.com/wp-content/uploads/Seiten_10_11_Handelsblatt_2019-06-21.pdf (Stand: 08.12.2019).

6 »Tech C.E.O.s Are in Love With Their Principal Doomsayer« (09.11.2018), URL: https://www.nytimes.com/2018/11/09/business/yuval-noah-harari-silicon-valley.html (Stand: 08.12.2019).

7 »Daimler-Chef Källenius bringt den Autobauer auf Sparkurs« (14.11.2019), URL: https://www.absatzwirtschaft.de/daimler-chef- kaellenius-bringt-den-autobauer-auf-sparkurs-167058/ (Stand: 06.12. 2019).

8 »Automobilzulieferer Mahle verkürzt die Arbeitszeit« (25.10.2019), URL: https://www.suedkurier.de/region/schwarzwald/schwarzwald-baar-kreis/Automobilzulieferer-Mahle-verkuerzt-die-Arbeitszeit;art372502,10325812 (Stand: 06.12.2019).

9 »Demütigung aus den USA« (13.11.2019), URL: https://www.sueddeutsche.de/wirtschaft/tesla-elon-musk-berlin-elektromobilitaet-1.4680060 (Stand 27.01.2020).

10 »2019 Edelman Trust Barometer« (23.05.2019), URL: https://www.edelman.de/en/research/2019-edelman-trust-barometer (Stand 27.01.2020).

11 R&V, Die Ängste der Deutschen 2018, URL: https://www.ruv.de/presse/aengste-der-deutschen (Stand: 08.12.2019).

12 GDV, Die »Generation Mitte« 2018 (19.09.2018), URL: https://www.gdv.de/de/medien/aktuell/die--generation-mitte--2018--35798 (Stand: 06.12.2019).

13 GDV, #GenerationMitte: Tiefe Verunsicherung trotz wirtschaftlicher Zufriedenheit (19.09.2018), URL: https://www.gdv.de/de/medien/aktuell/--generationmitte--tiefe-verunsicherung-trotz-wirtschaftlicher-zufriedenheit-35784 (Stand: 06.12.2019).

14 Jana Frielinghaus, »Mehr Kapitalismusskeptiker. Im Osten haben weniger Menschen Vertrauen ins herrschende System als im Westen« (23.01.2019), URL: https://www.neues-deutschland.de/artikel/1110679.allensbach-umfrage-mehr-kapitalismusskeptiker.html (Stand: 07.12.2019).

15 »Allensbach-Studie. 30- bis 59-Jährige sehen gesellschaftliche Entwicklung negativ« (12.09.2019), URL: https://www.zeit.de/gesellschaft/zeitgeschehen/2019-09/allensbach-studie-deutschland- angst-gesellschaft-entwicklung-rassismus?utm_term=facebook_zonaudev_int&utm_medium=sm&utm_content=zeitde_redpost_zon_link_sf&utm_source=facebook_zonaudev_int&utm_campaign=ref&wt_zmc=sm.int.zonaudev.facebook.ref.zeitde.redpost_zon.link.sf (Stand: 08.12.2019).

16 Eurostat, Almost half the unemployed at risk of monetary poverty in the EU (26.02.2018), URL: https://ec.europa.eu/eurostat/de/web/products-eurostat-news/-/DDN-20180226-1?inheritRedirect=true&redirect=%2Feurostat%2Fde%2Fhome (Stand: 08.12.2019).

17 Oliver Nachtwey, Die Abstiegsgesellschaft. Über das Aufbegehren in der regressiven Gesellschaft, Frankfurt am Main 2016, S. 13.

18 Duncan Weldon, »Why ›secular stagnation‹ matters« (02.04.2015), URL: https://www.bbc.com/news/business-32163541 (Stand: 08.12.2019).

19 Stephen D. King: When the Money Runs Out, New Haven 2013.

20 Oliver Nachtwey, a. a. O., S. 52

21 Laura-Kristine Krause und Jérémie Gagné, Die andere deutsche Teilung: Zustand und Zukunftsfähigkeit unserer Gesellschaft. Executive Summary (2019), URL: https://www.dieandereteilung.de/media/pgepw0oq/more-in-common_dieandereteilung_executive_summary.pdf (Stand: 06.12.2019).

22 Maximilian Probst, »Das unsichtbare Drittel« (23.10.2019), URL: https://www.zeit.de/2019/44/soziale-gerechtigkeit-more-in-common-studie-demokratie-emanzipation (Stand: 06.12.2019).

23 URL: https://wahlen.sachsen.de/LW_19.php (Stand: 06.12.2018).

24 Das Wichtigste zur Brandenburg-Wahl (03.09.2019), URL: https://www.rbb24.de/politik/wahl/Landtagswahl/beitraege/landtagswahl-brandenburg-2019-zusammenfassung-ueberblick.html (Stand: 06.12.2019).

25 Thomas Fricke, »Neue Agenda 2010. Ein Gespenst kehrt zurück« (23.08.2019), URL https://www.spiegel.de/wirtschaft/soziales/agenda-2010-die-rueckkehr-des-gespensts-kolumne-a-1283242.html (Stand: 06.12.2019).

26 URL: https://www.dgb.de/uber-uns/dgb-heute/mitgliederzahlen (Stand: 06.12.2019).

27 IAB-Forum, Tarifbindung: Weiterhin deutliche Unterschiede zwischen Ost- und Westdeutschland (22.05.2019), URL: https://www.iab-forum.de/tarifbindung-weiterhin-deutliche-unterschiede-zwischen-ost-und-westdeutschland/ (Stand: 06.12.2019).

28 »Forsa-Umfrage. Grüne überholen erstmals Union – SPD so schlecht wie nie« (02.06.2019), URL: https://www.welt.de/politik/deutschland/article194545217/Forsa-Umfrage-Gruene-ueberholen-erstmals-Union-SPD-so-schlecht-wie-nie.html (Stand 06.12.2019).

29 Bundestagswahl 2005, URL: https://wahl.tagesschau.de/wahlen/2005-09-18-BT-DE/ (Stand: 06.12.2019).

30 Ida Mojadad, »Who's Killing the Taxi Industry?« (13.06.2019), URL: https://www.sfweekly.com/news/whos-killing-the-taxi-industry/ (Stand: 08.12.2019).

31 URL: https://sfgov.org/scorecards/safety-net/poverty-san-francisco (Stand: 08.12.2019).

32 Fast eine Milliarde US-Dollar: Mitgründer stoßen weitere Uber-Aktien ab (22.11.2019), URL: https://www.finanzen.net/nachricht/aktien/nach-sperrfrist-fast-eine-milliarde-us-dollar-mitgruender-stossen-weitere-uber-aktien-ab-8243874 (Stand: 06.12.2019).

33 Farhad Manjoo, »The Uber I.P.O. Is a Moral Stain on Silicon Valley« (01.05.2019), URL: https://www.nytimes.com/2019/05/01/opinion/uber-ipo.html (Stand: 06.12.2019).

34 Evan Osnos, Can Mark Zuckerberg Fix Facebook Before It Breaks Democracy? (17.09.2018), URL: https://www.newyorker.com/magazine/2018/09/17/can-mark-zuckerberg-fix-facebook-before-it-breaks-democracy (Stand: 06.12.2019).

35 Chris Hughes, »It's Time to Break Up Facebook« (09.05.2019), URL: https://www.nytimes.com/2019/05/09/opinion/sunday/chris-hughes-facebook-zuckerberg.html (Stand: 06.12.2019).

36 Immer weniger jüngere Nutzer bei Facebook (16.08.2019), URL: https://www.internetworld.de/social-media/facebook/weniger-juengere-nutzer-facebook-1746142.html (Stand: 08.12.2019).

37 Jonas Jansen, »Kapitalgeber Softbank. So investiert der größte Technologiefonds der Welt« (07.06.2018), URL: https://www.faz.net/ak-

tuell/finanzen/finanzmarkt/softbank-so-investiert-der-groesste-technologiefonds-der-welt-15627969.html (Stand: 06.12.2019).

38 Carol Cadwalladr, Facebook's role in Brexit — and the threat to democracy (April 2019), URL: https://www.ted.com/talks/carole_cadwalladr_facebook_s_role_in_brexit_and_the_threat_to_democracy (Stand. 08.12.2019).

39 Martin Tisné, Data isn't the new oil, it's the new CO_2 (24.07.2019), URL: https://luminategroup.com/posts/blog/data-isnt-the-new-oil-its-the-new-co2 (Stand: 06.12.2019).

40 Thomas Nötting: Twitter: Nutzer verloren, Gewinn gemacht (07.02 2019), URL: https://www.wuv.de/tech/twitter_nutzer_verloren_gewinn_gemacht (Stand 19.12.2019).

41 Branko Milanović, »The ›crisis of capitalism‹ is not the one Europeans think it is« (27.11.2019), URL: https://www.theguardian.com/commentisfree/2019/nov/27/crisis-of-capitalism-europeans-gig-economy (Stand: 07.12.2019).

42 URL: https://humu.com/ (Stand: 06.12.2019).

43 Umair Haque, The Dopamine Economy (17.11.2017), URL: https://eand.co/the-dopamine-economy-336b239272ef (Stand: 06.12.2019).

44 URL: https://change-congress.de/rueckblick-2018/ (Stand: 08.12. 2019).

45 Arianna Huffington, »Kai-Fu Lee. Tech incubator« (18.04.2013), URL: http://time100.time.com/2013/04/18/time-100/slide/kai-fu-lee/ (Stand: 06.12.2019).

46 Martin Reeves, How AI Will Reshape Companies, Industries, and Nations: An interview with Kai-Fu Lee of Sinovation Ventures (13.05.2018), URL: https://journalofbeautifulbusiness.com/how-ai-will-reshape-companies-industries-and-nations-an-interview-with-kai-fu-lee-of-sinovation-6409ee8af953 (Stand: 06.12.2019).

47 Jannis Brühl, »Merkel warnt vor ›Vernichtung der Individualität‹« (04.12.2018), URL: https://www.sueddeutsche.de/digital/merkel-digitalgipfel-kuenstliche-intelligenz-datenkonzerne-1.4239429 (Stand: 06.12.2019).

48 Benedict Neff, »Emmanuel Macron warnt: Europa dürfe nicht ins Chaos stürzen« (18.11.2018), URL: https://www.nzz.ch/international/deutschland/emmanuel-macron-warnt-europa-duerfe-nicht-ins-chaos-stuerzen-ld.1437564 (Stand: 06.12.2019).

49 Nicolas Berggruen und Nathan Gardels, Nicolas Berggruen and Nathan Gardels – A Wakeup Call for Europe (27. 09. 2018), URL: https://www.berggruen.org/ideas/articles/nicolas-berggruen-nathan-gardels-a-wakeup-call-for-europe/ (Stand: 06.12.2019).

50 Investition in Künstliche Intelligenz: Softbank lanciert Milliarden-Dollar-Fonds (31.07.2019), URL: https://www.finanzen.net/nachricht/fonds/vision-fund-2-investition-in-kuenstliche-intelligenz-softbank-lanciert-milliarden-dollar-fonds-7770253 (Stand: 06.12. 2019).

51 Carl Benedikt Frey und Michael A. Osborne, The Future of Employment. How Susceptible Are Jobs to Computerisation? (17.09.2013), URL: https://www.oxfordmartin.ox.ac.uk/downloads/academic/The_Future_of_Employment.pdf (Stand: 06.12.2019).

52 ManpowerGroup Deutschland, Bevölkerungsbefragung Arbeitsmotivation 2019 (2018), URL: https://www.manpowergroup.de/fileadmin/manpowergroup.de/Studien/MPG_190219_Quick_Survey_Arbeitsmotivation_2019.pdf, (Stand: 06.12.2019).

53 Nicholas Thompson und Tristan Harris: Tech Is »Downgrading Humans«. It's Time to Fight Back (23.04.2019), URL: https://www.wired.com/story/tristan-harris-tech-is-downgrading-humans-time-to-fight-back/ (Stand: 06.12.2019).

54 George Dyson, Childhood's End. The digital revolution isn't over but has turned into something else (01.01.2019), URL: https://www.edge.org/conversation/george_dyson-childhoods-end (Stand: 06.12.2019).

55 Joichi Ito, Forget about artificial intelligence, extended intelligence is the future (24.04.2019), URL: https://www.wired.co.uk/article/artificial-intelligence-extended-intelligence (Stand: 06.12.2019).

56 Stefan Betschon, »Eine Art Welterklärungsmaschine« (01.06.2011), URL: https://www.nzz.ch/eine_art_welterklaerungsmaschine-1.10775387 (Stand: 06.12.2019).

57 Francis Fukuyama, Das Ende der Geschichte, München 1992.

58 NATO, Defence Expenditure of NATO Countries (2012-2019) (25.06.2019), URL: https://www.nato.int/nato_static_fl2014/assets/pdf/pdf_2019_06/20190625_PR2019-069-EN.pdf (Stand: 08.12.2019).

59 Richard David Precht, Jäger, Hirten, Kritiker. Eine Utopie für die digitale Gesellschaft, München 2018.

60 Gregory S. McNeal, »Facebook Manipulated User News Feeds To Create Emotional Responses« (28.06.2014), URL: https://www.forbes.com/sites/gregorymcneal/2014/06/28/facebook-manipulated-user-news-feeds-to-create-emotional-contagion/#9c74a8539dc7 (Stand: 08.12.2019).

61 Klaus Schwab, Klaus Schwab on Bretton Woods (11.05.2008), URL: https://www.newsweek.com/klaus-schwab-bretton-woods-85101 (Stand: 12.08.2019).

Kapitel III
GESCHICHTEN VOM VERLIEREN

1 Nat Ives, Average Tenure of CMO Slips to 43 Months (06.06.2019), URL: https://www.wsj.com/articles/average-tenure-of-cmo-slips-to-43-months-11559767605 (Stand: 07.12.2019).

2 Louis Édouard, Who Killed My Father, New York 2019, S.17.

3 Ebenda, S. 33.

4 Ebenda, S. 20.

5 Ebenda, S. 80.

6 Deloitte Millennial Survey 2019. Millennials und Generation Z pessimistischer als je zuvor (2019), URL: https://www2.deloitte.com/de/de/pages/innovation/contents/millennial-survey-2019.html (Stand: 07.12.2019).

7 »Kinder der Krise. Millennials sind rund 40 Prozent ärmer als ihre Eltern« (30.06.2017), URL: https://archiv.berliner-zeitung.de/wirtschaft/kinder-der-krise-millennials-sind-rund-40-prozent-aermer-als-ihre-eltern-27888204 (Stand: 07.12.2019).

8 Silke Fokken, »Ziellose Abiturienten und das ›Gap-Year‹. ›Irgendwie verrottet man da nach einer Weile‹« (05.04.2019), URL: https://www.spiegel.de/plus/gap-year-nach-dem-abitur-irgendwie-verrottet-man-da-nach-einer-weile-a-00000000-0002-0001-0000-000163279523 (Stand: 07.12.2019).

Kapitel IV
STRATEGIEN FÜR VERLIERER

1 Gerhard Besier, Weder Gut noch Böse. Warum sich Menschen wie verhalten, Münster 2012.

2 Lilliana Mason, Uncivil Agreement: How Politics Became Our Identity, Chicago 2018.

3 Florian Zinnecker, »Wer bin ich – und wenn ja, wie viele« (21.04.2016), URL: https://sz-magazin.sueddeutsche.de/fotografie/wer-bin-ich-und-wenn-ja-wie-viele-82419 (Stand: 07.12.2019).

4 Audie Cornish, »In ›Conversations With People Who Hate Me‹. An Activist Calls Up His Worst Critics« (04.05.2018), URL: https://www.npr.org/2018/05/04/607409570/in-conversations-with-people-who-hate-me-an-activist-calls-up-his-worst-critics?t=1574691201912 (Stand: 07.12.2019).

5 URL: https://deepempathy.mit.edu/ (Stand: 07.12.2019).

6 Carrie Neill, Inside the Google Empathy Lab (29.01.2019), URL: https://dscout.com/people-nerds/danielle-krettek-google-empathy-lab (Stand: 07.12.2019).

7 Nina Kruschwitz, »Meeting Narciss, Meeting Ourselves. What a naked AI can teach us about ourselves«, URL: https://journalofbeautifulbusiness.com/meeting-narciss-meeting-ourselves-bf66076ebb70 (Stand: 07.12.2019).

8 DC Design, What Is Human-Centered Design? (14.08.2017), URL: https://medium.com/dc-design/what-is-human-centered-design-6711c09e2779 (Stand: 07.12.2019).

9 DIGICULT, Terra0, the augmented self-owned forrest, URL: http://digicult.it/news/terra0-la-foresta-aumentata-indipendente/ (Stand: 07.12.2019).

10 Eike Kühl, »Quantencomputer. Ein Quantum Überlegenheit?« (23.10.2019), URL: https://www.zeit.de/digital/internet/2019-10/quantencomputer-google-innovation-supercomputer-quantum-supremacy (Stand: 07.12.2019).

11 Hanns-Georg Rodek, »Warum ich Berlin und Deutschland verlasse. Eine Abrechnung« (08.08.2019), URL: https://www.welt.de/kultur/kino/plus198185345/Ai-Weiwei-Warum-ich-Berlin-und-Deutschland-verlasse-Eine-Abrechnung.html (Stand: 07.12.2019).

12 Benedict Neff, »Ai Weiwei und die hohe Kunst des Beleidigtseins« (14.08.2019), URL: https://www.nzz.ch/feuilleton/ai-weiwei-deutschland-und-die-hohe-kunst-des-beleidigtseins-ld.1501429 (Stand 07.12.2019).

13 Fanny Jiménez, »Die Formel für die ewige Liebe« (30.12.2015), URL: https://www.welt.de/wissenschaft/article150446913/Die-Formel-fuer-die-ewige-Liebe.html (Stand: 07.12.2019).

14 Nicholas Epley und Juliana Schroeder: The surprising benefits of talking to strangers (12. Juni 2019), URL: https://www.bbc.com/news/world-48459940 (Stand: 14.12.2019).

15 Katharina Kutsche, »Bahlsen-Erbin bringt Twitter-Nutzer gegen sich auf« (13.05.2019), URL: https://www.sueddeutsche.de/wirtschaft/verena-bahlsen-twitter-1.4444053 (Stand: 07.12.2019).

16 OMR (Online Marketing Rockstars), Verena Bahlsen: Über die Zukunft der Kekse (Keynote) | OMR Festival 2019 Hamburg – Germany | #OMR19 (15.05.2019), [YouTube] https://www.youtube.com/watch?v=TauCu0aJ5Vs, 04:30 bis 04:35.

17 Verena Bahlsen. »Zwangsarbeiter-Zoff um Keks-Erbin« (12.05.2019), https://www.bild.de/geld/wirtschaft/wirtschaft/zwangsarbeiter-zoff-um-keks-erbin-verena-bahlsen-61859050.bild.html (Stand: 07.12.2019).

18 »Verena Bahlsen entschuldigt sich für Aussage über NS-Zwangsarbeiter« (15.05.2019), URL: https://www.zeit.de/gesellschaft/zeitgeschehen/2019-05/erbin-verena-bahlsen-ns-zwangsarbeiter-verharmlosung-entschuldigung (Stand: 08.12.2019).

19 Jochen Bittner und Tina Hildebrandt: »Was heißt Sozialismus für Sie, Kevin Kühnert?« (01.05.2019), URL: https://www.zeit.de/politik/deutschland/2019-05/kevin-kuehnert-spd-jugendorganisation-sozialismus (Stand: 08.12.2019).

20 Christian Bangel, Philip Faigle, Andreas Loos, Michael Schultheiß, Milan Bargiel und Paul Blickle, »Streiten Sie schön!«, URL: https://www.zeit.de/gesellschaft/2017-06/deutschland-spricht-teilnehmer-methode-ergebnisse (Stand: 08.12.2019).

21 Jochen Wegner, What happened when we paired up thousands of strangers to talk politics (Juli 2019), URL: https://www.ted.com/talks/jochen_wegner_what_happened_when_we_paired_up_thousands_of_strangers_to_talk_politics (Stand: 07.12.2019), Min. 13:39.

22 URL: https://www.mycountrytalks.org/ (Stand: 07.12.2019).

23 Viola Kiel, »I'm Able to Respect Views I Don't Share« (15.05.2019), URL: https://www.zeit.de/gesellschaft/zeitgeschehen/2019-05/europe-talks-philippe-van-parijs-samantha-cristoforettio-oeffentlichkeit-eu-english (Stand: 07.12.2019).

24 Jakob Simmank, »Zuhören ist wichtiger als reden«, URL: https://www.zeit.de/2019/34/armin-falk-deutschland-spricht-zuhoeren-verhaltensforschung (Stand: 08.12.2019).

25 Armin Falk, Lasse Stötze und Sven Walter, Technical Report. Evaluation Deutschland Spricht (14.08.2019), URL: https://news.briq-institute.org/wp-content/uploads/2019/08/Technical_Report_Deutschland_Spricht.pdf (Stand: 07.12.2019).

26 Twitter-Chef plädiert für »gesunde« Debattenkultur: Dorsey will stärker gegen Missbrauch vorgehen (02.03.2018), URL: https://meedia.de/2018/03/02/twitter-chef-plaediert-fuer-gesunde-debattenkultur-dorsey-will-staerker-gegen-missbrauch-des-kurznachrichtendienstes-vorgehen/ (Stand: 07.12.2019).

27 Katty Kay und Claire Shipman, The Confidence Gap (Mai 2014), URL: https://www.theatlantic.com/magazine/archive/2014/05/the-confidence-gap/359815/ (Stand: 07.12.2019).

28 Ruth Whippman, »Enough Leaning In. Let's Tell Man to Lean Out« (10.10.2019), URL: https://www.nytimes.com/2019/10/10/opinion/sunday/feminism-lean-in.html (Stand: 07.12 2019).

29 House of Beautiful Business: Anand Giridharadas: Changing the World for Real. House of Beautiful Business 2019 (03.12.2019) [YouTube] https://www.youtube.com/watch?v=Bi4Jg-2xwCY&feature=emb_logo (Stand: 0812.2019).

30 Manfred Ertel, »Island-Krise. Frauen greifen nach der Macht« (22.04.2009), URL: https://www.spiegel.de/politik/ausland/island-krise-frauen-greifen-nach-der-macht-a-619758.html (Stand: 08.12.2019).

31 Finnlands Regierung, Jung, weiblich, kompetent (10.12.2019), URL: https://www.dw.com/de/finnlands-regierung-jung-weiblich-kompetent/a-51607118 (Stand: 15.12.2019)

32 Nina Bernarding und Kristina Lunz, »Wir brauchen eine feministische Außenpolitik« (08.03.2019), URL: https://www.tagesspiegel.de/

politik/weltfrauentag-wir-brauchen-eine-feministische-aussenpolitik/24073842.html (Stand: 07.12.2019).

33 Masha Gessen, Barcelona's Experiment in Radical Democracy (06.08.2019), URL: https://www.newyorker.com/news/our-columnists/barcelonas-experiment-in-radical-democracy (Stand: 07.09. 2019).

34 Korn Ferry Global Study, Majority of CEOs see more value in technology than their workforce (17.11.2016), URL: https://www.kornferry.com/press/korn-ferry-global-study-majority-of-ceos-see-more-value-in-technology-than-their-workforce (Stand: 07.12.2019).

35 Claudia Gaspar und Detlef Hollmann, Bedeutung der Arbeit. Ein Kooperationsprojekt von GfK Verein und Bertelsmann Stiftung (2015), URL: https://www.bertelsmannstiftung.de/fileadmin/files/user_upload/Bedeutung_der_Arbeit_final_151002_korr.pdf (Stand: 07.12.2019).

36 Kode, Gallup Engagement Index 2019. Mitarbeiter fühlen sich bei Digitalisierung allein gelassen – und wünschen sich mehr Qualifizierung, URL: https://www.kodekonzept.com/de/2019/09/26/gallup-engagement-index-2019/ (Stand: 07.12.2019).

37 Roman Pletter, »Was ist eigentlich – NEGATIVE EINKOMMENSTEUER?« (Januar 2006), URL: https://www.brandeins.de/magazine/brand-eins-wirtschaftsmagazin/2006/komplexitaet/was-ist-eigentlich-negative-einkommensteuer (Stand: 07.12.2019).

38 Nele Spandick, »Warum es beim Grundeinkommen mehr um Geld geht« (30.01. 2019), URL: https://www.capital.de/wirtschaft-politik/claudia-cornelsen-sie-kriegen-grundeinkommen-einfach-weil-sie-sind (Stand: 07.12.2019).

39 Ebenda.

40 Richard David Precht, a. a. O.

41 »Wir sollten etwas Neues ausprobieren!« Grünen-Chef im Gespräch über das Grundeinkommen (14.06.2018), URL: https://www.mein-grundeinkommen.de/magazin/lasst-uns-doch-einfach-mal-was-ausprobieren (Stand: 07.12.2019).

42 Stiftung Grundeinkommen, Politik in Deutschland. So denken Deutschlands Parteien über das Grundeinkommen (06.11.2019), https://www.stiftung-grundeinkommen.de/position-parteien-deutschland-grundeinkommen/ (Stand: 07.12.2019).

43 »Bürgergeld. SPD verabschiedet neues Konzept für Sozialstaat« (07.12.2019), URL: https://www.zeit.de/politik/deutschland /2019-12/buergergeld-spd-sozialstaat-reform-hartz-iv (Stand: 08.12.2019).

44 Maria Mast, »Solidarisches Grundeinkommen. Der Job ist nicht toll bezahlt, aber auch nicht prekär« (04.07.2019), URL: https://www.zeit.de/arbeit/2019-07/solidarisches-grundeinkommen-langzeitarbeitslose-perspektiven-wirtschaftsforscher-juergen-schupp (07.12.2019).

45 Marlon Schröder, »Utopie oder echte Alternative?« (21.06.2018), URL: https://www.zeit.de/wirtschaft/2018-06/grundeinkommen-bedingungslos-solidarisch-ueberblick (Stand: 09.12.2019).

46 Henning Vöpel, »Das bedingungslose Grundeinkommen ist ein Irrweg« (07.01.2019), URL: https://www.welt.de/debatte/kommentare/article186657296/Oekonom-Bedingungsloses-Grundeinkommen-ist-ein-Irrweg.html (Stand 08.12.2019).

47 »Gewerkschaften lehnen bedingungsloses Grundeinkommen ab« (30.04.2018), URL: https://www.spiegel.de/wirtschaft/soziales/gewerkschaften-lehnen-bedingungsloses-grundeinkommen-ab-a-1205467.html (Stand 08.12.2019).

48 Herbert Wilkens, Ein früher Versuch für bessere Armenunterstützung in Kanada (04.03.2013), URL: https://www.grundeinkommen.de/04/03/2013/ein-frueher-versuch-fuer-armenunterstuetzung-in-kanada.html (Stand: 07.12.2019).

49 »Finnland. Test zum Grundeinkommen zeigt keine Wirkung auf den Arbeitsmarkt« (09.02.2019), URL: https://www.zeit.de/wirtschaft/2019-02/finnland-grundeinkommen-arbeitslosigkeit-arbeitsmarkt-experiment-studie (Stand: 08.12.2019).

50 Jörg Gastmann, Gibt Götz Werner das Grundeinkommen auf? (28.01.2019), URL: https://www.heise.de/tp/features/Gibt-Goetz-Werner-das-Grundeinkommen-auf-4288415.html (Stand 08.12.2019).

51 Daniel Zamora, Argumente gegen das Bedingungslose Grundeinkommen (01.02.2018), URL: https://www.blickpunkt-wiso.de/post/argumente-gegen-das-bedingungslose-grundeinkommen--2169.html (Stand: 08.12.2019).

52 Daniel Friedrich Sturm, »US-Wahlkampf. ›Das exakte Gegenteil von Donald Trump ist ein Asiat, der Mathe mag‹« (28.08.2019), URL: https://www.welt.de/politik/ausland/plus199111581/US-Wahl-

kampf-Das-Gegenteil-von-Donald-Trump-ist-ein-Asiat-der-Mathe-mag.html (Stand: 07.12.2019).

53 Marvin Milatz, Geld ohne Arbeit – funktioniert das? URL: https://www.ndr.de/themenwoche/gerechtigkeit/Bedingungsloses-Grundeinkommen-Finanzierung,grundeinkommen132.html (Stand: 08.12.2019).

54 Oxfam International, 5 shocking facts about extreme global inequality and how to even it up (2019), URL: https://www.oxfam.org/en/5-shocking-facts-about-extreme-global-inequality-and-how-even-it (Stand: 07.12.2019).

55 Louise Matsakis: Why Amazon Really Raised Its Minimum Wage to $15, URL: https://www.wired.com/story/why-amazon-really-raised-minimum-wage/ (Stand: 19.12.2019).

56 Anand Giridharadas im Gespräch mit Léa Steinacker, House of Beautiful Business 2019, Lissabon, 03.11.2019.

57 Christoph Rottwilm, »US-Konzernchefs fordern radikales Umdenken in der Wirtschaft« (20.08.2019), URL: https://www.manager-magazin.de/unternehmen/artikel/business-roundtable-us-ceos-bekennen-sich-zu-stakeholder-value-a-1282762.html (Stand: 07.12.2019).

58 Drucker, Peter F.: The Effective Executive. The Definitive Guide to Getting the Right Things Done, New York 2006.

59 Susanne Amann und Martin Hesse, »Weltwirtschaftsforum in Davos. Was ist bei der Globalisierung schiefgelaufen, Herr Schwab?« (11.01.2019), URL: https://www.spiegel.de/plus/klaus-schwab-wir-brauchen-einen-gemeinsamen-kraftakt-wie-die-mondlandung-a-00000000-0002-0001-0000-000161789336 (Stand: 07.12.2019).

60 URL: https://www.ashoka.org/de-de (Stand: 07.12.2019).

61 URL: https://bteam.org/ (Stand: 07.12.209).

62 URL: https://www.ottogroup.com/de/verantwortung/ (Stand: 07.12.2019).

63 URL: https://bcorporation.net/ (Stand: 07.12.2019).

64 B the Change, Dear Business Roundtable CEOs: Let's Get to Work. A Call to Put Words into Action from B Corp Leaders (25.08.2019), URL: https://bthechange.com/dear-business-roundtable-ceos-lets-get-to-work-25f06457738c (Stand: 07.12.2019).

65 Milton Friedman, The Social Responsibility of Business is to Increase its Profits (13.09.1970), URL: http://umich.edu/~thecore/doc/Friedman.pdf (Stand: 07.12.2019).

66 »Aktienrückkauf statt Jobs – Trumps Reform geht nach hinten los (1.3.2018), URL: https://www.manager-magazin.de/politik/weltwirtschaft/aktienrueckkauf-in-usa-auf-rekordniveau-wegen-trumps-steuerreform-a-1196001.html (Stand: 15.12.2019)

67 Paul Collier, Greed is dead. The recognition that we need to rely on each other rather than ourselves (Dezember 2019), URL: https://www.the-tls.co.uk/articles/greed-is-dead/ (Stand: 15.12.2019).

68 Mark Muro, Jacob Whiton und Robert Maxim, What jobs are affected by AI? Better-paid, better-educated workers face the most exposure (20.11.2019), URL: https://www.brookings.edu/research/what-jobs-are-affected-by-ai-better-paid-better-educated-workers-face-the-most-exposure/ (07.12.2019).

69 Thomas Schürpf, Andreas Spaeth und Christian Steiner: »Boeing-Chefs räumen nach Flugzeugabstürzen Fehler ein – 737- Max-Krise ist noch lange nicht vorbei (29.10.2019), URL: https://www.nzz.ch/wirtschaft/was-kommt-noch-alles-auf-boeing-zu-ld.1471959 (Stand: 15.12.2019).

70 »Flugzeugabsturz in Indonesien. Untersuchungsbericht kritisiert verschwundene Wartungsprotokolle« (25.10.2019), URL: https://www.spiegel.de/wissenschaft/technik/boeing-737-absturz-bericht-kritisiert-verschwundene-wartungsprotokolle-a-1293237.html (Stand: 07.12.2019).

71 Paul Kedrosky, An Engineering Theory of the Volkswagen Scandal (16.10.2015), URL: https://www.newyorker.com/business/currency/an-engineering-theory-of-the-volkswagen-scandal (Stand: 07.12. 2019).

72 Josie Allchin, Case study: Patagonia's »Don't buy this jacket« campaign (23.01.2013), URL: https://www.marketingweek.com/case-study-patagonias-dont-buy-this-jacket-campaign/ (Stand: 07.12.2019).

73 Marc Pitzke, »Nike-Werbung mit Footballer Kaepernick. Kommerz und Kontroverse« (06.09.2018), URL: https://www.spiegel.de/wirtschaft/unternehmen/colin-kaepernick-nike-setzt-mit-werbung-zeichen-und-profitiert-davon-a-1226741.html (Stand: 07.12.2019).

74 »Colin Kaepernick und sein Hymnenprotest – eine Chronik« (06.09.2018), URL: https://www.ran.de/us-sport/nfl/nfl-news/colin-kaepernick-und-sein-hymnenprotest-eine-chronik-100560 (Stand: 15.12.2019)

75 Gerhard Hegmann, »Siemens-Chef kritisiert Weidel wegen ›Kopftuchmädchen‹-Zitat« (16.05.2018), URL: https://www.welt.de/wirtschaft/article176425684/Siemens-Chef-Joe-Kaeser-kritisiert-Alice-Weidel-wegen-Kopftuchmaedchen-Zitat.html (Stand: 07.12.2019).

76 Chelsea Ritschel, Average American hasn't made a new friend in five years, study finds. The average American has three best friends (09.05.2019), URL: https://www.independent.co.uk/life-style/friends-adults-american-how-to-friendship-difficulty-a8906861.html (Stand: 08.12.2019).

77 »Immer mehr Menschen in Deutschland fühlen sich einsam« (30.05.2019), URL: https://www.welt.de/vermischtes/article194455575/Einsamkeit-Immer-mehr-Menschen-in-Deutschland-fuehlen-sich-einsam.html (Stand: 08.12.2019).

78 Anna Fischhaber und Mirjam Hauck, »Täglich 88-mal aufs Smartphone gucken. Wir sind im digitalen Dauerstress. Das ginge aber auch ohne« (14.01.2017), URL: https://www.tagesanzeiger.ch/digital/mobil/smartphonenutzer-schauen-taeglich-88mal-auf-ihr-geraet/story/24730680 (Stand: 07.12.2019).

79 Piera Carfagno, Intimacy Unveiled, Medium, 18.04.2017, URL: https://medium.com/try-level/intimacy-unveiled-f47d7bdf9b71 (Stand 08.12.2019).

80 URL: https://www.peoplewalker.com/ (Stand: 07.12.2019).

81 MoMA Learning, URL: https://www.moma.org/learn/moma_learning/marina-abramovic-marina-abramovic-the-artist-is-present-2010/ (Stand: 07.12.2019).

82 Die Axiome von Paul Watzlawick, URL: https://www.paulwatzlawick.de/axiome.html (Stand: 07.12.2019).

83 Journal of Beautiful Business, Learning from Shinto, Shared Silence, and Ping Pong. Excerpts from the Masters of Business Arts podcast conversation with Pico Iyer (30.08.2019), URL: https://journalofbeautifulbusiness.com/learning-from-shinto-shared-silence-and-ping-pong-77b34117e329 (Stand: 07.12.2019).

84 URL: http://www.buurtzorg-in-deutschland.org/buurtzorg/ (Stand: 07.12.2019).

85 Britta Rybicki, »Nao, der Roboter, der bei Menschen Gefühle auslöst. Zu Besuch beim Roboter, der Mitleid auslösen kann« (31.08.2018), URL: https://www.jetzt.de/studium/nao-der-roboter-der-bei-menschen-gefuehle-ausloest (Stand: 07.12.2019).

86 David Hugendick, »Hiroshi Ishiguro. Androidenliebe« (26.10.2016), URL: https://www.zeit.de/kultur/2016-10/hiroshi-ishiguro-androiden-roboter-kuenstliche-intelligenz (Stand: 07.12.2019).

87 David Levy, Love and Sex with Robots, New York 2008, S. 232.

88 »New Work Experience 2019. Wie Jobsharing auf Manager-Ebene klappen kann« (13.02.2019), https://www.personalwirtschaft.de/der-job-hr/arbeitswelt/artikel/wie-jobsharing-auf-manager-ebene-klappen-kann.html (Stand: 07.12. 2019).

89 URL: https://deathoverdinner.org/ (Stand: 07.12.2019).

90 https://www.thegroundswellproject.com/.

91 »5.3 million Germans suffer from depression each year« (2018), URL: https://www.dw.com/en/53-million-germans-suffer-from-depression-each-year/a-46506088 (Stand: 07.12.2019).

92 Christine Haas, »Stress am Arbeitsplatz. Warum Chefs weniger schreien – und das auch nicht gut ist« (02.08.2019), URL: https://www.welt.de/wirtschaft/karriere/article197847653/Stress-am-Arbeitsplatz-Heute-ist-die-Aggression-subtiler.html (08.12.2019).

93 Pico Iyer, What Ping Pong taught me about life (Juli 2019), URL: https://www.ted.com/talks/pico_iyer_what_ping_pong_taught_me_about_life/transcript?language=en (Stand: 07.12.2019), Min: 12:36.

94 Jonathan Franzen, What If we Stopped Pretending? (8. September 2019), https://www.newyorker.com/culture/cultural-comment/what-if-we-stopped-pretending (Stand: 07.12.2019).

95 Philipp Bovermann, »Lasst alle Hoffnung fahren!«, URL: https://projekte.sueddeutsche.de/artikel/kultur/lasst-alle-hoffnung-fahren-e448817/?reduced=true (07.12.2019).

96 Jonathan Cook und Tim Leberecht, Our Exponential Selves: Identity in the Digital Romantic Age (06.09.2017), URL: https://journalofbeautifulbusiness.com/our-exponential-selves-identity-in-the-digital-romantic-age-77af88290e69 (Stand: 08.12.2019).

97 Georgina Lawton, »My mum always told me I was white, like her. Now I know the truth« (18.03.2017), URL: https://www.theguardian.com/lifeandstyle/2017/mar/18/my-mum-always-told-me-i-was-white-like-her-now-i-know-the-truth (Stand: 07.12.2019).

98 Ebenda.

99 Robert Habeck, Bye bye, twitter und Facebook. Ein Blog zum Abschied (07.01.2019), URL: https://www.robert-habeck.de/texte/blog/bye-bye-twitter-und-facebook/ (Stand: 07.12.2019).

100 Dirk von Gehlen: »Robert Habecks Angst, in den Spiegel zu schauen« (08.01.2019), URL: https://www.sueddeutsche.de/digital/habeck-twitter-facebook-1.4278309 (Stand: 07.12.2019).

101 Rab Messina, Google's Milan show was emotionally painful – and that's exactly what I liked about it (10.04.2019), URL: https://www.frameweb.com/news/google-a-space-for-being-milan-design-week (Stand: 07.12.2019).

102 Ebenda.

103 Tobias Wendehost, »Emotion AI: Wie das Erkennen von Gefühlen Firmen antreibt« (14.03.2018), URL: https://www.computerweekly.com/de/feature/Emotion-AI-Wie-das-Erkennen-von-Gefuehlen-Firmen-antreibt (Stand: 07.12.2019).

104 Jonathan Cook, Can AI Understand Your Emotions? A hyperbole-free assessment of the state of Emotional AI (04.08.2018), URL: https://blog.goodaudience.com/can-ai-understand-your-emotions-88d3a561dbc4 (Stand: 07.12.2019).

105 Gay Fleshman, Jack Ma on the IQ of love – and other top quotes from his Davos interview (24.01.2018), URL: https://www.weforum.org/agenda/2018/01/jack-ma-davos-top-quotes/ (Stand: 07.12. 2019).

106 Alan S. Cowen und Dacher Keltner, Self-report captures 27 distinct categories of emotion bridged by continuous gradients, PNAS 2017.

107 Piotr Winkielman und Kent C. Berridge, Unconscious Emotion, in: *Current Directions in Psychological Science* (2004), Nr. 13, S. 120–123.

108 Ebenda.

109 Mariana Lin, All I have are lots of questions, and no answers (21.08.2018) [Twitter Post] https://twitter.com/_marianalin/status/1031993252855959557.

110 Mariana Lin, How to Write Personalities for the AI Around Us (02.05.2018), URL: https://www.theparisreview.org/blog/2018/05/02/how-to-write-personalities-for-the-ai-around-us/ (Stand: 07.12.2019).

111 Martin A. Ciesielski, The Three Nothings in Life (and Business), in: The Book of Beautiful Business, hg. von The Business Romantic Society, Berlin 2019, S. 81–86.

112 Ebenda.

LITERATUR

Albers, Markus: *Digitale Erschöpfung: Wie wir die Kontrolle über unser Leben wiedergewinnen*, München 2017.

Barber, Benjamin R.: *If Mayors Ruled the World: Dysfunctional Nations, Rising Cities*, o. O. 2013.

Beck, Don Edward, und Christopher Cowan: *Spiral Dynamics: Mastering Values, Leadership and Change*, Hoboken 2005.

Bernhard, Thomas: *Korrektur*, Frankfurt am Main 1988.

Besier, Gerhard: *Weder Gut noch Böse. Warum sich Menschen wie verhalten*, Münster 2012.

Blasi, Augusto, und Jane Loevinger: *Ego Development: Conceptions and Theories*, San Francisco 1976.

Bohmeyer, Michael, und Claudia Cornelsen: *Was würdest Du tun? Wie uns das Bedingungslose Grundeinkommen verändert*, Berlin 2019.

Böll, Heinrich: *Ansichten eines Clowns*, München 1967.

Brynjolfsson, Erik, und Andrew McAfee: *Machine, Platform, Crowd. Wie wir das Beste aus unserer digitalen Zukunft machen*, Kulmbach 2018.

Burkhardt, Martin: *Digitale Renaissance. Manifest für eine neue Welt*, Berlin 2014.

Cain, Susan: *Still. Die Kraft der Introvertierten*, München 2013.

Cockshott, W. Paul, und Allin F. Cottrell: *Towards a New Socialism*, London 1993.

Collier, Paul: *Sozialer Kapitalismus! Mein Manifest gegen den Zerfall unserer Gesellschaft*, München 2019.

Cowen, Alan S., und Dacher Keltner: *Self-report captures 27 distinct categories of emotion bridged by continuous gradients*, PNAS 2017.

Drucker, Peter F.: *The Effective Executive: The Definitive Guide to Getting the Right Things Done*, New York 2006.

Fukuyama, Francis: *Das Ende der Geschichte. Wo stehen wir?*, München 1992.

Giridharadas, Anand: *Winners Take All*, New York 2018.

Han, Byung-Chul: *Die Austreibung des Anderen. Gesellschaft, Wahrnehmung und Kommunikation heute*, Frankfurt am Main 2016.

Harari, Yuval Noah: *21 Lektionen für das 21. Jahrhundert*, München 2018.

Hochschild, Arlie Russell: *Fremd in ihrem Land. Eine Reise ins Herz der amerikanischen Rechten*, New York 2016.

King, Stephen D.: *When the Money Runs Out*, New Haven 2013.

Iyer, Pico: *Autumn Light: Seasons of Fire and Farewell*, New York 2019.

Leberecht, Tim: *Business-Romantiker. Von der Sehnsucht nach einem anderen Wirtschaftsleben*, München 2015.

Lee, Kai-Fu: AI *Superpowers: China, Silicon Valley and the New World Order*, Boston 2018.

Leonard, Max: *Rouge, Lanterne: The Last Man in the Tour de France*, Berkeley 2015.

Levy, David: *Love and Sex with Robots: The Evolution of Human-Robot Relationships*, New York 2008.

Louis, Édouard: *Who Killed My Father*, New York 2019.

Marcuse, Herbert: *Der eindimensionale Mensch*, Neuwied/Berlin 1967.

Meffert, Heribert, und Jürgen Meffert: *Eins oder Null*, Berlin 2017.

Miller, Arthur: *Tod eines Handlungsreisenden*, Frankfurt am Main 1958.

Morus, Thomas: *Utopia*, o. O. 1916.

Nachtwey, Oliver: *Die Abstiegsgesellschaft. Über das Aufbegehren in der regressiven Gesellschaft*, Frankfurt am Main 2016.

Noble, Safiya Umoja: *Algorithms of Oppression*, New York 2018.

Orwell, George: *1984*, o. O. 1949.

Pessoa, Fernando: *Das Buch der Unruhe*, Zürich 1986.

Pirsig, Robert M.: *Zen und die Kunst, ein Motorrad zu warten*, Frankfurt am Main 1978.

Precht, Richard David: *Jäger, Hirten, Kritiker. Eine Utopie für eine digitale Gesellschaft*, München 2018.

Polanyi, Karl: *The Great Transformation. Politische und ökonomische Ursprünge von Gesellschaften und Wissenschaftssystemen*, Frankfurt am Main 1973.

Rushkoff, Douglas: *Throwing Rocks at the Google Bus: How Growth Became the Enemy of Prosperity*, o. O. 2016.

Sandberg, Sheryl: *Lean In. Frauen und der Wille zum Erfolg*, Berlin 2013.

Sandberg, Sheryl: *Option B: Facing Adversity, Building Resilience, and Finding Joy*, New York 2017.

Sloterdijk, Peter, und Sven Voelker: *Der Welt über die Straße helfen. Designstudien im Anschluss an eine philosophische Überlegung*, München 2010.

Steinbrück, Peer: *Das Elend der Sozialdemokratie. Anmerkungen eines Genossen*, München 2018.

The Business Romantic Society, *The Book of Beautiful Business*, Berlin 2019.

Weber, Max: *Die protestantische Ethik und der Geist des Kapitalismus*, München 2013.

Wenger, Albert: World After Capital, URL: http://worldaftercapital.org/ (Stand: 07.12.2019), GitBook 2016.

Wiener, Norbert: *Kybernetik. Regelung und Nachrichtenübertragung in Lebewesen und Maschine*, o. O. 1948.

Wilber, Ken: *Ganzheitlich handeln*, Freiburg 2001.

Wilber, Ken: *Integrale Psychologie*, Freiburg 2001.

Zuboff, Shoshana: *Das Zeitalter des Überwachungskapitalismus*, Frankfurt am Main 2018.

DANKSAGUNG

Dieses Buch war eine lange Reise, von den Kapverdischen Inseln nach Lissabon, von Louisville nach Singapur und vor allem von San Francisco nach Berlin. Es ist auch die Geschichte meiner Rückkehr aus den USA nach Deutschland, die Geschichte einer Heimkehr. Angesichts des Themas war die Arbeit an dem Buch nicht immer nur beschwingt und leicht.

Ich möchte daher allen danken, die mich begleitet und mir immer wieder Mut zugesprochen haben, und vor allem auch jenen, für die ich aufgrund des Nachdenkens und Schreibens phasenweise sehr abwesend war, allen voran meiner Familie – meiner Tochter, Harper Ava Leberecht, und meiner Frau, Sarah Moser – und natürlich der Business-Romantic-Society-Familie, insbesondere Till Grusche für sein Verständnis, seine Freundschaft und Partnerschaft und das Adleraugen-Feedback.

Ganz herzlichen Dank auch an Monika Jiang für die Anregungen und Kommentare.

An Nina Kruschwitz, Megan Hustad und Sarah Souli für das gemeinsame Denken und Schreiben.

Nora Hunger für das großartige Fußnotenredigieren und Fact-Checking.

Jaimie Stettin für »holding down the fort«.

Danke an alle Residents des House of Beautiful Business für ihre Inspiration und Großzügigkeit.

Lola für die Aufmerksamkeit und Wärme.

Volker Leberecht für den ersten Schritt.

Frank Leberecht für den nächsten.

Charlie und Blair Moser für ein lichtdurchflutetes Stück Heimat.

Priya Parker fürs In-Bewegung-Setzen.

Meiner Verlegerin, Margit Ketterle, für die inspirierenden Gespräche und das Vertrauen.

Dr. Iris Forster von Droemer für die tolle Zusammenarbeit und die stets richtigen Worte.

Regina Carstensen für das freundliche, aber bestimmte Organisieren des Chaos und das gründliche Lektorat.

Meinen Agentinnen, Zoë Pagnamenta in New York, und Petra Eggers in Berlin, für die Idee zu diesem Projekt und das Mutmachen.

Bastien Kompf, meinem Speaker-Agenten, für die unermüdliche Vermittlung.

Darius Ramazani für die Fotos.

Danke an Markus Albers, Jürgen Bock, Matthias Braun, Jonathan Cook, Julian de Grahl, Dijana Galijasevic, Bruno Giussani, Dirk Jehmlich, Susanne Kertelge, Aditi Khorana, Inge Könneker, Mathieu Lefevre, Gerd Leonhard, Twain Liu, Christian Mio Loclair, Miriam Meckel, Xenia Müller, Armin Nassehi, Paulo Pisano, Gianpiero Petriglieri, Massimo Portincaso, Martin Reeves, Benjamin Schlez, Greg Sherwin, Léa Steinacker, Carmen Stephan, Stephan Trüby und Yasmina Vinci.

Now go out and lose some!

Berlin, 20. Dezember 2019